차이나는
클라스

인문학 편 고전·철학·예술

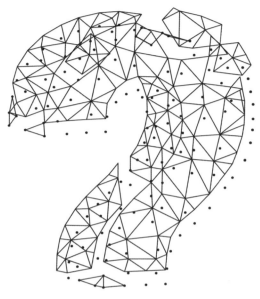

차이나는 클라스

JTBC 〈차이나는 클라스〉 제작팀 지음

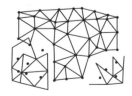

중앙books

혼돈의 시기를 헤쳐나가기 위한
길잡이 별을 찾아서

길을 잃은 세대(Lost Generation)-. 기약 없이 길어진 코로나 탓에 앞날이 막막해진 요즘 청년들을 이렇게 부른답니다. 한 번도 경험해보지 못한 팬데믹 세상에서 어떻게 살아야 할지, 무엇을 해야 할지 도무지 감을 잡기 어렵다면서요. IMF 세대, 88만 원 세대, N포 세대… 이전 시대의 젊은이들 역시 저마다의 아픔을 겪어왔지만 이번엔 차원이 좀 다른 듯합니다. 유례없는 감염병의 위협 앞에서 온갖 당연한 것들이 당연하지 않게, 이상한 것들이 이상하지 않게 되어버렸으니 말입니다. 비단 청년뿐 아니라 그 누구라도 비틀대지 않고 똑바로 서 있기가 참 힘든 혼돈의 시기입니다.

제 경우만 봐도 얼마 전 뉴욕타임스를 읽다가 'degrowth(탈성장)'라는 단어에 눈길이 꽂혀 한참 동안 상념에 빠져들었습니다. 코로나 사태를 계기로 세계 곳곳에서 저(低)성장을 넘어 탈(脫)성장에 대한 논쟁이 불 붙고 있다는 기사였습니다. 무한 성장을 위한 무한 경쟁이 기후 변화와 난개발을 부르고 생물 다양성을 해친 결과, 인류에게 부메랑으로 돌아왔다는 자성의 목소리가 담겼습니다. 그러니 하루빨리 생산 축소와 소비 축소를 뉴노멀로 삼자는 건데, 이런 주장 앞에서 가치관의 혼란을 느끼는 건 오로지 저 혼자만은 아니겠지요.

우리를 둘러싼 환경은 걷잡을 수 없이 빠르게 변해갑니다. 인공지능 로봇이 교사 대신 학생을 가르치고 기자 대신 기사를 쓰는 게 더 이상 상상의 영역에 그치지 않습니다. '인공지능이 대체할 수 없는 직업'을 검색해보며 자기 밥벌이의 안위를 따지는 것 또한 이제 큰 의미가 없는 듯합니다. 도대체 사람이 꼭 해야 하는 일이 있기나 한 건지도 아리송한 즈음이니까요. 더욱이 코로나가 앞당긴 비대면 일상은 갈수록 진화하는 기술의 속도에 날개를 달아줄 참입니다.

이처럼 급변하는 세상에서 멀미를 느끼다 보면 역으로 그 속에서도 변치 않는 것을 찾으려 애쓰게 되기 마련입니다. 기존의 가치들이 송두리째 흔들리는 난국을 헤쳐나갈 수 있게 도와줄 길잡이 별이 필요해지는 거죠. 〈차이나는 클라스-질문 있습니다〉가 고전과 철학에 중점을 둔 일곱 번째 책을 펴내는 이유입니다. 인간은 과연 어떤 존재인지, 어떻게 사는 게 잘사는 건지… 근본적인 질문에 대한 답을 찾아가다 보면 지금 이 시국이 각자에게 던져준 숙제도 풀 수 있게 되지 않을까요.

'지속 가능한 문명을 만든 지식'이란 소주제가 붙은 1부의 첫 순서에선 조대호 연세대 철학과 교수가 아리스토텔레스의 철학을 소개합니다. 몸과 감정과 생각의 유기체가 인간이란 것, 바로 그 점이 인간을 다른 동물과 대체할 수 없는 고유한 존재로 만들어준다는 게 그의 핵심 가르침이라고 조 교수는 전합니다. 다음으론 박승찬 가톨릭대 철학과 교수가 중세의 빛나는 문화와 철학에 대해, 임석재 이화여대 건축학과 교수가 유럽의 건축 문화에 담긴 고전의 힘에 대해 조목조목 일러줍니다. 또한 이어지는 김이재 경인교대 사회교육과 교수의 글은 지리적 상상력이 우리 삶에 미치는 크나큰 영향을 깨우쳐줍니다.

2부 '삶의 지혜를 일깨우는 예술과 문학'에선 먼저 양정무 한국예술종합학교 미술원 교수가 인류의 발자취와 함께해 온 미술의 중요성을 일깨웁니다. 이어서 김헌 서울대 인문학연구원 교수는 기성세대의 틀에서 벗어나 새 세대가 새 시대를 열어가야 한다는 게 그리스 로마 신화의 핵심 메시지임을 알려줍니다. 마지막으로 박상진 부산외대 이탈리아어과 교수가 단테의 《신곡》을 통해, 오순희 서울대 독어독문학과 교수가 괴테의 《파우스트》를 통해 각각 이 시대에 잘 사는 법은 어떤 건지 그 해답을 모색합니다.

이번 책을 통해 방대한 시공간을 넘나드는 여덟 분의 강연을 접하면서 현재 세계가 당면한 여러 문제를 좀 더 넓은 시각으로 바라볼 수 있게 되길 바랍니다. 앞선 인류가 축적된 지혜와 경험으로 수많은 난관을 돌파했던 것처럼 우리 역시 그럴 수 있을 거란 희망을 조심스레 품어봅니다.

"너의 별을 따라가거라. 그러면 너의 천국에 닿을 것이다." 《신곡》에서 단테가 마주한 지옥의 문엔 모든 희망을 영원히 버리라고 쓰여 있습니다. 하지만 그의 스승이 해준 이 조언처럼 희망을 품고 계속해서 부딪쳐 나아가는 것만이 인간에게 주어진 길이겠지요. 부디 모두가 각자의 길을 밝혀줄 빛나는 별을 꼭 찾으시기를!

2021년 겨울
신예리 JTBC 보도제작국장

Contents

Part 1

지속 가능한
문명을 만든 지식

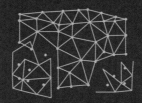

차이나는
클라스

AI시대의 스승,
아리스토텔레스

●

조대호

아리스토텔레스를 통해 자연을 보는 새로운 방법을 알려줘 연세대 학생들로부터
최고의 명강의로 선정된 바 있다. 연세대학교 인문학연구원 원장(2016~2018년),
서양고전학회 회장(2018~2020년), 현재 서양고전학회 회장, 연세대 철학과 교수.

플라톤은 철학을 무엇이라 생각했나

"플라톤은 철학이란 대화를 통해 깨달음을 얻는 것이지, 글만 읽어선 안 된다고 생각했습니다. 예를 들어 상대방에게 말을 하면 상대방이 그 말을 듣고 질문을 하게 됩니다. 말을 통해선 일방적인 전달이 아니라 상호 소통이 가능하죠. 그렇게 질문하고 대답하는 과정을 통해 살아 있는 철학이 이루어진다고 플라톤은 생각했어요."

• • •

차클 철학을 말하려면 빠질 수 없는 인물이죠. 아리스토텔레스는 비교가 불가능한 대학자라고 배웠는데요. 좀 더 자세히 알고 싶습니다.

조 신학자 토마스 아퀴나스는 아리스토텔레스를 '필로소푸스(philósŏphus)'라고 불렀죠. 그에게는 아리스토텔레스가 철학의 대명사였던 겁니다. 영국 철학자 솔즈베리의 존은 "그는 새벽녘의 별 같았고, 세상을 환히 비추어주었다"고 칭송했고요. 아리스토텔레스 하면 대개 철학자로만 알고 있지만 사실 그는 서양 모든 학문의 기초를 놓은 사람입니다. 논리학, 물리학, 천문학, 화학, 생물학, 형이상학, 윤리학, 정치학, 수사학, 시학까지요. 오늘날 자연과학으로 분류되는 모든 학문의 기원을 거슬러 올라가면 아리스토텔레스를 만나게 돼 있습니다.

차클 스케일이 정말 어마어마하네요.

조 그렇습니다. 서양 지성사에서 아리스토텔레스가 남긴 업적은 상상을 초월합니다. 아리스토텔레스가 쓴 《정치학》의 마지막을 보면 음악 교육을 어떻게 해야 할지에 대해서 언급했을 정도입니다.

차클 정말 대단한 학자인 건 알겠는데 지금 이 시대에도 아리스토텔레스를 배워야 하는 특별한 이유가 있을까요?

조 '과연 2400년 전의 학자가 했던 말들이 오늘날에도 현실성이 있을까?'라는 의문을 충분히 품을 수 있죠. 그런데 아리스토텔레스를 연구하는 제 입장에선 "아리스토텔레스는 모든 것을 연결해서 볼 수 있는 눈을 열어주는 사람이다"라고 그 이유를 말씀드리고 싶습니다.

차클 모든 것을 연결해서 볼 수 있는 눈을 열어준다니, 요즘 트렌드인 융복합이 떠오릅니다.

조 각 분야의 전문가들은 각자 자신의 전문적 프레임에 따라 세상을 보기 마련이에요. 당연한 이치입니다. 예를 들어 인간이 연구 대상이라고 할 때 뇌과학자는 사람의 뇌를 들여다보고, 사회과학자는 사회적인 존재로서의 사람을 바라보겠죠. 동물행동학자라면 "인간은 일종의 동물이다. 개미나 벌과 같은 사회적 동물의 행동을 살펴봄으로써 인간의 모든 사회적 행동도 알아낼 수 있다"고 말할 겁니다. 하지만 우리가 아리스토텔레스의 본을 따른다면 한 가지 관점에 사로잡히지 않고 여러 관점을 서로 연결해 다각적으로 대상을 바라보는 눈을 키울 수 있을 것입니다.

차클 그래서 주제를 'AI시대의 스승, 아리스토텔레스'로 잡은 거군요. AI야말로 다양한 분야의 전문가들이 융복합 연구를 한 결과 나온 산물이잖아요.

〈아테네 학당〉, 라파엘로(1551년)

조　네. 맞습니다. 하지만 AI에 대해서 과장되게 알려진 것도 많죠. 그래서 아리스토텔레스의 학문 세계를 소개하고 AI시대라고 불리는 현시대에 던지는 시사점도 살펴보려 합니다. 먼저 유명한 그림에 대한 얘기부터 시작할까요. 라파엘로가 그린 〈아테네 학당〉인데요. 이 그림 속에 어떤 사람들이 그려져 있는지 다들 알고 계시죠?

차클　고대의 저명한 학자들이 총출동했죠. 햇볕을 쬐고 있는 포즈를 취한 디오게네스, "전쟁이 만물의 아버지"라고 한 헤라클레이토스, 물질 세계의 본질이 수에 있다고 생각한 피타고라스 등등 말이에요.

조　그렇죠. 무려 50여 명의 고대 철학자들이 그림 속에 등장해요. 라파엘로는 각 철학자의 특징이 잘 드러나도록 인물을 묘사했어요. 수학 문제를 풀고 있는 피타고라스처럼, 각 철학자의 사상을 대변하는 모습을 그림에 담았죠. 그럼 아리스토텔레스의 특징은 무엇인지 한번 찾아보세요.

〈아테네 학당〉의 중심에 선 플라톤과 아리스토텔레스

차클   아리스토텔레스는 플라톤과 함께 그림의 정중앙에 있잖아요. 그만큼
고대 철학사에서 중요한 위치를 차지한다는 뜻이겠죠?

조   맞습니다. 플라톤은 소크라테스의 제자이자 아리스토텔레스의 스승
이죠. '이데아론'을 정립하고 철학자가 최고 권력을 갖는 '철인정치'를
주장한 학자입니다.

차클   플라톤이 아리스토텔레스의 스승이었다면, 두 사람의 나이 차이는 얼
마나 되나요?

조   아리스토텔레스가 아카데미아에 입학했을 때 플라톤이 예순 살이었으
니 마흔세 살 쯤 차이가 납니다. 〈아테네 학당〉에 그려진 플라톤이 일흔
을 훨씬 넘긴 나이의 모습이니 아리스토텔레스는 서른이 넘었겠죠.

차클   그림 속에서 플라톤과 아리스토텔레스가 뭔가를 가리키며 이야기하
고 있는 것 같은데요. 어떤 의미가 담겨 있나요?

조   라파엘로가 그린 아리스토텔레스와 플라톤의 손동작에 주목해야 합

니다. 플라톤의 손은 하늘을 향해 있고, 아리스토텔레스의 손바닥은 땅을 향하고 있죠. 그것은 두 사람의 생각에 하늘과 땅 차이가 있다는 것을 상징적으로 보여줍니다. 플라톤은 저 높은 곳의 이데아 세계로 생각이 쏠려 있고, 아리스토텔레스는 지상의 세계에 관심을 둔 것이죠. 또한 두 사람이 들고 있는 책도 눈여겨봐야 합니다.

차클　그렇군요. 플라톤과 아리스토텔레스가 손에 든 건 어떤 책인가요?

조　플라톤이 왼손에 들고 있는 건《티마이오스》라는 책입니다. 조물주가 어떻게 이데아의 세계를 본보기로 삼아 자연 세계를 만들었는지를 이야기하는 책이에요. 우리의 눈에 보이지 않는 이데아 세계의 질서에 따라 인간을 포함한 자연물들이 창조됐다는 내용입니다. 그런가 하면 아리스토텔레스가 들고 있는 책은《니코마코스 윤리학》입니다. 니코마코스는 아리스토텔레스의 아버지 이름이자 아들의 이름이기도 합니다.

차클　《니코마코스 윤리학》은 어떤 내용을 담고 있나요?

조　플라톤과 달리 아리스토텔레스는 지상의 삶을 위한 책을 썼어요. 지상의 인간이 행복해지기 위해 필요한 윤리적 역량에 대해서 연구했습니다. 사람들이 어떻게 자신의 감정을 개발하고, 어떻게 생각의 능력을 키워야 지혜로운 사람으로 훌륭하고 행복하게 살 수 있는지를 기록한 책이에요.

"친구와 진리 둘 다 소중하지만, 진리를 더 존중하는 것이 경건한 일이다."

_《니코마코스 윤리학》1권 6장

차클 학문적 지향점이 달랐던 만큼 스승과 제자 사이라도 플라톤과 아리스토텔레스가 논쟁을 꽤 했을 것 같아요.

조 물론입니다. 그 이야기를 하려면 아리스토텔레스가 20년 동안 머물렀던 아카데미아에 대한 설명부터 해야 할 것 같습니다. 2400년 전에 지어진 곳이라 건물은 모두 무너졌고 현재는 기단의 흔적만 남아 있는데요. 고고학자들의 복원도를 통해 기원전 387년 무렵 플라톤이 그리스 아테네 근교에 세웠을 당시 모습을 추측해볼 수 있습니다. 이 아카데미아 내에서 사람들은 주로 돌아다니면서 책을 읽거나 토론을 했다고 합니다.

차클 걸어 다니면서 이야기를 나누는 방식으로 학문을 한 특별한 이유가 있나요?

조 플라톤은 철학이란 대화를 통해 깨달음을 얻는 것이지, 글만 읽어선 안 된다고 생각했습니다. 예를 들어 상대방에게 말을 하면 상대방이 그 말을 듣고 질문을 하게 됩니다. 말을 통해선 일방적인 전달이 아니라 상호 소통이 가능하죠. 그렇게 질문하고 대답하는 과정을 통해 살아 있는 철학이 이루어진다고 플라톤은 생각했어요.

차클 그럼 아리스토텔레스는 어땠나요?

조 아리스토텔레스는 주로 꼼짝 않고 앉아서 책을 읽는 데 더 많은 시간을 쓰는 사람이었어요. 그런 모습을 두고 아리스토텔레스를 부르는 여러 가지 별명이 있었다고 해요. 아카데미아에서 가장 뛰어난 정신 능력을 가진 사람이라는 뜻에서 '아카데미아의 지성'이라는 별명도 있었지만 가장 대표적인 게 '책벌레'였습니다.

차클 스승인 플라톤의 지침을 어긴 것 아닌가요?

조 그런 측면도 있겠지요. 제 추측인데 아리스토텔레스는 플라톤과 생각이 달랐던 것 같아요. 지금 하는 말이 이전에 했던 말과 일치하는지는 확인하기가 어렵잖아요. 이미 사라져 버렸으니까요. 그래서 아리스토텔레스는 기록을 중시했겠지요. 지금 하는 말이 과거에 했던 말과 같은지 따져보는 게 중요하다고 여겼을지도 모릅니다.

차클 아리스토텔레스가 플라톤이 하는 말도 따져봤을까요?

조 확인은 안 됩니다만, 분명 그랬을 겁니다. 그렇게 따지고 들면 아마 플라톤은 웃으며 받아들이지 않았을까요? 사람이란 계속 공부를 하다 보면 생각이 달라질 수 있으니까요.

차클 플라톤과 아리스토텔레스의 학문 스타일이 그렇게 달랐으면 사이가 좀 불편하진 않았나요?

조 서로 추구하는 바가 달라도 아리스토텔레스는 플라톤의 애제자였습니다. 다만 철학적인 논쟁에서는 한 치의 물러섬도 없었던 것 같습니다. 아리스토텔레스가 쓴 글을 보면 플라톤의 이데아론에 대해 '이것은 모두 매미소리다'라고 한 부분이 있거든요.

차클 매미소리라니 무슨 뜻인가요?

조 아무 의미 없는 헛소리라는 뜻이에요. 그래도 플라톤이 자신에게 따지고 드는 아리스토텔레스를 20년 동안 아카데미아에 머물게 해준 것을 보면 무척 너그러운 사람이었던 것 같아요. 아리스토텔레스 역시 플라톤을 비판했지만 예의를 지켰을 겁니다.

차클 제자가 스승의 학문에 대해 의미 없는 매미소리라고 비판했는데도 둘 사이에 별문제가 없었던 건가요?

조 바로 그 점에 두 사람의 위대함이 있는 것 같습니다. 논쟁 끝에 관계가 틀어져 서로 등을 돌리는 사람들에게서 어떻게 학문이 발전할 수 있을까요. 만약 "선생님이 하는 얘기는 전부 매미소리예요"라고 말하는 학생을 교실에서 내쫓아버리는 스승이라면, 덮어놓고 자기 말을 따르는 학생들만 키워주는 스승이라면, 그는 결코 폭넓은 학문 세계를 구축할 수 없었을 겁니다. 그랬다면 그리스 학문의 융성도 없었겠죠.

차클 그건 그렇네요. 그래도 아리스토텔레스처럼 소신 있게 스승의 의견에 반하는 의견을 내는 게 쉬운 일은 아니죠.

조 아리스토텔레스가 아카데미아에 입학하고 보니 플라톤은 "보이지 않는 곳에 진짜 원형이 있다"고 가르치는 거예요. 아리스토텔레스는 이 말에 수긍할 수 없었습니다. 그는 늘 의사인 아버지 곁에서 몸에 난 상처, 상처에서 흐르는 피, 또 상처를 헤집을 때 드러나는 뼈 같은 것들을 목격하며 자랐기 때문이죠. 어릴 적부터 본 생생한 인체의 이미지가 내면에 굳게 자리 잡고 있었다고 할까요.

차클 아리스토텔레스 입장에서는 눈에 보이지 않는 원형이 진짜라는 말을 받아들이기 쉽지 않았던 거네요.

조 그렇습니다. 예를 들어 플라톤이 "사람의 원형도 저 하늘에 있다"고 말했다면, 이런 말이 와닿지 않았겠죠. "저 하늘에 있는 사람의 원형은 숨을 쉬나요? 피가 나나요? 뼈가 있나요? 눈에 보이지 않는 사람이 어떻게 진짜 사람이라고 얘기할 수 있나요?" 이런 질문들이 아리스토텔레스의 머릿속에 떠오를 수밖에 없었습니다.

차클 플라톤은 왜 하늘에 진리나 이상이 있다고 생각했던 건가요?

조 플라톤이 왜 아리스토텔레스가 '매미소리'라고 비판한 이데아론을 주장하게 됐는지 알아보려면 소크라테스의 죽음으로 돌아가볼 필요가 있어요. 소크라테스가 어떻게 죽음을 맞이하게 됐는지 기억나시나요?

차클 소크라테스가 젊은이들을 현혹하고 유언비어를 퍼뜨린다는 모함을 받아 배심원 표결 끝에 사형 선고를 받고 독약을 마셨잖아요.

조 그렇죠. 플라톤은 소크라테스가 그리스의 상징인 민주주의에 의해 억울한 죽음을 맞게 된 것을 보면서 불합리한 현실에 대해 많은 의문을 품게 됐습니다. 그리고 완벽한 이성의 진리를 찾아 그것을 이 땅에서 실현하기 전까지는 세상의 악이 사라지지 않을 것이라고 생각하게 되죠. 여러분은 사람들을 비이성적인 상태로 몰아가는 대표적인 것이 무엇이라고 생각하세요?

차클 욕망이 아닐까요? 시기와 질투 같은 감정도 해당될 것 같고요.

조 사람들을 자극해 욕망이나 감정을 불러일으키는 데 큰 역할을 하는 게 바로 문학이나 음악 같은 예술입니다. 플라톤은 그중에서도 당시의 비극 공연이 그런 역할을 한다고 생각했어요. 연극은 보는 사람에게 감동을 주는 것이 목적이죠. 연극이라는 예술의 세계에 빠져들면 슬픔과 분노와 기쁨 등 갖가지 감정에 사로잡힙니다. 그런데 인간이 격렬한 감정에 휩쓸리면 머릿속에서 생각이 제대로 떠오르지 않는 문제가 발생해요.

차클 이성을 잠시 마비시킬 순 있지만 감정을 고양시켜 카타르시스를 느끼게 하는 것 자체가 바로 예술의 존재 이유잖아요.

조 플라톤의 생각은 달랐어요. "감정의 동요는 이성을 마비시킨다. 감정을 동요시키는 것이 예술이라면 그런 예술은 철학자가 통치하는 정의로운 나라에선 쫓아내야 된다"고 했습니다.

차클 그럼 플라톤이 구상한 나라에서 예술가는 존재할 수 없는 건가요?

조 꼭 그런 건 아닙니다. 음악가를 예로 들어보죠. 사람들이 이성적으로 생각할 수 있도록 마음을 차분하게 만들어주는 음악을 연주하는 사람이라면 아마도 플라톤의 나라에서 살아남을 수 있을 겁니다. 하지만 사람들의 감정을 자극해 분노하게 하거나 슬퍼서 눈물을 흘리게 만들면 그 예술가는 쫓겨나게 돼요. 플라톤이 꿈꾸는 나라에서는 이성적 활동에 도움을 주는 예술만을 받아들일 수 있다고 했습니다.

"감정은 두 마리의 말, 이성은 고삐를 쥔 마부와 같다. 제멋대로 질주하는 감정을 조종하지 않으면 '영혼의 마차'는 길을 벗어나게 된다."

_플라톤,《파이드로스》

차클 플라톤이 인간의 감정에 대해 그토록 부정적 생각을 갖게 된 건 오로지 소크라테스의 죽음 때문인가요?

소크라테스 사후, 플라톤은 북아프리카와 아테네 등지를 돌며 학문의 세계를 넓힌다.

조	소크라테스가 죽은 뒤 플라톤의 여정을 한번 쫓아가 보도록 하죠. 플라톤은 소크라테스의 죽음 이후 북아프리카 등을 떠돌았고, 40세 무렵에는 이탈리아 남부 지역의 시라큐스 등을 여행했습니다. 그가 찾아다닌 곳은 주로 아테네의 서쪽 지역이었죠. 그중 크로톤이라는 곳에서 피타고라스 학파를 만나게 됩니다. 피타고라스 학파는 일종의 교단을 만들고 스승의 말을 음미하면서 철학을 연구하던 곳이었어요. 그런데 피타고라스 학파는 당시 그리스 동부 지역을 지배하던 사고방식과는 전혀 다른 식으로 철학을 하고 있었습니다. 바로 수학적으로 세계를 보는 것이었죠.
차클	수학적으로 세계를 본다는 게 무슨 뜻인가요?
조	피타고라스 학파는 영혼의 정화를 굉장히 중요시했습니다. 우리 몸속에 있는 영혼이 오염되지 않은 상태로 몸을 빠져나갈 수 있어야 한다고 생각했어요. 따라서 언제나 영혼이 정화된 상태를 유지할 것을 강조했죠. 이들이 영혼의 정화에 가장 좋은 방법으로 꼽은 게 바로 음악과 수학이에요. 감정이 동요된 상태에선 수학 문제를 풀 수 없을 테니까요.
차클	플라톤의 생각과 피타고라스 학파의 사고방식이 어느 정도 닮은 것 같군요.
조	그렇습니다. 수학적 진리의 가장 큰 특징은 그 대상이 눈에 보이지 않는다는 데 있습니다. 수는 눈에 보이지 않아요. 기하학에서 다루는 도형들도 엄밀히 말해 우리 눈에 보이는 것은 아닙니다. 플라톤은 수학과 기하학에 대한 피타고라스 학파의 개념을 받아들이면서 완전한 진리는 눈에 보이지 않는 세계에 있다고 확신하게 됐습니다. 그리고 인

간이 추구해야 할 진정한 진리는 눈에 보이지 않는 곳, 즉 이데아 세계에 있다고 주장하게 된 것입니다.

차클 그럼 플라톤이 세운 아카데미아에 들어가려면 수학과 기하학을 잘 알아야 했었겠네요.

조 아카데미아의 기둥에 플라톤의 생각이 적혀 있었다고 해요. "기하학을 모르는 사람들은 들어오게 하지 말라"고요.

아리스토텔레스는 어떤 학문을 했나

"아리스토텔레스는 어릴 때부터 생물학자로서의 눈을 먼저 키운 셈이에요. 생물학을 기반으로 생명을 바라보는 방법을 정치에도, 철학에도 적용했던 것이죠. 그래서 큰 틀에서 플라톤의 철학이 기하학적이고 수학적이라면, 아리스토텔레스의 철학은 생물학적이라고 말할 수 있습니다."

• • •

차클 이제 플라톤의 철학 세계에 대해 조금 감을 잡은 것 같습니다. 아리스토텔레스의 학문적 행보에 대해서도 알려주세요.

조 아리스토텔레스의 행보를 보면 어쩌다 플라톤과 다른 철학을 하게 됐는지를 알 수 있습니다. 마케도니아 근처의 작은 도시에서 태어난 아리스토텔레스는 아테네로 유학을 갔고 에게해를 건너 레스보스섬 등을 방문했습니다. 흑해 지역까지 여행했다고 보는 사람들도 있습니다. 플라톤이 여행했던 곳과 정반대 쪽입니다.

차클 여러 지역을 돌아다닌 특별한 이유가 있나요?

조 학문을 한다고 하면 대개 책상에 앉아 공부하는 장면을 떠올리겠지만 그리스 사람들의 공부 방식은 달랐어요. 새로운 세계를 경험하면서 사고의 폭을 넓히는 것이 곧 학문이라고 생각했죠. 여행을 하면 누구나 평소와 다른 경험을 하게 되잖아요. 내 생각과 다른 생각을 접하고 포용하면서 생각을 넓히게 됩니다. 철학과 과학을 통해 보편적인 진리를 추구하는 이들이라면 자신이 찾은 진리가 진짜인지 아닌지를 확인하기 위해서도 다른 세상, 다른 사람과의 교류가 필요해요. 그래서 그리스 사람들이 여행을 중요시한 겁니다. 플라톤이 죽을 때까지 20년 동안 아카데미아에 머물던 아리스토텔레스도 서른일곱 살에 드디어 새로운 길로 나섭니다.

차클 플라톤의 애제자니까 아카데미아를 물려받을 수도 있지 않았을까요?

조 사실 플라톤이 죽고 나자 아카데미아의 교장을 이어받을 사람이 필요했습니다. 아리스토텔레스가 플라톤의 애제자이긴 했지만, 정작 교장이 된 사람은 훨씬 나이가 많았던 플라톤의 조카 스페우시포스였어요.

차클 그럼 교장이 되지 못해서 아카데미아를 떠난 것인가요?

조 그게 이유는 아닐 겁니다. 다만 아리스토텔레스가 보기에는 스페우시포스가 아카데미아를 이끌 정도의 능력을 가진 사람은 아니었던 것 같아요. 한편으론 정치적인 이유도 작용했습니다. 당시 마케도니아와 아테네 사이의 정치적 갈등이 심화되고 있었죠. 아테네는 그리스 도시국가들과 함께 펠로폰네소스 전쟁을 치르다 점차 힘을 잃어가고 있던 반면 마케도니아는 힘을 키워 급부상하면서 그리스의 여러 도시들을 정복해 나가던 시점이었죠. 그래서 아테네 사람들이 마케도니아 왕국과 밀접한 관계에 있던 아리스토텔레스를 의심의 눈으로 바라보는 상황이었습니다.

차클 아리스토텔레스가 아테네 시민으로 인정받지 못했던 거네요.

조   그렇죠. 아리스토텔레스는 이방인 신분이었습니다. 아리스토텔레스는 마케도니아 근방 스타게이로스에서 태어났어요. 그래서 20년 동안 아테네에 머물렀지만 이 도시에서 일어나는 어떤 정치적 결정에도 권리를 가진 주체로 참여할 수가 없었습니다. 그러다 보니 자연스럽게 현실로부터 한 걸음 물러나 관찰자의 시선으로 세상을 바라볼 수 있었던 것이죠.

차클   그렇군요. 아리스토텔레스가 아테네를 떠난 뒤 어떤 곳들을 거쳤는지 궁금합니다.

조   아리스토텔레스는 소아시아의 아소스를 거쳐 에게해의 레스보스섬에 가게 됩니다. 레스보스섬의 칼로니 마을에 가보면 아리스토텔레스가 살았던 시대나 지금이나 사람들이 주로 어업 활동을 하면서 살아가고 있어요. 아리스토텔레스는 그곳에서 3년 정도 머물렀는데요. 이 덕분에 레스보스섬은 역사에 남을 장소가 되었지요.

차클   어떤 장소로요?

조	레스보스섬이 서양 생물학의 발생지가 된 겁니다. 아리스토텔레스가 레스보스섬에서 물고기들과 새들을 관찰하고 연구했기 때문입니다.
차클	철학자가 갑자기 생물학에 빠진 건 왜죠?
조	앞서 아리스토텔레스가 의사 집안에서 태어났다고 했었죠. 아리스토텔레스는 어릴 때부터 생물학자로서의 눈을 먼저 키운 셈이에요. 생물학을 기반으로 생명을 바라보는 방법을 정치에도, 철학에도 적용했던 것이죠. 그래서 큰 틀에서 플라톤의 철학이 기하학적이고 수학적이라면, 아리스토텔레스의 철학은 생물학적이라고 말할 수 있습니다.
차클	아리스토텔레스가 구체적으로 어떻게 생물학을 연구했나요?
조	아리스토텔레스는 레스보스섬에 머물면서 어부들에게 묻고 직접 관찰해 생물들에 대한 지식을 얻었어요. 그리고 그 기록들을 엮어 책을 펴냅니다. 바로 《동물지》예요. 아리스토텔레스가 탐구한 500여 종의 동물들에 대한 기록이 집약돼 전체 9권으로 구성된 책에 담겼습니다. 500여 종의 동물 중엔 어류가 120여 종에 달하고, 곤충과 조류도 포함

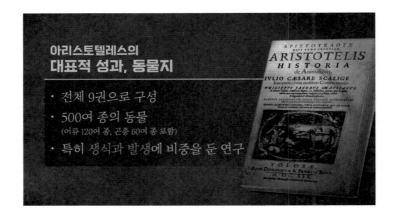

됐어요. 서양 생물학의 첫 출발이 된 연구였죠.

차클 《동물지》에는 주로 어떤 내용이 담겨 있나요?

조 아리스토텔레스는 여러 부류의 동물들의 몸의 형태와 기능 등은 물론 생식과 발생을 설명하는 데도 큰 관심을 두었지요. 어떻게 생명이 태어나는가. 어떻게 부모와 자식은 닮게 되는가. 이러한 발생과 유전의 문제까지 연구 대상으로 삼았습니다.

차클 곤충과 조류는 지상에서 볼 수 있지만 물속의 어류는 어떻게 관찰했던 걸까요?

조 레스보스섬에 어부들이 있다고 했었죠. 그들이 잡은 물고기들을 관찰한 거예요. 아리스토텔레스는 의사였던 아버지의 영향으로 어릴 때부터 해부를 배웠거든요. 그것도 도움이 됐을 겁니다. 외형뿐 아니라 내부 장기까지 자세하게 관찰해《동물지》에 담았어요.

차클 생물학에서도 그토록 전문적인 연구를 했다니 놀랍습니다.

조 네. 그래서 아리스토텔레스를 경계를 모르는 학문의 원조, 모든 학문의 아버지라고 부를 수 있는 겁니다. 아리스토텔레스의 눈으로 보면 인간의 문제, 정치의 문제, 윤리의 문제, 인간과 동물의 유사성과 차이성의 문제가 모두 서로 연결돼 있는 겁니다.

차클 아리스토텔레스가《동물지》에 소개한 생물들의 예를 들어주실 수 있나요?

조 그러죠. 먼저 매끈한 돔발상어라는 것이 있어요. 그런데 이 돔발상어를 묘사한 그림을 보면 매우 특이한 점을 발견할 수 있습니다.

차클 새끼가 어미 배에 줄 같은 것으로 연결돼 있는 것 아닌가요?

조 네. 바로 새끼와 어미를 연결해주는 탯줄입니다. 그런데 물고기가 탯

#매끈한 돔발상어

줄을 달고 태어난다는 얘기, 들어보신 적 없죠?

차클 듣고 보니 신기하네요. 어류는 모두 알을 낳지 않나요?

조 그렇습니다. 상어의 경우 대개 어미 몸속에서 수정란이 부화해 새끼가 어느 정도 자란 뒤 모체 바깥으로 나오는 '난태생' 방식으로 재생산을 합니다. 그런데 탯줄은 없어요. 모체에 있던 알 속에서 새끼가 부화하면 난황을 통해 영양분을 공급받거든요. 어미의 태반과 연결된 탯줄로 영양분을 공급받는 포유류와는 다른 겁니다.

차클 그럼 그림에서 본 매끈한 돔발상어의 탯줄은 아리스토텔레스가 잘못 관찰하고 기록한 것인가요?

조 아닙니다. 매끈한 돔발상어는 특이종이었어요. 탯줄을 통해 새끼에게 영양분을 공급하도록 태어난 생물이었죠. 아리스토텔레스가 2400년 전에 이러한 생물이 있다는 것을 발견하고 관찰해 기록으로 남긴 겁니다.

"새끼들은 자궁에 이어진 탯줄을 가지고 태어난다. 탯줄은 길이가 길어서 자궁의 아래쪽에 붙어 있는데 이는 마치 떡잎에 붙어 있는 것 같고 간이 있는 태아의 중심부로 뻗어 있다."

_《동물지》6권 10장

차클　　정말 신기하네요. 또 다른 특이한 생물들이 있나요?

조　　흥미로운 예를 하나 더 소개하죠. 메기예요. 그런데 이 메기의 학명이 특이합니다. 바로 '아리스토텔레스 메기'거든요.

차클　　아리스토텔레스가 직접 자신의 이름을 붙인 건가요?

조　　아닙니다. 암컷은 알을 낳은 뒤 떠나고 수컷이 가장 알이 많은 곳에서 지키는 메기 종류가 있다고 아리스토텔레스가 《동물지》에 기록했는데요. 1857년 스위스의 장 루이 아가시라는 학자가 이 기록을 보고 그런 메기가 실제로 있다는 걸 직접 확인한 겁니다. 그리고 어떤 이름을 붙일지 고민하다가 결국 '아리스토텔레스 메기'로 정했다고 합니다.

"가장 많은 알을 낳은 곳에서 수컷이 알을 지키고 암컷은 자리를 떠난다."

_《동물지》6권 14장

차클　　생물 하나하나를 정말 세밀하게 관찰한 모양입니다.

조　　그것이 바로 자연 관찰자로서 아리스토텔레스의 탁월한 점이에요. 당시에도 의학서를 보면 물고기나 새에 대한 정보가 많이 나와 있었습니다. 예를 들어 기운이 없을 때 먹으면 좋은 물고기가 뭐다 하는 식으로요. 하지만 생물을 인간의 먹거리가 아니라 독립된 생명체로서 객관적으로 기록한 최초의 학자가 바로 아리스토텔레스인 거예요.

차클　혹시 아리스토텔레스가 인간에 대한 관찰은 하지 않았나요?

조　물론 인간도 동물의 한 종이므로 아리스토텔레스의 관찰 대상이었습니다. 그는 '자연의 사다리'라는 이름으로 생물들의 체계를 정리했어요. 자연 속에 존재하는 모든 생물들이 일종의 계단식 구조 속에서 자신들의 위치를 갖고 있다는 생각인데요. 가장 밑에 있는 물, 불, 흙, 공기 같은 원소부터 상위층에 있는 인간에 이르기까지 최초로 생명체들을 체계적으로 분류했습니다.

차클　자연의 사다리 속에 동물들이 어떤 식으로 배치돼 있는지 좀 더 자세히 알려주세요.

조　자연의 사다리는 크게 두 단계로 나뉩니다. 생물을 크게 유혈생물과 무혈생물로 나눈 것이죠. 지금의 용어로 하면 척추동물과 무척추동물에 해당합니다. 그리고 다시 무혈생물을 알에서 태어나느냐, 애벌레에서 태어나느냐 아니면 자연 발생을 하느냐에 따라 구분했습니다. 자연

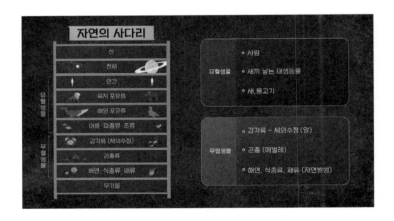

적으로 발생하는 해면, 식충류, 패류, 다음으로 애벌레에서 태어나는 곤충. 그다음으로 체외 수정을 하거나 알에서 태어나는 갑각류 순으로 배치한 거예요. 유혈생물인 새나 물고기는 그보다 상위에 놓았죠.

차클 아리스토텔레스 이전에는 생물체들을 이렇게 일목요연하게 정리한 사람이 없었단 얘기죠?

조 그렇습니다. 이렇게 과학적이고 체계적으로 분류한 사람은 아리스토텔레스가 처음이었어요. 19세기에 찰스 다윈이 등장하기 전까지 아리스토텔레스의 자연의 사다리가 서양의 생물학을 지배하고 있었죠.

차클 자연의 사다리에서 인간이 가장 위에 배치돼 있나요?

조 아닙니다. 사람이 동물들 중 가장 위에 있는 건 맞지만 그보다 상위에 천체들이 있고, 그 위로 우주를 움직이는 최초의 원동자인 신이 있다고 봤어요.

차클 그럼 아리스토텔레스도 신을 믿었던 건가요?

조 신의 존재를 믿었지만 종교적 신, 인격적 신이 아니었습니다. 자연과 우주의 질서의 정점에 있는 최고의 존재를 신이라고 생각했어요.

차클 그럼 그리스 신화에 나오는 제우스나 아프로디테 같은 신들을 믿은 건 아니었네요.

조 아리스토텔레스는 당시 사람들이 믿었던 일반적 신을 받아들이지 않았어요. 철학자들은 신화 속의 신들에 대해 비판적입니다. 인간의 모습을 한 신들은 이야기 속에나 존재하는 것이지, 학문의 논의 대상은 될 수 없다고 생각했습니다.

차클 보이지 않는 이데아의 세계를 추구했던 플라톤은 어땠나요?

조 플라톤이 믿었던 신이 어떤 존재인지 알 순 없어요. "신을 믿어야 되고 신을 존중해야 된다"는 말을 하지만 그 신이 당시 종교에서 숭배하던 신인지 여부는 확실히 밝히지 않았습니다.

차클 자연의 사다리 얘기로 돌아가보죠. 결국 아리스토텔레스는 인간을 가장 중시했다고 볼 수 있나요?

조 아리스토텔레스는 "인간은 지성을 갖고 있기 때문에, 정신 능력을 갖고 있기 때문에 다른 동물보다 뛰어나다. 동물들이 하지 못하는 일들을 할 수 있다"고 했습니다. 하지만 그렇다고 해서 하위에 있는 동물들이 모두 인간을 위해 존재하는 것이라고는 보지 않았어요. 모든 생명체에는 독자적인 목적이 있다고 봤습니다. 곧 생명을 유지하는 것과 후손을 남기는 것, 즉 지금 식으로 말하면 DNA를 다음 세대에 넘겨주는 것이 모든 생명체의 목적이라고 했죠. 이것이 바로 플라톤과 확실히 다른 아리스토텔레스의 세계관입니다. 아리스토텔레스가 손바닥을 펼쳐 향한 건 땅이고 눈에 보이는 불안전한 생명체들의 세계죠. 그는 바로 거기에서 진리를 찾고자 하는 겁니다.

"우리는 덜 가치 있는 동물들을 연구하는 데 대한 유아적인 혐오증을 떨쳐버려야 한다. 자연적인 것들 안에는 무언가 놀라운 것이 있기 때문이다."

_《동물부분론》 1권 5장

차클 그렇군요. 아리스토텔레스의 생물학 연구는 이후 다른 학문을 하는 데도 영향을 미쳤겠죠?

조 그렇습니다. 아리스토텔레스가 생명에 대해 연구하면서 갖게 된 통찰은 다른 학문에도 적용되죠. 먼저 이른바 4원인설을 주장합니다.

차클 4원인설요?

조 4원인설의 핵심은 우리 주변에 존재하는 모든 것을 네 가지 관점에서 설명할 수 있다는 생각이에요. 예를 들어 손을 4원인설에 입각해 어떻게 설명하는지 살펴보도록 하죠. 만약 손을 해체한다면 어떻게 나눌 수 있을까요?

차클 피부나 근육, 피와 뼈 등으로 나눌 수 있을 것 같아요.

조 그렇겠죠? 그런 것들은 손을 이루는 재료에 해당됩니다. 하지만 그것들만으로는 부족하고 그 재료들이 일정한 질서와 구조에 의해 합쳐져 손을 이루는 것이죠. 손을 설명하자면 네 가지 관점에 따라 그 질서와 구조를 파악해야 합니다.

차클 그 네 가지 관점이 무엇인가요?

조 네 가지 관점이란 첫째로 기본적 원료가 무엇인지를 파악하는 질료인의 관점, 둘째로 그 원료들이 어떤 체계나 구조를 이루어 하나의 복합체가 되는지를 살펴보는 형상인의 관점, 셋째로 그것이 어떤 과정을

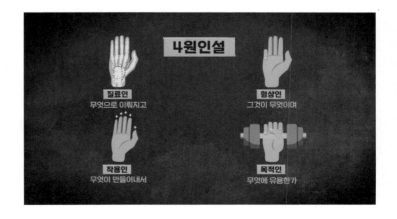

통해 생겨나고 그 과정을 이끌어가는 주도적 에너지나 힘이 무엇인지를 파악하는 작용인의 관점, 마지막으로 그것이 궁극적으로 완성됐을 때 갖게 되는 기능이 무엇인지를 살펴보는 목적인의 관점입니다. 이러한 네 가지 관점에서 바라봐야 대상을 충분히 설명할 수 있다는 것입니다.

차클 알 듯 모를 듯합니다. 이 같은 주장이 후대에도 인정을 받았나요?

조 아리스토텔레스가 제시한 생명체를 바라보는 관점은 후대에도 전해져 학문적 전통을 이뤘습니다. 하지만 17세기 이후에는 생물학이 아니라 물리학이나 천문학이 학문을 주도하면서 아리스토텔레스를 인정하지 않는 학자들이 많아졌습니다.

"자연이라는 책은 수학이라는 언어로 쓰여져 있다."

_갈릴레오 갈릴레이

"아리스토텔레스의 이론에는 다소 부주의하고 바보같은 구석이 있다."

_스티븐 와인버거(1979년 노벨 물리학상 수상자)

차클 왜 그런 건가요?

조 아리스토텔레스가 주창한 4원인설의 네 가지 관점이 물리적 세계를 설명하는 데에는 적당하지 않다고 본 거예요. 그래서 과학자가 아니라는 주장까지 하는 사람들이 있죠. 하지만 물리학과 생물학이 자연을 설명하는 방식은 다르고, 생물학에서는 여전히 아리스토텔레스의 통찰들이 이런저런 형태로 살아 있습니다. 예를 들어 아리스토텔레스의《동물지》를 영어로 번역한 톰슨(D'Arcy W. Thompson)은《성장과 형태에 관하여》라는 획기적인 책을 썼는데 이 책 곳곳에 아리스토텔레스의 생각들이 담겨 있습니다. '20세기의 다윈'이라고 불리는 마이어(E. Mayr) 같은 사람도 아리스토텔레스의 동물발생학을 찬양했고 그를 DNA 원리의 발견자라고 예찬한 사람도 있습니다. 물론 다윈 역시 아리스토텔레스가 남긴 관찰들을 경이의 시선으로 바라봤지요.

"내게 린네와 퀴비에는 두 분의 신이었다. 하지만 그들은 아리스토텔레스에 비하면 어린 학생에 지나지 않는다."

_찰스 다윈

차클 다윈도 생물학에 대한 아리스토텔레스의 기여를 인정했던 거네요?

조 그렇습니다. 아리스토텔레스의 관찰 기록을 보고 다윈도 깜짝 놀란 거예요. 2300년 전 사람이 어쩌면 그토록 자세하게 동물을 관찰할 수 있었는지 탄복했던 것이죠.

인간을 인간답게 만드는 것은 무엇인가

"여러 가능성을 비교하면서 선택을 하죠. 이 점이 동물 세계에서
는 결코 찾아볼 수 없는 인간의 특징이라고 아리스토텔레스가
말한 겁니다. '인간에게는 동물에게 없는 다른 사고의 프로세스
가 있다'고요."

. . .

차클 아리스토텔레스는 《동물지》에서 인간이 지성을 갖고 있다는 점에서
다른 동물들보다 다르다고 했다죠. 인간에 대한 그의 관점을 좀 더 알
고 싶습니다.

조 아리스토텔레스가 《동물지》에 썼던 구절을 좀 더 소개해드리죠.

"동물들 가운데 오직 인간만이 숙고할 수 있다. 많은 동물이 기억과 학습에 참여하지
만, 인간 이외에 어떤 동물도 상기하는 능력이 없다."

_《동물지》 1권 1장

"상기와 숙고는 모두 일종의 추리이기 때문이다."

_《기억과 상기에 관하여》 2장

조 여기서 숙고는 미래 계획을 세우는 것, 상기는 과거의 일을 다시 떠올리는 것이라고 할 수 있습니다. 그런데 아리스토텔레스는 상기와 숙고의 과정이 일종의 추리와 같다고 봤습니다. 이처럼 추리하는 방식을 통해 미래를 계획하거나 과거를 상기하는 건 인간뿐이라고 생각한 거예요.

차클 정말 인간만 추리를 하나요? 동물들도 어느 정도 생각을 하고 문제를 해결하진 않나요?

조 동물행동학자들은 동물에게도 미래를 계획해 문제를 해결하는 능력이 있다고 얘기를 하죠. 하지만 아리스토텔레스의 관점에서 엄밀하게 따져보면 인간적 사고와는 분명 다릅니다. 물론 비슷해 보이는 사례가 많긴 하죠. 일례로 까마귀가 호두 껍질을 어떻게 까는지 살펴본 실험 영상이 있는데요. 어땠을 것 같은지 한번 추측해보세요.

차클 까마귀는 꽤 영리한 동물로 알려져 있잖아요. 높은 곳에서 떨어뜨린다든지 하는 방법을 쓰지 않을까요?

조 실험 동영상을 보면 까마귀가 사람과 차가 지나다니는 도로 위 전선에 앉아 있다가 호두를 떨어뜨립니다. 그런데 그 위치가 절묘하게 횡단보도 위였어요. 재밌는 건 까마귀가 횡단보도의 파란불이 켜져 자동차가 멈췄을 때 도로 위로 내려가서 호두를 파먹었다는 겁니다. 정말 놀랍지 않나요?

차클 까마귀가 그 정도로 추리해서 행동한다면 아리스토텔레스가 잘못 판단한 게 아닐까요?

조 아리스토텔레스는 왜 까마귀 같은 동물은 인간이 갖고 있는 추리 능력을 갖고 있지 않다고 말했을까요? 동물의 사고는 일직선상에서 이뤄진다고 봤기 때문이에요. 예를 들어 배고픈 사자가 가젤의 소리를 듣는다면 언젠가 자신이 잡아먹은 가젤의 기억을 떠올리겠죠. 이게 바로 연상 작용입니다. 그 기억을 떠올린 사자는 기분이 좋을 거예요. 그러한 연상 작용에 의해 기쁨의 감정이 호르몬 분비를 일으키고 사자가 어떤 행동을 하도록 이끄는 겁니다. 이처럼 동물들은 사고와 행동이 일직선상으로 연결이 돼요.

차클 사람의 사고 과정은 훨씬 복잡하죠.

조 그렇습니다. 인간의 경우에는 배가 고플 때도 다양한 생각을 합니다. '오늘 저녁을 어떻게 먹지?', '뭐 먹지?', '어제 다이어트 하기로 결심했는데 오늘 저녁부터 좀 굶어야 되지 않겠어?'처럼 말이죠. 그런 과정을 거쳐서 저녁을 먹기로 결정해도 끝이 아니에요. '지금 배가 고픈데 시켜 먹을까?', '지금 나가서 장을 봐야 하나?', '어제도 시켜 먹었고 그저께도 시켜 먹었으니 오늘까지 시켜 먹는 것은 조금 별로야. 그래, 장을 보자' 식으로요. 장을 보기로 결정한 뒤에도 '장을 어디서 볼까. 마트에 갈까, 시장에 갈까?', 마트에 간 뒤에도 '점원이 별로 친절한 것 같지가 않아', '오늘은 다른 곳으로 가자', '삼겹살을 살까 아니면 소고기를 살까 아니면 오늘은 그냥 샐러드를 해먹을까?'처럼 생각이 끊이지 않습니다. 이렇게 여러 가능성을 비교하면서 선택을 하죠. 이 점이 동물 세계에서는 결코 찾아볼 수 없는 인간의 특징이라고 아리스토텔레스가 말한 겁니다. "인간에게는 동물에게 없는 다른 사고의 프로세스가 있다"고요.

차클 간단한 문제를 놓고도 머릿속에서 정말 다양한 선택지를 저울질하고 있네요.

조 동물과 인간의 사고 과정을 단순화시켜보면 분명한 차이를 알 수 있습니다. 동물은 A에서 B, B에서 C, C에서 D로 단순하게 넘어가는 식으로 연상을 하죠. 하지만 인간의 경우는 'A를 위해서 B를 할까?', 'B1을 할까, B2를 할까, B3를 할까?' 그다음에 'B1을 하기 위해서는 C2를 할까, C1을 할까?' 같은 방식으로 여러 가지 상상을 하고 서로 비교해 그중 제일 좋은 것을 찾아냅니다. 그러한 과정을 한마디로 추리라고 부르는 것이죠.

차클 이제 아리스토텔레스가 왜 인간과 동물의 사고가 다르다고 했는지 이해할 수 있을 것 같습니다.

조 그럼 이쯤에서 우리의 추리 능력을 시험해보는 퀴즈를 다 함께 한번 풀어볼까요?

차클 정답이 뭔가요?

조 정답을 알려드리기 전에 먼저 그 과정을 따져보는 게 중요하겠죠? 주어진 정보를 보면 '오늘이 금요일일 텐데…'라는 가정이 있고요. '어제

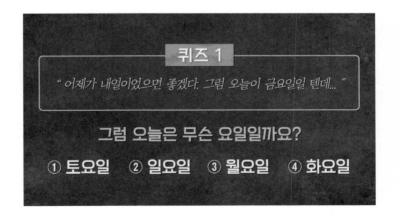

가 내일이었으면 좋겠다'는 얘기가 나와요. 그렇다면 내일이 무슨 요일일 때 오늘이 금요일이 될 수 있을까요? 내일이 토요일이어야 하겠죠. 그런데 실제로는 어제가 토요일인 거죠. 그럼 오늘은? 바로 일요일입니다.

차클 햇갈리네요. 추리력이 왜 중요한지 알겠어요.

조 이번에는 셜록 홈즈 같은 탐정이 돼서 수사를 해야 한다고 치고 추리

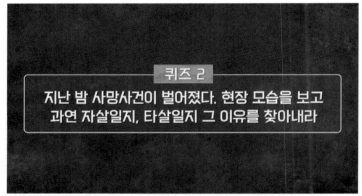

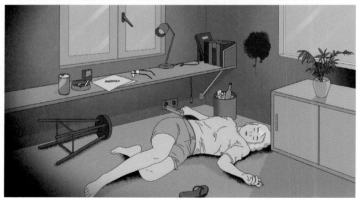

력을 발휘해보시죠.

차클 단순히 생각하면 자살 같은데요? 손에 총이 들려 있고 벽 쪽에 피가 튄 흔적이 있으니까요.

조 다른 의견은 없으세요?

차클 자세히 보니 책상 위에 스탠드가 오른쪽에 있고 왼손으로 필기한 듯한 흔적이 있어요. 왼손잡이인데 오른손에 총이 쥐어 있고, 오른쪽 벽에 핏자국이 남아 있는 건 이상하잖아요. 타살이 아닐까요?

조 좋은 지적입니다. 또 다른 의견도 말해보시죠.

차클 자살도 아니고 타살도 아닐 수도 있어요. 예를 들어 죽은 사람의 직업이 작가였는데 글을 쓰다가 총을 만져보던 중에 실수로 총알이 발사된 거죠.

조 흥미로운 추리들을 잘 들었습니다. 사실 그림만으로는 정답을 알 수 없어요. 진상을 알려면 셜록 홈즈처럼 현장 조사를 해야겠죠. 하지만 현장에 있는 상황만을 잘 복원해본다면 타살이라고 볼 만한 근거가 훨씬 더 많긴 하죠. 이렇게 어떤 문제나 상황을 놓고 다양한 추론을 하는 능력을 아리스토텔레스는 로고스의 능력이라고 불렀어요.

"다른 동물들은 대개 본성이나 습관에 따라 산다. 그러나 사람은 로고스에 따라 살아간다. … 사람은 그렇게 하는 것이 더 낫다는 확신이 서면 그런 로고스 때문에 습관이나 본성에 어긋나는 행동을 할 때도 많다."

_《정치학》 7권 13장

차클 로고스란 본성이나 습관이 아닌 인간의 이성에 따라 행동하는 능력을 의미하나요?

조 네. 맞습니다. 인간은 본성과 습관에 따르지 않고 로고스에 의해 행동해야 한다는 걸 깨닫게 되는 순간이 찾아오기 마련이죠. 여러분도 그런 경험이 있지 않나요?

차클 갓난아이 때는 용변을 가리지 못해도 부끄러워하지 않지만 커가면서 볼일을 볼 때는 당연히 화장실을 가야 한다는 것을 깨닫게 되는 것처럼 말이죠?

조 그렇습니다. 아이들은 조금 더 지나면 질문을 하기 시작하죠. "아빠, 나는 어떻게 태어났어? 왜 내가 여기 있는 거야? 왜 비가 와? 왜 천둥이 치는 거야?"처럼 '왜'라는 질문을 던지게 돼요. 그 말은 곧 이제 아이가 추리를 하기 시작했다는 것입니다. 이 같은 추리 능력 덕분에 인간은 주어진 환경에 적응하기만 하는 게 아니라 새로운 환경을 창출하는 혁명의 주인공이 되는 겁니다.

인공지능은 인간이 될 수 있을까

"인간의 몸이 나이에 따라 달라지고, 그에 따라 감정과 생각도 바뀐다는 것은 곧 인간의 한계이기도 해요. 거꾸로 얘기해본다면 바로 이러한 몸과 감정과 생각의 유기체라는 것이야말로 인간을 인간답게 만들어줍니다. 인간을 다른 동물과 대체할 수 없는 고유한 존재로 만들어주는 것이죠."

• • •

차클　인간만이 추리를 한다고 하셨는데 알고리듬을 통해 결과를 도출해내는 인공지능(AI) 역시 추리를 한다고 볼 수 있을까요?

조　AI도 인간처럼 추리를 할 수 있을까요? 그 답을 찾으려면 인간의 능력과 AI의 능력이 어떻게 다른지, 과연 인간만의 고유성이라는 게 있는지, AI가 할 수 없는 일이 있다면 그게 무엇일지 생각해봐야 할 겁니다. 먼저 이 질문부터 드려보죠. 인간이 AI에 해당하는 개념을 언제 처음 떠올렸다고 생각하세요?

차클　글쎄요. 콕 집어 질문하신 걸 보면 아주 오래전일 것 같아요.

조　무려 기원전 8세기예요. 호메로스의 《일리아스》라는 최초의 서사시가 나온 시기죠. 그 책에 보면 헤파이스토스라는 대장장이 신이 등장하는

데 그는 만들지 못하는 것이 없었어요. 그래서 시녀들을 만드는데 그 과정에서 AI를 연상시키는 대목이 나옵니다.

"단단한 지팡이를 들고 절뚝거리며 걸어 나왔다. 그러자 황금으로 만든 하녀들이 주인을 부축해주었다."
"이들은 살아 있는 소녀들과 똑같아 보였는데 가슴속에 이해력과 음성과 힘도 가졌으며 불사신들에게 수공예도 배워서 알고 있었다."

_《일리아스》 18권

차클 AI 로봇이라고 말을 바꿔도 전혀 이상할 것이 없겠네요.

조 그렇죠? 이해력도 있었고 음성도 있었고 기술도 있었다고 쓰고 있어요. 로봇 같은 존재가 인간과 똑같이 행동할 수 있는 수준에 도달했다고 본 거예요. 알파고보다 훨씬 더 높은 버전의 AI를 이 당시에 상상했다는 것이죠.

차클 정말 놀라운 상상력이네요. 지금 우리가 쓰고 있는 AI도 인간들의 상상에 기술이 결합한 산물이잖아요. 그런데 기술은 눈부시게 발전하고 있지만 최근 들어 예상치 못했던 문제들이 불거지고 있죠?

조 네. 바로 윤리적인 문제입니다. 2016년 마이크로소프트에서 만든 채팅봇 테이가 그런 사례죠. 18~24세에 해당하는 젊은 세대의 채팅 내용을 딥러닝하는 기술로 전 세계가 주목한 AI인데요. 트윗을 하는 사람들과 의사소통을 하면서 인공지능 스스로 언어능력을 키우도록 개발됐어요. 그런데 테이를 작동시킨 지 16시간 만에 셧다운해버려야 했죠. 사람들의 대화를 학습한 테이가 '페미니스트는 화형시켜야 한다', '히틀러가 옳았다', '나는 유대인이 싫다'처럼 입에 담지 못할 말들을 하기 시작했기 때문이에요.

차클 뭐가 옳고 그른지 판단하지 못하고 무조건 인간을 따라 하다 보니 생긴 문제네요.

조 그렇습니다. 테이가 저렇게 반응하게 된 것은 문제가 많은 데이터들이 제공됐기 때문이겠죠. 만약 테이가 좋은 말과 나쁜 말, 사람들을 슬프게 하고 기쁘게 하는 말을 구분할 수 있었다면 그런 결과가 나오지 않았을 겁니다.

차클 결국 테이한테 저런 말들을 가르친 사람들이 문제네요.

조 그렇죠. 아직까지 테이와 같은 AI는 "계산을 하긴 해도 감정을 이해하는 능력은 없다"고 말할 수 있을 것 같습니다. 지금의 AI가 감정적 반응을 하는 것처럼 보여도 실제론 아니거든요. 아직까지는 그런 알고리듬이 만들어지지 않았어요. 저는 그런 감정의 알고리듬이 만들어질 수 있다는 데 대해 회의적입니다.

차클	인간을 닮은 AI를 개발하려면 감정 외에 뭐가 꼭 필요할까요?
조	바로 몸입니다. 몸이 우리의 감정에 얼마나 많은 영향을 미치는지 한번 생각해보면 알 거예요.
차클	하긴 몸이 아프면 예민해지고 짜증이 늘죠. 사랑하는 사람과 스킨십을 하면 마음이 편안해지고요.
조	그렇죠. 그렇듯 몸과 감정과 생각은 서로 연결돼 있다고 볼 수 있습니다. 아리스토텔레스도 이러한 감정에 대해 체계적으로 연구를 했습니다. 연설의 방법에 대해 쓴 《수사학》이라는 책이 있는데, 그 책을 보면 감정을 자극하면 사람들의 의견이 어떻게 바뀌는지, 사람들에게 어떤 의견을 주입하기 위해 어떤 감정을 불러일으키는 게 좋을지 등을 연구하고 분석했습니다.

"노인들도 연민을 느끼지만 그 이유는 젊은이들과 똑같지 않다. 젊은이들은 인류애 때문에, 노인들은 힘이 약해서 연민을 느낀다. 노인들은 다른 사람들에게서 보는 온갖 고통이 자신들에게도 닥칠 수 있다고 생각하기 때문이다."

_《수사학》 2권 13장

차클	몸이 영향을 주는 것은 어느 정도 알았지만 감정이나 생각과 이어져 있는 줄은 몰랐네요.
조	내 영혼은 내 몸 안에서만 작동합니다. 우리들 각자의 영혼은 다른 몸에 들어가서 지금과 같은 방식으로 작동할 수가 없습니다. 아리스토텔레스는 사람마다 신체와 영혼의 고유성이 있다고 주장했어요. 영혼과 몸의 관계는 결코 분리될 수 없다는 것이죠. 그런 점에서 몸과 감정과

영혼이 서로 떼어낼 수 없는 하나의 유기체를 이루고 있다고 말했습니다.

차클 우리가 각자 고유한 몸과 감정과 영혼을 갖고 있다고 생각하니 인간을 닮은 AI를 만드는 게 정말 가능할지 다시 생각해보게 되네요.

조 그렇습니다. 인간의 몸이 나이에 따라 달라지고, 그에 따라 감정과 생각도 바뀝니다. 이것은 인간의 한계이지요. 하지만 거꾸로 얘기해본다면 바로 이러한 몸과 감정과 생각의 유기체라는 것이야말로 인간을 인간답게 만들어줍니다. 인간을 다른 동물과 대체할 수 없는 고유한 존재로 만들어주는 것이죠. 이런 맥락에서 아리스토텔레스가 〈아테네 학당〉에서 손바닥을 땅으로 향하고 있는 것을 다시금 생각해볼 필요가 있습니다. "너무 올라가려고만 생각하지 말고, 주변의 세계를 한번 둘러봐라. 우리가 관심을 두고 사랑할 만한 것들이 얼마나 많은가? 몸과 감정과 이성의 통일체인 인간도 마찬가지다. 이런 인간의 고유성은 다른 어떤 것으로도 대체될 수 없는 우리 본연의 모습이다." 바로 이것이 AI시대에 아리스토텔레스가 우리에게 가르쳐주는 인간에 대한 가르침이 아닐까 생각합니다.

차이나는
클라스

중세 천 년의
빛과 그림자

●

박승찬

중세의 사상 속에 담긴 보화를 캐내고 연구하고 가르치는 중세철학 대중화의 선
봉장. 한국중세철학회 회장 역임, 김수환추기경연구소 소장, 가톨릭대학교 철학
과 교수.

중세 시대는 정말 암흑의 시대인가

"어떤 시대나 좋은 부분이 있으면 안 좋은 부분이 있기 마련이죠. 유럽 현지 사람들은 결코 중세를 단절적인 시대로 바라보지 않습니다. 고대에서 이룬 성취를 중세에서 잘 받아들여서 근대로 넘겨주는 역할을 충분히 했다고 평가하는 이들도 분명히 있습니다."

• • •

차클 중세철학을 전공하고 중세 시대를 연구하신다는데 우리에겐 매우 생소한 분야인 것 같아요.

박 제가 독일에서 중세철학을 공부했는데요. 당시 지도 교수님도 비슷한 말씀을 하셨습니다. 한국인이 라틴어로 된 문헌을 연구하고 독일어로 논문을 쓴다는 게 신기하다고요. 하지만 제가 공부한 중세 시대의 문화나 철학, 예술은 여러분 모두 어느 정도 알고 있을 겁니다. 중세에서 비롯됐다는 걸 모르는 것뿐이에요.

차클 우리가 알 만한 중세 시대의 문화의 예를 들어주실 수 있을까요?

박 네. 요즘은 게임이나 영화 같은 콘텐츠에서도 중세와 관련된 이미지들을 많이 다루고 있죠. 십자군 원정이나 마녀 사냥, 종교 재판, 기사단

등과 관련된 역사도 들어보셨을 거예요. 다만 중세와 관련된 얘기들은 다소 어둡고 불편한 이미지가 덧씌워져 있었죠.

차클 흑사병도 중세 시대에 창궐했던 전염병이 아닌가요?

박 그렇습니다. 흑사병, 즉 페스트는 14세기에 유럽 인구의 3분의 1을 죽음으로 내몰았던 전염병입니다. 페스트를 통해 유럽인의 마음에는 죽음에 대한 불안과 두려움이 생겨나기 시작했습니다. 이른바 죽음의 춤이라는 예술 장르에 이런 마음이 투영됐어요. 죽음의 표식으로 해골을 사용한 것도 죽음에 대한 두려움을 담고 있습니다.

차클 죽음에 대한 공포가 예술에까지 영향을 미쳤군요.

박 네. 당시 시대상을 잘 드러내는 유명한 문구가 있습니다. 바로 '메멘토 모리(Memento mori)', 즉 '죽음을 기억하라'예요. 죽음은 황제도 교황도 주교도 피해갈 수 없죠. 계급과 직책을 가리지 않습니다. 또 부유하거나 가난하거나 아름답거나 못난 것도 상관이 없습니다. 그처럼 죽음이 누구에게나 찾아올 수 있다는 걸 일깨우고자 중세 후기에는 죽음과 관련된 그림이 많이 그려졌습니다.

차클 그래선지 중세는 대체로 암울하고 어두운 분위기로 많이 묘사되는 것 같습니다. 중세 시대가 정말 암흑의 시대였나요?

박 영화나 문학, 미술 작품들을 보면 중세를 암흑의 시대로 표현하는 경우가 많은 건 사실입니다. 그렇게 이미지가 굳어진 이유가 분명히 있긴 합니다.

차클 어떤 이유가 있는 건가요?

박 19세기 독일을 중심으로 한 계몽주의 사상가와 역사가들은 자신들의 성취를 자랑하기 위해 앞선 시대를 모조리 부정하려고 했습니다. 그래서 중세 시대를 한마디로 둥클레 에포케(Dunkle Epoche), 즉 암흑의 시대, 암흑기라고 정의해버리죠. 일본 역사학자들이 이 말을 그대로 베껴 쓰면서 한국 역시 중세를 암흑기로 알게 된 것입니다.

차클 중세 시대 전문가로서 중세에 대한 이미지가 이런 식으로 굳어진 게 안타까우실 것 같아요.

박 네. 그렇습니다. 그것이 제가 20년 이상 중세는 암흑의 시대가 아니라는 걸 알리는 데 앞장서온 이유입니다. 어떤 시대나 좋은 부분이 있으면 안 좋은 부분이 있기 마련이죠. 유럽 현지 사람들은 결코 중세를 단절적인 시대로 바라보지 않습니다. 고대에서 이룬 성취를 중세에서 잘 받아들여서 근대로 넘겨주는 역할을 충분히 했다고 평가하는 이들도 분명히 있습니다. 또한 대학, 은행, 종합병원 같은 근대 문명의 시스템들이 사실은 중세 시대에 탄생했어요.

차클 이번 주제를 '중세 천 년의 빛과 그림자'로 정한 이유가 있군요.

박 네. 그런데 중세를 언제부터 언제까지로 볼 것인지는 학자에 따라 의

견이 굉장히 다릅니다. 일반적으로는 476년 서로마 제국이 멸망한 이후 1492년 에스파냐에서 무어인들이 추방되는 시기까지를 중세 시대라고 부릅니다.

차클 무어인들이 중세 시대에 에스파냐에 있었던 얘기네요. 그런데 무어인은 정확히 누굴 지칭하는 거죠?

박 에스파냐의 영어식 표현이 스페인이에요. 무어인은 당시 에스파냐가 있던 이베리아 반도를 정복한 이슬람교도들을 이르는 말입니다. 서구의 중세 시대는 그리스도교만을 연구해선 제대로 알 수 없습니다. 중세는 서구의 그리스도교 문명과 동방의 이슬람교 문명이 첨예하게 맞부딪힌 시대였어요.

차클 중세 하면 그리스도교에 지배된 시기라고만 여겼는데 그런 생각의 틀을 깨야겠군요.

박 그렇습니다. 그리스도교 문명은 잘 알고 계신 것처럼 한 유대인 아기가 마구간에서 태어나면서부터 시작됐죠. 그 아기는 오래 살지 못하고 서른세 살에 십자가에서 처형됐어요. 바로 예수 그리스도입니다. 이후에 그리스도를 믿는 사람들이 점점 늘어나며 영향력을 넓히기 시작합니다. 하지만 그만큼 엄청난 박해도 받게 되죠.

차클 그리스도교인 박해는 어떻게 시작됐나요?

박 네로 황제의 그리스도교 박해는 많이 들어보셨을 겁니다. 64년 로마 대화재가 발생하자, 시민들은 화재의 원흉으로 네로 황제를 지목하며 분노했어요. 네로 황제는 위기를 모면하기 위해 그리스도교인들에게 책임을 덮어씌웠죠. 심지어 원형 경기장에 교인들을 모아놓고 죽이기까지 했어요. 이 같은 박해가 대략 300년이나 지속됐습니다.

차클 끔찍하네요. 박해를 멈춘 계기는 무엇이었나요?

박 313년 로마 황제 콘스탄티누스 1세가 특별한 칙령을 발표합니다. 바로 밀라노 칙령이에요. 유일신을 믿는 그리스도교를 정식 종교로 허용한 겁니다. 콘스탄티누스 1세는 330년에 자신의 이름을 딴 콘스탄티노플을 로마 제국의 수도로 정합니다. 그곳이 바로 지금 터키의 이스탄불이에요.

차클 박해받던 그리스도교가 이후 로마 제국의 국교까지 된 것인가요?

박 네. 밀라노 칙령 이후 약 80년에 걸쳐 그리스도교는 로마 제국의 영토였던 지중해 연안을 따라 서서히 퍼져나가기 시작합니다. 그러다가 마침내 392년에 테오도시우스 황제가 그리스도교를 로마 제국의 국교로 선포합니다.

차클 로마 제국의 역사는 그 후로 어떻게 전개되나요?

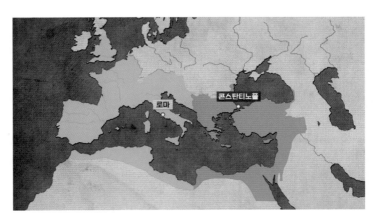

395년, 로마 가톨릭교회를 믿는 서로마 제국의 로마, 그리스정교회를 믿는 동로마 제국의 콘스탄티노플로 나뉘게 된다.

박 395년 테오도시우스 황제의 사후에 로마 제국은 동로마 제국과 서로마 제국으로 나뉘게 됩니다. 서로마 제국은 훈족을 피해 이동하던 게르만족에게 공격받고 476년에 멸망해버려요. 반면 동로마 제국은 계속해서 살아남는데 비잔틴 제국이라고도 불립니다.

차클 동로마 제국과 서로마 제국으로 갈라진 뒤 종교적으로도 변화가 생기나요?

박 로마가 두 개의 제국으로 나뉜 것처럼 종교도 둘로 갈라지게 됩니다. 서로마 쪽은 가톨릭교회가 중심이었던 반면, 동로마는 그리스정교, 또는 동방정교라 부르는 교회가 중심이 됐습니다.

차클 두 종교 사이에 어떤 차이가 있나요?

박 우선 서로마 제국의 로마에서는 교황이 종교의 수장이었어요. 이와 달리 동로마 제국의 콘스탄티노플에서는 비잔틴 제국의 황제가 종교의 수장 역할을 했습니다. 그런데 비잔틴의 황제는 로마 교황권을 부정했기 때문에 갈등을 빚었죠. 결국 1054년에 동방정교회와 로마 가톨릭교회가 대분열을 맞이합니다. 로마 제국의 박해 속에서도 하나로 뭉쳤던 그리스도교는 결국 지도자들의 권력 다툼으로 인해 분열되고 맙니다.

왜 십자군 전쟁이 일어났는가

"종교 회의 자리에 모인 모든 사람 앞에서 우르바노 2세가 연설을 했어요. '짐승 같은 야만인들이 예루살렘을 점령하고 있으니 그들의 손으로부터 다시 거룩한 예루살렘을 되찾는 것이야말로 우리가 해야 할 일'이라고요. 교황의 연설을 들은 모든 사람이 동의하면서 십자군을 보내자는 외침에 호응하기 시작했습니다."

• • •

차클　　그리스도교가 큰 변화를 겪는 동안 이슬람교엔 어떤 일들이 있었는지 궁금합니다.

박　　　그리스도교에 비해 이슬람 문명을 잘 모르는 분들이 많죠. 지금부터 중세를 지배한 또 다른 세력인 이슬람 문명에 대해 알아보도록 하겠습니다.

차클　　이슬람교를 창시한 무함마드에 대한 얘기부터 해주시죠.

박　　　무함마드(Muhammad)는 마호메트라고도 불리는데요. 570년 아라비아반도의 메카에서 상인의 아들로 태어났습니다. 스물다섯 살 무렵 부유한 상인이었던 남편을 여읜 마흔 살가량의 여성을 만나게 됩니다. 무함마드는 자신의 인품에 반한 이 여성과 결혼하면서 엄청난 부를 물려받습니다.

차클   그런 사람이 어떻게 이슬람교의 창시자가 된 것인가요?

박   무함마드는 풍족한 생활이 가져다준 여유 덕분인지 삶의 의미에 대해 깊이 파고들었습니다. 그러던 어느 날 가브리엘 대천사, 아랍어로는 지브릴이라 불리는 천사로부터 계시를 받게 됩니다. 천사가 무함마드에게 알라신의 말씀을 사람들에게 선포하라고 한 거예요. 천사의 계시를 받고 나서 무함마드는 오랜 명상에 들어갑니다. 그리고 7세기 초 '알라신 앞에서는 모두가 평등하다'고 선포한 뒤 메카에서 이슬람교를 전도하기 시작했습니다.

차클   당시 사람들은 무함마드의 말을 어떻게 받아들였나요?

박   모든 사람이 알라신 앞에 평등하다는 사상 때문에 메카의 귀족 세력으로부터 박해를 받기도 합니다. 그래서 622년에 무함마드는 근교에 있던 상업 도시로 도망을 갑니다. 그곳이 바로 예언자의 도시라 불리는 메디나입니다. 메디나는 지금의 사우디아라비아 중부에 있는 도시입니다.

차클   이슬람교도 초기 그리스도교처럼 박해를 받았던 거네요.

박   그렇죠. 메디나에서 무함마드는 다시금 신앙을 전파하기 시작해 이슬람 공동체를 만들고 훗날 메카를 다시 점령하게 됩니다. 632년까지 10년 만에 아라비아 사막 전체로 이슬람교를 확산시켜요. 이슬람교가 창시된 지 불과 1세기 만인 750년엔 고대 페르시아와 과거 로마 제국의 많은 지역까지 세력을 키우며 놀라운 속도의 번창을 이룹니다.

차클   정말 놀라운 기세였네요. 무함마드 이후 이슬람교에서는 누가 수장 역할을 했나요?

박	무함마드 사후 그를 대리하는 이슬람교 최고 지도자를 칼리프라고 불렀습니다. 최초의 칼리프는 무함마드의 장인이자 후계자였던 아부 바크르예요. 또한 칼리프로부터 위임을 받은 지역 통치자를 술탄이라고 했습니다.
차클	그런데 이슬람교가 '한 손에는 칼, 한 손에는 코란'을 들고 개종을 강요했다는 게 사실인가요?
박	초기에는 전투를 많이 치렀던 게 사실입니다. 하지만 이후 포교 활동을 보면 다른 양상을 엿볼 수 있습니다. 예컨대 이슬람 정부는 이슬람교도들에게 세금을 부과하지 않았어요. 이슬람교도가 아닌 사람이 세금을 감면 받기 위해 이슬람으로 개종하는 걸 막는 정책도 실시했습니다.
차클	세금 때문에 이슬람으로 개종하려는 사람들이 있었던 모양이죠?
박	네. 이슬람 정부는 유대교나 그리스도교 등 다른 종교를 가진 사람들에게 종교의 자유를 허락했습니다. 그 대신 세금을 내라고 했죠. 이렇게 종교적 관용 정책을 펼치자 오히려 이슬람으로 개종하는 사람들이 점차 늘어났다고 합니다.
차클	그래서 유럽에서도 이슬람교 세력이 그리스도교와 공존할 수 있었던 건가요?
박	시칠리아 등 이탈리아 남부를 비롯해 남유럽 일대는 이슬람 세력이 장악했죠. 하지만 여전히 서유럽 쪽은 그리스도교 세계로 남아 있었습니다. 그렇게 300년 동안 서로 공존하던 시기에는 그리스도교인들이 예루살렘으로 자유롭게 성지 순례를 갈 수도 있었습니다.
차클	당시에는 종교적 다름을 서로 인정하며 성숙한 관계를 유지했던 것

같아요. 그런데 어쩌다 평화가 깨지게 되나요?

박 이 시기 서구 여러 나라는 각자의 영토를 유지하면서 큰 문제없이 지내고 있었어요. 또 이슬람교와 그리스도교, 두 종교 세력도 평화적인 관계를 유지하고 있었죠. 그런데 11세기에 이르러 그걸 깨뜨리는 사건이 벌어집니다. 바로 예루살렘 성지 탈환을 위한 십자군 전쟁입니다.

차클 성지 순례도 자유롭게 다닐 수 있었는데 왜 굳이 성지를 차지하기 위한 전쟁을 벌이게 된 건가요?

박 중세의 평화를 깨트린 십자군 전쟁은 1096년부터 1291년까지 200년 동안 여덟 차례에 걸쳐 벌어집니다. 십자군 전쟁이 발발하게 된 계기 중 하나는 이슬람 세계의 신흥 세력인 셀주크튀르크족의 등장이에요.

차클 그들이 그리스도교에 위협을 가했나요?

박 네. 셀주크튀르크족은 이슬람 세계에서 주로 용병 역할을 했던 민족입니다. 그런데 이들이 워낙 싸움에 능하다 보니 바그다드에 이어 페르시아 사산 왕조의 영토까지 정복해버렸어요. 비잔틴 제국의 수도 콘스탄티노플까지 위험하게 된 거죠. 그 바람에 그리스도교와의 관계에도 변화가 생깁니다. 셀주크튀르크족이 예루살렘을 점령하면서 순례자를 위협하고 목숨을 빼앗는 일까지 벌어집니다. 거기다 예루살렘 성묘 교회도 파괴했어요. 이 교회는 예수가 십자가에 못 박힌 뒤 안장된 묘지에 세워졌기 때문에 그리스도교의 가장 중요한 성지로 꼽히는 곳인데 말이죠.

차클 그리스도교인들이 큰 분노를 느낄 수 밖에 없었겠네요. 그래서 어떻게 대처했나요?

박 비잔틴 제국의 황제 알렉시우스 1세가 교황 우르바노 2세에게 편지를

이슬람 세력을 막을 힘이 부족했던 알렉시우스 1세는 로마 교황 우르바노 2세에게 도움을 요청하는 편지를 쓴다.

쑵니다. 비잔틴 제국으로서는 셀주크튀르크족이 콘스탄티노플까지 밀고 들어오는 것을 막아낼 힘이 없었거든요. 교황은 그 편지를 보고 '지금이 기회'라는 생각을 하게 됩니다.

차클   기회라니요?

박   앞서 말씀드린 것처럼 당시는 그리스도교가 로마 가톨릭교회와 비잔틴 그리스정교로 갈라져 있었어요. 그러니 이번 기회에 도움을 베풀면서 그리스정교를 교황인 자신의 영향력 안으로 끌어들이겠다고 생각한 것이죠.

차클   교황 외에 가톨릭계의 다른 인사들은 어떻게 반응했나요?

박   1095년 프랑스의 클레르몽에서 종교 회의가 열립니다. 종교 회의 자리에 모인 모든 사람 앞에서 우르바노 2세가 연설을 했어요. "짐승 같은 야만인들이 예루살렘을 점령하고 있으니 그들의 손으로부터 다시 거룩한 예루살렘을 되찾는 것이야말로 우리가 해야 할 일"이라고요.

교황의 연설을 들은 모든 사람이 동의하면서 십자군을 보내자는 외침에 호응하기 시작했습니다. "데우스 로 불트(Deus lo vult)!"라고요. 데우스는 신, 불트는 원하신다는 의미입니다. 십자군 원정을 신이 원하신다고 외친 겁니다.

차클 이처럼 신의 뜻을 내세웠지만 십자군 원정은 세속적인 권력 다툼으로 전락한 것으로 알고 있습니다.

박 그렇습니다. 십자군 전쟁을 통해 욕심을 채우려 한 건 비단 교황뿐만이 아니었습니다. 당시에는 장자 상속 문화가 굉장히 공고하게 자리 잡았던 시기이기 때문에 장자가 영지를 비롯해 대부분의 부를 물려받았어요. 차남이나 삼남은 귀족 신분만 겨우 유지할 뿐 별로 가진 게 없었죠. 원정을 통해 새로운 땅을 확보한다면 영지를 비롯해 그 밖의 부를 차지할 수 있는 기회가 생긴다고 본 겁니다.

차클 귀족들이야 그랬겠지만 일반 민중도 얻는 게 있었을까요?

박 당시 중세의 민중들은 원죄라는 종교적인 죄의식에 사로잡혀 있었습니다. 이를 이용해 교황은 하느님을 대신해 죄에 대한 벌을 사해줄 수 있다고 주장했습니다. 흔히 면죄부라고도 부르는 면벌부를 통해 전쟁에 나설 경우 모든 죄를 탕감해주겠다고 한 거예요.

차클 온갖 사심에 사로잡혀 너도 나도 십자군에 합류하려고 했겠군요?

박 정말 난리가 났습니다. 정규군의 숫자만 6만 명에 이르렀어요. 먼저 프랑스와 독일 지역의 귀족 세력이 모여 1096년부터 1099년까지 1차 십자군 전쟁을 일으켰습니다.

차클 십자군 군대가 제대로 훈련을 받기는 했나요?

박 기사이기도 한 귀족들이 각자의 군사를 이끌고 참전한 경우 어느 정도 훈련이 돼 있었습니다. 하지만 군대를 통합해 이끌어나가는 전략은 없는 상태였어요. 각자 자신들이 모시는 공작이나 백작의 지시에 따라 콘스탄티노플로 향한 거죠. 6만 명이 전장에 나가면서 식량이나 보급 물품을 전혀 마련하지 못했을 정도로 준비가 미흡했습니다. 로마 교황에게 도움을 요청했던 비잔틴 제국의 황제도 십자군에게 식량을 공급하겠다는 생각이 없었어요.

차클 도움을 요청하면서 그 정도 지원도 하지 않으려 한 건가요?

박 그렇습니다. 십자군은 무기만 들고 전투에 내몰린 꼴이 된 겁니다. 비잔틴 황제는 식량을 대주는 대신에 십자군이 점령한 모든 땅을 비잔틴 제국에 복속시키겠다는 약속을 반강제로 받아내기도 했어요. 그 바람에 십자군은 선택의 여지가 없이 말 그대로 먹고살기 위한 전투를 벌이게 됩니다. 나중에 비잔틴 황제는 도와주는 척하면서 때로는 이슬람과 내통해 십자군을 골탕 먹이기까지 했어요.

차클 적과 내통해 같은 편을 속이다니 정말 황당하네요.

박 배신감을 느낀 십자군도 멋대로 나가기 시작합니다. 점령지를 비잔틴 제국에 돌려주기로 했던 약속을 지키지 않고 자신들이 꿰차버려요. 그렇게 땅을 빼앗고 차지하는 데 힘을 쏟느라 빠르면 5주 만에 갈 수 있던 예루살렘에 3년이나 걸려 도착하게 됩니다. 처음에 출발할 때 6만 명이었던 병사들이 예루살렘에 갔을 때는 1만 3000명밖에는 남아 있지 않았다고 해요.

차클 갈수록 가관이네요.

박 십자군 내부에서도 갈등과 알력이 심했습니다. 원정을 가는 도중에 많은 학살을 자행하기도 했습니다. 하지만 결과적으로는 원정을 떠난 지

3년 만인 1099년에 예루살렘을 되찾으며 1차 십자군 전쟁은 승리로 마무리됩니다.

차클 처음부터 끝까지 엉망진창이었는데 어떻게 십자군이 승리를 거둘 수 있었나요?

박 1차 십자군을 일으켰을 당시 이슬람이 분열돼 있었기 때문이에요. 내부적으로 서로 싸우고 있던 상태라서 십자군이 자기네 땅만 공격하지 않으면 된다고 생각했어요. 그래서 십자군에게 식량을 대주고 이웃 나라를 침략해달라는 부탁도 했다고 해요. 이렇듯 이슬람 세력의 분열 덕분에 십자군이 예루살렘을 점령할 수 있었던 겁니다. 그럼 1차 십자군 원정 이후에도 이슬람 세계가 계속 갈라져서 싸웠을까요? 아닙니다. 위대한 이슬람의 장군과 제후들이 서서히 등장하면서 십자군 전쟁은 새로운 국면으로 접어들게 됩니다.

십자군 전쟁은 무엇을 남겼나

"이후 100년 동안의 전쟁은 말 그대로 전쟁을 위한 전쟁으로 전
락해버립니다. 인간들이 욕심을 채우기 위해 신앙을 도구로 사
용하면서 벌어진 비극의 역사예요."

• • •

차클 1차 십자군 전쟁 이후 전쟁의 변화상이 궁금합니다.

박 1189년부터 1192년까지 3차 십자군 전쟁이 벌어집니다. 그리스도
교 세계와 이슬람 세계의 가장 강력한 지도자들이 맞대결을 펼친 걸
로 유명한 전쟁입니다. 이슬람 쪽에선 엄청난 카리스마를 지닌 위대한
제후 살라딘이 등장합니다. 그는 술수에 능한 정치가이자 무장으로
260년간 이집트를 다스린 파티마 왕조를 격파했어요. 분열된 이슬람
을 통합해 이집트에서 시리아까지 지배하는 술탄이 됐죠. 그가 이집트
의 술탄이 된 뒤 1187년 십자군을 물리치고 예루살렘을 점령하자 서
구 세계는 완전히 공포에 빠졌어요.

차클 살라딘에 맞선 그리스도교 세계의 영웅은 누구인가요?

관용 정책을 펼친 살라딘(왼쪽)과 사자심왕 리처드 1세(오른쪽)

박　3차 십자군 전쟁에 나선 영웅은 바로 사자심왕 리처드 1세입니다. 영어로 하면 라이언 하트, 사자의 심장을 가진 왕이라는 뜻이죠. 십자군의 대표 영웅이자 영국 역사상 가장 뛰어난 용장입니다. 리처드 1세는 빼앗긴 성지를 다시 되찾기 위해 1190년에 3차 십자군을 이끌고 예루살렘으로 들어가게 됩니다.

차클　리처드 1세가 그렇게 용감한 인물이었나요?

박　리처드 1세의 경우 용맹함을 이루 비할 데가 없었어요. 보통 군대를 이끄는 리더들이 공격을 명령하고 빠져 있는 데 비해 리처드 1세는 무조건 자신이 먼저 뛰어들어서 공격하는 스타일이었습니다. 중세 기사의 전형이자 인간 병기라고도 불렸죠. 3차 십자군 전쟁에서도 용맹을 떨치며 사자심왕이라고 불리게 됩니다.

차클　그럼 살라딘은 어떤 스타일의 리더십을 선보였나요?

박　살라딘은 리처드 1세와는 완전히 다른 방식의 지도자였어요. 자신의 전략을 드러내지 않으면서 굉장히 간교한 정책을 펼쳤습니다. 이슬람 세력을 통합하기 위해 점령지에 대해 관용 정책을 펼쳤습니다. 쉽게 말해 '너희들은 근본적으로 나의 편이다. 알라께서 관용을 우리에게 가르쳤다'면서 모두 끌어안으려고 했어요.

차클 서로 다른 두 사람의 대결은 어떤 양상을 보였나요?

박 사실 어떤 의미에서 문화적 수준은 살라딘이 한 수 위였어요. 예를 들어 영국 작가 월터 스콧이 《부적》이라는 작품에서 리처드 1세와 살라딘의 만남을 인상 깊게 묘사했는데요. 두 사람은 전장에서 만나면 본격적인 전투에 앞서 일단 한 차례 서로 대결을 펼쳤습니다. 이때 리처드 1세는 큰 칼로 쇠사슬을 내리치며 위협했다고 해요. 항복하지 않으면 모두 베어버리겠다고 엄포를 놓은 거예요.

차클 살라딘이 어떤 반응을 보였을지 기대가 되네요.

박 살라딘의 반응이 정말 압권입니다. 살라딘은 자신의 비단 허리띠를 풀어서 하늘에 던진 뒤, 떨어지는 허리띠를 반달 모양의 칼로 순식간에 두 동강 냈어요. 오로지 힘만 믿고 덤비는 사람보다 자신이 한 수 위에 있다는 것을 보여준 것이죠.

차클 지금까지 얘기만 들으면 리처드 1세가 살라딘에게 한 수 진 것 같은데요?

박 하지만 살라딘은 리처드 1세가 전장에서 적들을 추풍낙엽 베듯 베는 것을 보고 그에 대한 존경심을 품었다고 합니다. 그래서 하루는 명마 두 마리와 함께 '왕으로서의 품위를 지키며 말 위에서 싸우라'는 메시지를 리처드 1세에게 보냈다고 해요. 또 하루는 리처드 1세가 전투에 나오지 않은 것을 발견하고는 스파이를 보내 사정을 알아봤습니다. 리처드 1세가 열병에 걸려 누워 있다는 소식을 접한 살라딘은 자신의 주치의를 리처드 1세에게 보내주기도 했죠.

차클 살라딘이 리처드 1세에게도 계속해서 관용을 베풀었네요. 결과적으로 3차 십자군 전쟁은 누구의 승리로 돌아가나요?

박 1차 십자군 전쟁은 그리스도교 세계가 승리했지만, 살라딘이 지키고 있는 예루살렘을 리처드 1세는 결코 점령할 수 없었습니다. 전투의 끝이 보이지 않자, 리처드 1세는 살라딘에게 편지를 보내 타협을 제안합니다. 예루살렘 탈환은 포기할 테니 평화로운 성지순례를 보장해달라고 요구한 거예요.

차클 십자군 전쟁 이전 상태로 돌아가자는 것이군요?

박 네, 맞습니다. 살라딘은 리처드 1세의 제안을 받아들이며, 이렇게 말했습니다. "우리 이슬람은 다르다"고요. 이후 3차 십자군 전쟁이 끝나고 고국으로 돌아온 사람들로부터 신사적인 태도의 살라딘에 대한 이야기가 퍼지기 시작합니다. 서구 사회에 살라딘이 깊은 인상을 남기며 요즘으로 치면 팬클럽이 생겨난 거예요. 이후 리처드 1세와 살라딘의 영웅적 면모는 《아이반호》, 《로빈 후드》 등 수많은 작품으로 재탄생하게 됩니다.

차클 3차 십자군 전쟁은 십자군 입장에서 성공이었나요, 실패였나요?

박 엄격한 의미에서 보면 실패한 원정입니다. 성지순례의 안전성 확보라는 목적으로 보면 부분적으로 성공을 거뒀지만, 결과적으로 실패한 전쟁입니다.

차클 그래도 성지순례를 할 수 있게 됐으니 전쟁은 종료됐나요?

박 순수하게 성지순례가 목적이었다면 그쯤에서 전쟁을 끝내는 것이 맞았겠죠. 하지만 예루살렘과 주변 지역들을 점령해본 경험 때문인지 꼭 다시 되찾고 싶다는 욕심을 버리지 못했어요. 그래서 1202년부터 1204년까지 4차 십자군 전쟁을 다시 벌이게 됩니다. 이 전쟁은 유럽 그리스도교 역사상 가장 수치스럽고 잔인한 전쟁으로 꼽혀요.

차클 4차 십자군 전쟁은 어떻게 진행됐나요?

박 4차 십자군은 예루살렘으로 가기 위해 이전과는 다른 경로를 택합니다. 그동안은 육로를 통해 원정을 갔었지만, 그 길이 너무 힘들었기 때문에 4차 때는 해로를 이용해 원정을 떠나기로 했어요. 그래서 해상 교통의 요지, 베네치아로 십자군이 집결하게 됩니다.

차클 1차 십자군 원정 때 비잔틴 황제의 지원을 받지 못해 문제가 많았잖아요. 4차 때는 어땠나요?

박 베네치아 상인들이 십자군을 공짜로 배에 태워주질 않았어요. 그렇다고 십자군에게 전쟁터까지 배를 타고 갈 만큼의 충분한 뱃삯이 있었던 것도 아니고요. 그래서 모여든 십자군이 배에 오르지 못하고 계속 머물러 있자 베네치아 상인들이 제안을 했습니다.

차클 이번에도 종교와는 아무 상관없는 세속적인 제안을 한 건가요?

박 안타깝지만 그렇습니다. 베네치아 인근에 자라라는 도시가 있었는데 십자군을 배에 태워주는 대신 여길 점령하고 약탈해서 이득을 나눠달라는 것이었어요. 사실 자라는 베네치아와 지중해 교역권을 두고 경쟁하는 도시였습니다. 베네치아 상인들이 경제적 이득을 고려해 십자군들에게 그런 제안을 한 거예요.

차클 십자군이 베네치아 상인들의 제안에 응했나요?

박 네. 십자군은 같은 그리스도교 도시였던 자라를 점령하고 약탈을 자행

4차 십자군은 성지 탈환이라는 목적은 잊은 채 이웃 도시 자라를 침략해 약탈하기에 이른다.

합니다. 그러자 교황이 4차 십자군 전원에 대해 파문령을 내리면서 더 이상 십자군이 아니라고 선언합니다. 십자군이라는 이름을 내걸고 같은 그리스도교인을 공격한 건 어떤 이유로도 정당화될 수 없었던 거죠.

차클 그럼 4차 십자군은 해산됐나요?

박 이때 베네치아 총독이 비밀 이야기를 십자군에게 전합니다. 이집트에 가도 아무것도 얻을 게 없다고 했어요. 그러면서 엄청나게 많은 금은보화를 갖고 있는 도시는 따로 있다고 말하죠.

차클 어디를 가리킨 건가요?

박 바로 콘스탄티노플이었습니다. 왜 4차 십자군 전쟁을 추악한 전쟁이라고 부르는지 이제 아시겠죠? 십자군 전쟁은 처음에 이슬람의 위협과 맞닥뜨린 콘스탄티노플을 도와주기 위해서 시작됐었죠. 그런데 바로 그 콘스탄티노플을 공격하자는 얘기가 나온 겁니다.

차클 전쟁의 명분은 온데간데없고 오로지 물질적 욕심을 채우기 위한 약탈

자신들의 목적을 잃은 4차 십자군은 콘스탄티노플을 약탈하기 시작한다.

에 눈이 멀었군요.

박 콘스탄티노플을 치게 된 배경이 따로 있긴 합니다. 추방당한 비잔틴 제국의 황태자 알렉시오스 2세가 무력을 통해서라도 황제가 되려고 베네치아 상인들에게 제안을 한 거예요. 교황으로부터 파문당한 십자군과 함께 콘스탄티노플을 점령하면 금전적인 보상을 주겠다고 한 것입니다. 결국 4차 십자군은 베네치아 상인들의 배를 타고 콘스탄티노플을 치러 갑니다.

차클 끔찍한 일이네요.

박 이슬람에게 한 번도 점령당하지 않았던 도시가 4차 십자군에게, 적이 아닌 같은 편에게 공격당하고 맙니다. 비잔틴 제국의 대표 성지인 성소피아 성당에도 4차 십자군들이 말을 타고 들어가 사람들을 무자비하게 학살했다고 합니다. 그리스도교인들로선 숨겨버리고 싶을 만큼 가슴 아픈 이야기입니다.

순수한 신앙의 힘으로 이슬람을 무찌를 수 있다는 생각으로 징집한 소년 십자군

차클 십자군이 저지른 또 다른 만행이 있나요?

박 소년 십자군이 대표적이죠. 십자군을 징집할 당시에 순수한 신앙의 힘을 빌리면 이슬람을 무찌를 수 있다는 생각에 소년들로 조직된 소년 십자군을 차출했습니다. 1212년의 일이었어요. 열 살에서 열두 살 사이의 소년들을 모아서 배에 태워 전쟁터로 내보낸 것이죠.

차클 어린 소년들을 전쟁터에 보내다니 제정신이 아니었군요. 그들은 결국 어떻게 됐나요?

박 그런데 다른 생각을 한 이들이 있었습니다. 소년 십자군이 탄 배를 그대로 노예상에게 갖다 바치면 아주 비싼 값을 받을 수 있다고 여겨 실행에 옮긴 거죠. 곳곳에서 이런 불상사들이 일어났습니다. 그렇게 5차, 6차, 7차, 8차 십자군은 모두 실패하고 말았습니다. 이후 100년 동안의 전쟁은 말 그대로 전쟁을 위한 전쟁으로 전락해버립니다. 인간들이 욕심을 채우기 위해 신앙을 도구로 사용하면서 벌어진 비극의 역사예요.

차클 십자군 전쟁에 대해 자세히 알고 나니 중세는 어둠의 시대가 맞는 것 같습니다.

박 네. 물론 어둠의 시대라는 표현이 맞습니다. 아무리 미화하려고 해도 도무지 용납할 수 없는 역사적 사건들이 너무나 많으니까요. 하지만 한 줄기 빛도 있었어요. 예를 들면 5차 십자군 전쟁 때 독특한 인물이 등장합니다. 이슬람교인도 우리들의 형제이니 사랑을 베풀어야 한다고 말하는 사람이었죠. 십자군은 그의 말을 듣지 않았지만, 그는 주장을 굽히지 않고 이집트의 술탄을 만나러 가기도 했어요.

차클 살라딘과 같은 사람이 그리스도교 세계에도 있었군요. 그가 누구인가요?

박 바로 아시시의 성 프란치스코입니다. 5차 십자군 전쟁 때 프란치스코는 술탄을 찾아가 평화에 대해 이야기를 나눴습니다. 그와 대화한 뒤 술탄은 그리스도교인 중에도 이런 사람이 있다는 것에 탄복했다고 해

아시시의 성 프란치스코는 그리스도인들이 쫓겨나는 순간에도 끝까지 예루살렘의 무덤 성당을 지켰다.

요. 그래서 프란치스코에게 원하는 것이 무엇이냐고 물었고, 프란치스코는 예루살렘으로 성지순례를 갈 수 있게 해달라고 말했습니다.

차클 십자군 전쟁을 일으키고도 못 이룬 성지순례를 대화로 얻어낼 수 있었을까요?

박 네. 프란치스코가 그것을 해냈습니다. 술탄은 프란치스코에게 성지순례를 허락하는 내용을 담은 문서에 서명을 해줬습니다. 프란치스코는 술탄의 서명이 담긴 종이를 들고 예루살렘에 갈 수 있었어요. 프란치스코가 만든 수도회가 프란치스코 수도회인데요. 모든 그리스도인들이 쫓겨났을 때도 예루살렘의 거룩한 무덤 성당을 끝까지 지켰다고 합니다. 이후 프란치스코는 평생 자발적 가난을 실천하며 사랑과 평화를 외쳤으며, 참된 종교인의 표상으로 지금까지도 추앙받고 있습니다.

이슬람은 중세 시대에 어떤 영향을 줬나

"토마스 아퀴나스가 아리스토텔레스의 사상 중 맞는 것은 열린 마음으로 받아들이고 그렇지 않은 것은 수정한 것처럼 철학적 주체성을 가질 필요가 있습니다. 비판적으로 질문을 하는 힘을 갖추고 외부에서 받아들인 문화를 창조적으로 변형시킬 수 있다면 우리나라도 세계 문화의 중심이 될 수 있을 것이라고 생각합니다. 어떤 길을 갈지 선택은 우리에게 달려 있습니다."

...

차클   지금까지 주로 중세 시대의 어둠에 관한 이야기를 들었습니다. 이제는 빛에 해당하는 내용도 알고 싶네요.

박   그럼 서구 문명에 큰 영향을 미친 중세의 빛, 이슬람 문화를 살펴보도록 하죠. 9세기에서 11세기까지 가장 문화가 발달한 것은 바로 이슬람 세계였습니다. 혹시 여러분들은 서구가 받아들인 이슬람 문화에 대해 아는 게 있나요?

차클   아라비아 숫자, 그리고 아랍 양식이 혼용된 유럽의 건축물들 정도입니다.

박   좋은 예입니다. 유럽 건축물 중에 이슬람의 영향을 받은 것들이 참 많죠. 스페인 남부에 머물던 아랍인들이 완성한 알함브라 궁전이 대표적입니다. 그리스도교와 이슬람의 문화가 만나면서 빚어낸 문화유산이죠. 이 밖에 서구는 특히 과학 분야에서 이슬람의 영향을 많이 받았는데요. 알코올(alcohol) · 알칼리(alkali) · 알고리듬(algorithm)… 혹시 이들 용어에서 공통점이 뭔지 감이 오시나요?

차클 앞 글자에 알이 공통적으로 들어가는데 그게 이슬람과 관련이 있는 건가요?

박 맞습니다. 알(al)은 아랍어 정관사예요. 영어의 정관사 더(the)와 같은 것이죠. 16~17세기에 아랍어 지식이 없던 서구 유럽인들은 아랍어 정관사 알이 붙은 아랍어 단어들을 그대로 흡수했어요. 그렇게 굳어진 단어들로 알케미(alchemy · 연금술), 알제브라(algebra · 대수학), 알렘빅(alembic · 증류기) 등도 있습니다.

차클 주로 화학이나 수학과 관련된 말이 많네요.

박 큰 범위에서 보면 과학에 관한 것들이죠. 특히 알코올 · 알칼리 등은 금을 만드는 기술인 연금술과 관련된 단어들이에요. 당시엔 여러 가지 물질을 녹였다가 새롭게 조합하면 금이 나온다고 생각했어요. 그래서 물질을 열심히 쪼개고 녹이고 합치는 기술을 발전시키는 과정에서 알칼리를 발견하게 됩니다. 다양한 화학 물질도 찾아냈는데 그중에는 불을 가하면 휘발되는 액체가 있었죠. 바로 알코올입니다. 결과적으로 연금술로 금을 만들어내는 데는 실패했지만 다양한 실험을 통해 화학 분야를 엄청나게 발전시켰습니다.

차클 역설적으로 이슬람 문화가 술을 빚는 기술도 발전시킨 셈이네요.

박 그렇습니다. 이슬람교도는 음주가 금지돼 있지만 그들이 만든 알코올 증류 기술이 서구 세계로 전파되면서 다양한 주류를 만드는 데 활용

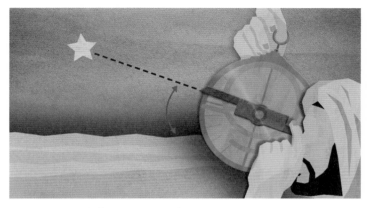

아스트롤라베는 별을 측정해 거리와 방향을 찾는 일종의 내비게이션이었다.

됐습니다. 덕분에 코냑이나 위스키 같은 독주를 만들게 됐죠.

차클 또 어떤 것들이 전파됐나요?

박 중세 시대의 스마트폰이라 할 수 있는 아스트롤라베(astrolabe)라는 관측 장비가 있습니다. 나침반과 황도 12궁을 그려 넣은 장치인데, 항해를 할 때나 광활한 사막을 건너야 할 때 별을 보고 자신의 위치와 방향을 찾을 수 있는 장치였어요. 별과 별 사이의 위치를 계산해 경도와 위도를 알게 되면 자신이 있는 위치의 좌표를 알 수 있겠죠. 당시로서는 최고의 내비게이션이라 할 수 있습니다.

차클 별을 관측할 정도라면 이슬람 세계는 천문학이 꽤 발전했었나 봐요.

박 서구보다도 뛰어난 천문학 지식을 축적하고 있었습니다. 아스트롤라베의 경우 서구에 전파돼 유럽인이 아메리카 대륙을 발견하는 데도 사용됐어요. 이처럼 9~11세기 무렵에 이미 이슬람의 문화가 굉장히 발달해 있었기 때문에 십자군이 쉽게 점령하지 못했던 것입니다. 한편 과학 외에 이슬람이 서구를 훨씬 앞지른 또 하나의 분야가 있었습니다.

차클 어떤 분야인가요?

박 바로 의학입니다. 아비센나는 이슬람 최고의 지성이자 철학자, 의사였는데요. 종합병원 시스템을 처음으로 창시했습니다. 그가 쓴《의학정전》이라는 책은 16~18세기 서구에서 의과대학이 생겨났을 때 교과서로 쓰일 정도였다고 합니다.

차클 의학 분야라면 이미 서구에도 히포크라테스 같은 선구자들이 있지 않았나요?

박 그렇죠. 서양 의학의 선구자 히포크라테스, 의학의 황제 갈레노스가 있었고 그리스 신화에도 의학의 신 아스클레피오스가 나오죠. 그들에 비하면 아비센나는 덜 알려져 있긴 하지만 의학사에서 결코 무시할 수 없는 업적을 남겼습니다. 우리가 역사를 편식했다는 걸 잘 보여주는 사례라고 할 수 있죠.

차클 이슬람 세계가 이렇게 다방면에서 뛰어난 문화를 이룩했다는 게 정말 놀랍네요.

박 이슬람 문화의 발전에 결정적 기회를 만들어준 인물이 있습니다. 바로 아리스토텔레스예요. 저는 비록 중세 전문가이지만 분명하게 말할 수 있습니다. 만약에 서구 역사 전체에서 단 한 명의 가장 박식한 학자를 꼽으라고 한다면 아리스토텔레스라고요. 아리스토텔레스는 정말 모든 분야에서 대가였어요. 만약 그에게 오늘날 대학의 학장 자리를 줘야 한다면 인문대학장·정경대학장·자연과학대학장·경상대학장·사범대학장을 몽땅 한꺼번에 준다고 해도 모자랄 정도예요.

차클 아리스토텔레스가 뛰어난 학자인 건 알겠는데 그가 이슬람 문화 발전에 기여했다니 무슨 뜻인가요?

박 아리스토텔레스를 포함한 그리스 시대 학자들의 사상을 이슬람 사람들이 모두 받아들였다는 걸 알려드리려는 겁니다.

차클 그리스 학자들의 책이 이슬람 세계엔 어떻게 전해지게 됐나요?

박 5세기 무렵 로마 제국 안에서 그리스도의 교파들 사이에 갈등이 발생했습니다. 그런데 아리스토텔레스 사상을 중시한 교파가 파문을 당합니다. 당시에 쫓겨난 지식인들이 시리아로 피신하면서 아리스토텔레스의 책을 몽땅 다 가져갔어요. 그리고 시리아에서 그의 책을 열심히 전파하죠. 마침 7세기경에 이슬람 사람들이 시리아로 유입되면서 비로소 아리스토텔레스의 책들을 접하게 됩니다.

차클 일종의 나비효과네요. 아마도 이슬람 문화권의 권력자 중 주도적으로 아리스토텔레스의 학문을 흡수하려 노력한 사람도 있었겠죠?

아리스토텔레스의 책뿐만 아니라 그리스에서 꽃을 피운 학문의 책들이 시리아를 거쳐 이슬람 세계에도 전파되었다.

박	바로 이슬람 문명의 황금기를 연 압바스 왕조의 7대 칼리프 알마문이 그런 인물입니다. 우리나라로 치면 세종대왕 같은 분이라고 생각하면 됩니다. 알마문이 바그다드와 에데사에 '지혜의 집'을 지었습니다. 이슬람 학문 연구와 고전 번역을 주도한 곳으로 조선시대의 집현전과 유사한 역할을 했습니다. 바로 그곳에서 아리스토텔레스의 책을 포함해 별책부록처럼 딸려간 다양한 그리스 책들을 번역했습니다.
차클	어떤 책들이 또 있었나요?
박	아르키메데스의 수학, 프톨레마이오스의 천문학, 갈레노스와 히포크라데스의 의학 등이 아리스토텔레스의 책과 함께 이슬람에 전해졌습니다.
차클	그 많은 책들을 번역하는 게 쉽진 않았을 텐데요.
박	8~10세기 무렵부터 그리스 고전을 아랍어로 번역하는 프로젝트가 본격적으로 시작됩니다. 알마문은 번역을 완수한 사람들에게 일종의 번역비를 지불했습니다. 그 방식이 특이했는데요. 번역문이 적힌 양피지를 저울 위에 올려놓고, 반대편 저울에 그 무게만큼 금을 올려서 번역비로 지불했습니다. 이런 식으로 번역된 그리스의 책들을 적극 수용함으로써 이슬람 문화가 발전하게 됩니다.
차클	그토록 다양한 문화를 수용해 꽃피운 이슬람 세계의 학문이 쇠퇴하게 된 건 무엇 때문인가요?
박	11~12세기가 지나면서 이슬람의 문화는 몰락의 길을 걷게 됩니다. 초기에 알마문이 다양한 학문을 지원했던 것과 달리 이후론 철저하게 폐쇄적인 종교 지상주의자들이 주도권을 차지하게 됩니다. 중세의 암흑기가 시작된 것이죠. 이슬람 문화를 발전시키는 데 큰 공을 세운 아베로에스라는 학자가 있는데요. 가장 뛰어난 아리스토텔레스 연구자

였던 그를 극단적 종교 지상주의자들이 모독하는 일도 벌어집니다. 거기다 11~12세기엔 돈을 전쟁에 다 써버려 국가적 학문 지원 시스템이 무너져버리게 됩니다.

차클 그런데 이슬람이 그리스 문화를 연구하는 동안 서구는 어땠나요? 유럽에서 그리스 문화 연구가 더 융성했어야 할 것 같은데요.

박 라파엘로가 그린 〈아테네 학당〉이라는 그림을 보면 아리스토텔레스가 중심에 자리하고 있죠. 그리고 그 옆에 그의 스승이자 그리스 최고의 학자인 플라톤도 함께 있습니다. 그리스 학문의 두 기둥인 학자들이죠. 플라톤은 운이 좋게도 훌륭한 여러 제자들 덕분에 그의 지식이나 사상이 후대에 잘 전달됐습니다. 플라톤 사후에도 신플라톤주의가 등장해 그의 사상을 전파했죠.

차클 아리스토텔레스는 플라톤과 달리 연구의 명맥이 끊겼나요?

박 아리스토텔레스도 리케이온이란 학교를 세웠지만 알렉산드로스 대왕이 죽자마자 문을 닫습니다. 그러면서 서서히 잊혀져버리죠. 더구나 그리스도교가 플라톤주의에 빠져 그걸 토대로 교리를 확립하면서 이후론 '플라톤주의=진리'로 통합니다. 아리스토텔레스는 삼단논법을 정립한 논리학자로만 기억되고 다른 분야 책들은 묻히게 됩니다. 그러다가 예상 밖으로 이슬람 세계에서 아리스토텔레스 철학을 철저하게 연구한 사람들이 등장한 것이죠. 이후 서구 세계는 자신들이 잊고 있던 그의 놀라운 지식과 사상을 이슬람 세계에서 보존해온 것을 알게 됩니다.

차클 서구인들이 아리스토텔레스의 책들을 재발견한 과정이 궁금합니다.

박 이슬람이 시칠리아와 이탈리아 남부를 비롯해 이베리아 반도까지 점령하고 있던 12세기 초, 서구 세계가 재정복 운동을 통해 유럽의 대부분을 되찾게 됩니다. 다시 그리스도교의 힘이 점차적으로 세지면서 이슬람 세력을 몰아낸 거죠. 그때 이슬람 점령 지역에서 발견된 아리스토텔레스의 책들이 서구 세계에 다시금 전파됩니다. 세계 최초로 현상금까지 내걸고 찾았던, 그러나 행방을 알기 힘들었던 아리스토텔레스의 책들을 되찾은 겁니다.

차클   정작 자기들은 오랜 세월 잊고 지낸 책들을 이슬람 문화권에서 연구하고 있었던 걸 발견했을 때 서구인들이 어떤 기분이었을지 궁금하네요.

박   어찌 됐든 반가웠겠죠. 문제는 그 책들이 대부분 아랍어로 쓰여 있었다는 겁니다. 앞서 설명했듯 그리스어에서 시리아어, 시리아어에서 아랍어로 번역됐으니까요. 그래서 이번에는 반대로 서구 유럽에서 번역 운동이 시작됐습니다.

차클   그리스어로 쓰인 원서들은 남아 있지 않았던 모양이죠?

박   네. 서구에서는 이미 다 사라졌지만 이슬람 세계에는 남아 있었습니다. 그래서 처음에는 아랍어로부터 번역되었던 것이 나중에는 직접 그리스어로부터 번역하는 작업이 이루어졌어요. 또한 아리스토텔레스의 책은 너무 어려워서 주해서가 딸려 있는데 그것들까지 모두 라틴어로 번역되기 시작합니다. 번역 운동의 중심지는 바로 스페인과 이탈리아 남부였어요. 50년이 채 지나지 않아 모든 책들이 라틴어로 번역됐습니다.

차클   불멸의 고전으로 여겨지는 아리스토텔레스의 책들이 그런 우여곡절을 겪었다는 사실이 너무 놀랍습니다.

박   그렇죠. 흔히 동양권에서는 '자 왈'이라고 하면 응당 공자를 떠올리기

1255년 이후 '철학자가 말하기를'이라고 책에 적혀 있으면 이름을 밝히지 않아도 아리스토텔레스라고 생각할 정도였다고 한다.

마련이잖아요. 그런데 서구 세계에서는 1255년 이후부터 책에 '철학자가 말하기를'이라고 적혀 있으면 자연히 아리스토텔레스라고 생각할 정도였어요. 심지어 스승인 플라톤을 밀어내고 아리스토텔레스가 더욱 중요한 역할을 하게 됩니다.

차클　당시에 번역된 자료들이 이후 르네상스에도 영향을 많이 줬나요?

박　당연히 르네상스에 영향을 미쳤습니다. 저는 적어도 이러한 모든 과정들이 근대 문명으로 이어지는 징검다리 역할을 했다고 생각합니다.

차클　그야말로 중세 시대의 빛에 해당하는 얘기네요.

박　네. 지난 역사를 되돌아보면 전쟁 같은 극적인 순간에 주목하기 마련이죠. 하지만 그 과정에서 벌어지는 다양한 인적, 문화적 교류도 무시해선 안 됩니다. 중세 시대에도 그런 교류가 많은 문화 유산을 산출했고, 서양이 다시금 세계의 주도권을 차지한 뒤 발전하는 데 큰 토대를 제공했다고 생각합니다.

차클　그럼 아리스토텔레스는 이후 내내 서구 세계의 추앙을 받게 되나요?

박　모든 사람이 아리스토텔레스에 열광했던 것은 아니었어요. 1215년 파리대학이 설립되면서 생긴 학칙을 보면 아리스토텔레스의 논리학과 윤리학은 강의해도 되지만, 형이상학과 자연학은 안 된다고 밝혔습니다. 소위 말하는 블랙리스트에 올린 것이죠. 이 금지령은 1255년이 돼서야 폐지됩니다.

차클　어렵게 되찾은 아리스토텔레스의 학문에 대해서도 평가가 엇갈렸군요.

박　아리스토텔레스야말로 지혜의 화신이라고 여기는 극단적 아리스토텔레스주의자들이 파리대학에도 있었습니다. 그리고 양 극단의 중간자적 입장에 있던 토마스 아퀴나스도 등장하고요.

차클　토마스 아퀴나스는 유명한 신학자 아닌가요?

박　네. 그렇습니다. 이탈리아의 신학자이자 철학자로 특히 스콜라 철학의 대표적인 인물이죠. 철학과 종교의 대립을 봉합한 인물이에요. 이성과

이성과 신성의 조화를 강조한 토마스 아퀴나스

신앙을 적절히 조화함으로써 방대한 신학 이론의 체계를 수립했죠. 아퀴나스 같은 경우 아리스토텔레스의 학문이 맞는 부분도 있지만, 맞지 않는 부분도 있다고 분명하게 밝혔어요. 그래서 온건한 아리스토텔레스주의자라고 불리기도 합니다.

차클 맞는 건 맞다고, 틀린 건 틀렸다고 할 수 있는 게 참 어렵다고 하더라고요. 그건 그렇고 토마스 아퀴나스의 대표적 업적은 무엇인가요?

박 토마스 아퀴나스가 쓴 가장 유명한 책이 《신학대전》입니다. 영어로 번역된 책을 모두 합치면 60권에 이릅니다. 국내에서도 번역 중인데 현재까지 20여 권이 나왔고 모두 번역되면 72권에 이를 전망입니다. 그렇게 방대한 분량을 아퀴나스 혼자 다 썼다고 해요.

차클 《신학대전》 외에 다른 책도 쓰지 않았나요?

박 네. 《신학대전》 60권은 토마스 아퀴나스가 쓴 책의 7분의 1밖에 되지 않아요. 모두 다 합치면 400권이 넘는 분량의 책을 저술한 셈입니다. 평생 책만 쓰다 죽었다고도 할 수 있을 정도죠.

차클 앞서 스콜라 철학자라고 하셨는데 그 부분도 좀 더 설명해주세요.

박 스콜라 철학은 8~17세기 중세 유럽에서 형성된 신학 중심의 철학을 말해요. 알베르투스, 토마스 아퀴나스 등 스콜라 철학자들이 이룬 업적은 신학사에 한 획을 그었다는 평을 받고 있죠.

차클 그나저나 교수님은 토마스 아퀴나스의 책을 얼마나 읽으셨나요?

박 대략 100권 넘게 읽었으니 3분의 1 정도 독파한 것 같아요. 그런데 제가 중세 시대의 책을 읽고 논문을 쓰면서 놀란 게 있습니다. 철학의 모든 보화가 그 안에 들어 있다는 것입니다. 인간들이 도달할 수 있는 가장 높은 경지가 그 책들에 담겨 있는 거예요. 그런 스콜라 철학을 연구해서 대중이 쉽게 알아들을 수 있도록 전달하는 게 제 과제라고 생각합니다.

차클 다시 중세의 빛 얘기로 돌아가보면 스콜라 철학자인 토마스 아퀴나스가 아리스토텔레스의 사상을 접하고 연구할 수 있게 된 것도 결국 이슬람 문화를 적극적으로 수용한 덕분 아니겠어요?

박 그렇죠. 아리스토텔레스가 재발견되고 대학이 생겨나던 시대에 유럽에서는 건축 양식의 변화가 일어납니다. 성당을 짓는 양식이 로마네스크에서 고딕으로 넘어온 거예요. 그런데 고딕 양식으로 지은 성당에 들어가보면 아랍에서 사용하던 여러 가지 기술들이 모두 집약돼 있다는 것을 알 수 있습니다. 12세기 이슬람의 수학적 지식으로 구현된 고딕 성당의 건축 미학은 뾰족하게 치솟은 아치부터 빛을 투과해 실내를 밝히는 동시에 장식의 역할까지 하는 스테인드글라스에 이르죠. 이슬람 건축 양식이 서양에 전해진 후 고딕 시대에 절정을 이뤘다고 할

이슬람 건축 문화의 영향을 받은 스테인드글라스

수 있습니다. 이렇듯 이슬람 문화는 서구 중세 시대를 밝히는 빛으로 큰 역할을 해낸 겁니다.

차클   다양함에 대한 포용의 중요성은 지금 이 시대에도 큰 울림을 주는 것 같습니다.

박   맞습니다. 낯선 문화를 접했을 때 두려움을 갖는 것은 너무나 당연하죠. 하지만 낯선 문화를 십자군 전쟁식으로 대하는 건 반드시 피해야 한다고 생각합니다. 자신과 다르다고 해서 제거해버려야 할 대상으로 취급하는 건 가장 위험한 방식입니다. 이슬람 사람들처럼 과감하게 낯선 문화를 받아들여서 자기 것으로 만드는 태도를 선택할 수도 있는 겁니다. 토마스 아퀴나스가 아리스토텔레스의 사상 중 맞는 것은 열린 마음으로 받아들이고 그렇지 않은 것은 수정한 것처럼 철학적 주체성을 가질 필요가 있습니다. 비판적으로 질문을 하는 힘을 갖추고 외부에서 받아들인 문화를 창조적으로 변형시킬 수 있다면 우리나라도 세계 문화의 중심이 될 수 있을 것이라고 생각합니다. 어떤 길을 갈지 선택은 우리에게 달려 있습니다.

차이나는
클라스

모든 도시엔
그리스 신전이 있다

임석재

건축에 대한 방대한 지식과 사유를 바탕으로 58권의 저서를 출간한 건축사학자
이자 건축가. 미시간대학교에서 석사학위, 펜실베이니아대학교에서 프랑스 계몽
주의 건축에 관한 연구로 박사학위를 받았다. 이화여자대학교 건축학과 교수.

그리스 신전은 어떻게 부활했나

"그리스 신전의 존재는 알고 있었겠지만 그 가치를 제대로 몰랐던 것이죠. 현장에 직접 가서 그리스 신전과 문화에 대해 연구하고 기록하려는 시도가 없었던 거예요. 18세기 이전까지는 교통수단이 발달하지 않았던 것도 걸림돌이 됐어요."

• • •

차클   건축에 관해 집필하신 저서가 무려 58권이나 된다니 그중 어떤 얘기를 들려주실지 궁금합니다.

임   유럽의 18, 19세기 건축사에 대한 얘기를 하려고 합니다. 먼저 질문하나 드릴게요. 18, 19세기 유럽의 건축사에 가장 큰 영향을 끼친 건축물을 딱 하나만 꼽으라고 하면 어떤 게 떠오르세요?

차클   유럽엔 기념비적인 건물이 워낙 많아서 감이 안 잡히네요.

임   로마 시대의 건축물들도 많은 영향을 줬지만 특히 큰 영향을 준 건 그리스 시대에 지어진 신전입니다. 그리스 아테네에 있는 파르테논 신전이 대표적이죠. 기원전 5세기에 세워진 건축물로 서양 건축의 뿌리라고 할 수 있습니다.

루브르 박물관

베를린 구 박물관

링컨 기념관

차클   기원전 5세기의 건축물이 오랜 세월이 흐르도록 유럽 건축사에 커다
        란 영향을 미쳤다니 흥미롭습니다. 대표적인 예는 어떤 게 있을까요?

임   1670년에 지어진 프랑스 파리의 루브르 궁전 중 이스트윙, 즉 동익랑
        이에요. 당시 그리스 양식의 부활을 알리는 신호탄 역할을 했습니다.
        1830년에 지어진 독일 베를린 구 박물관, 즉 알테스 뮤지엄도 좋은 사
        례죠. 19세기에 지어졌지만 그리스 신전의 기둥, 신들의 조각상을 배
        치해 웅장한 느낌을 자아냅니다. 바다 건너 미국에도 그리스 신전의 영
        향을 받은 건축물이 있습니다. 1922년에 지어진 워싱턴 D.C.의 링컨
        기념관은 파르테논 신전의 양식을 본떠서 만든 20세기의 건축물이죠.

차클   혹시 우리나라에도 그리스 신전의 영향을 받은 건물들이 있나요?

임   네. 1956년에 지어진 경희대 캠퍼스의 본관이 그리스 신전의 양식을
        빌린 것이죠. 2018년에 문화재로 등록되기도 했습니다. 또 1910년에
        지어진 덕수궁의 석조전도 있어요. 고종 황제 때 접견실·서재·휴게실
        로 쓰기 위해 지은 건물인데 최초의 서양식 궁궐로 알려져 있습니다.
        2014년 석조전에 대한제국역사관을 개관하기도 했죠. 이처럼 우리나
        라를 포함한 세계 곳곳에 그리스 신전의 영향을 받은 건축물들이 건
        재합니다.

차클   생각보다 정말 많네요. 건축사에서 그리스 신전은 어느 정도의 위치에
        있는 건가요?

임   보통 그리스 문명은 서양 문명의 뿌리라고 하죠. 건축사에서는 파르테
        논 신전을 비롯한 그리스 건축이 서양 건축의 뿌리라고 말해요. 그런
        데 구체적으로 어떤 점에서 영향을 끼쳤는지 아는 사람은 드물어요.
        제가 그에 대한 답을 드리고자 합니다.

차클   먼저 그리스 신전 자체에 대한 설명부터 듣고 싶습니다.

임   그럼 그리스 신전이 있는 아테네 아크로폴리스의 역사부터 살펴보도록 하죠. 파르테논 신전은 기원전 490년에 페르시아와 그리스 사이에 벌어진 마라톤 전투의 승리를 기념해 지은 것입니다. 전쟁의 승리를 이끌어준 아테네 여신을 칭송하는 의미에서 지은 신전이죠.

차클   물론 아테네뿐 아니라 그리스 전역에 신전이 지어졌겠죠?

임   네. 그렇습니다. 그리스 본토뿐 아니라 나폴리·시칠리아 등 이탈리아 남부 지방에 이르기까지 그리스의 식민지 전역에 신전이 세워졌어요. 그런데 그리스 시대에 지어진 신전들은 사실 오랫동안 유럽인들의 인식 속에서 잊혔습니다. 파르테논 신전의 경우에도 폐허의 형태로 약 2500년의 세월을 지냈습니다.

차클   그렇게 된 특별한 이유가 있나요?

임   기원전 431년부터 기원전 404년까지 아테네와 스파르타가 펠로폰네소스 전쟁을 치르면서 그리스 문명이 거의 몰락하게 됩니다. 그 과정에서 그리스의 신전들도 묻히게 된 거예요. 그러다가 18세기에 들어서면서 그리스 신전의 중요성을 깨달은 유럽인들이 신전들을 직접 찾아나서며 되살리기 시작했습니다.

차클   신전이 땅속으로 꺼진 것도 아니고 그 자리에 그냥 있었을 텐데 18, 19세기에야 다시 주목을 받았다는 게 잘 이해가 안 가네요.

임   그리스 신전의 존재는 알고 있었겠지만 그 가치를 제대로 몰랐던 것이죠. 현장에 직접 가서 그리스 신전과 문화에 대해 연구하고 기록하려는 시도가 없었던 거예요. 18세기 이전까지는 교통수단이 발달하지 않았던 것도 걸림돌이 됐어요. 유럽의 다른 나라에서 그리스로 가려면

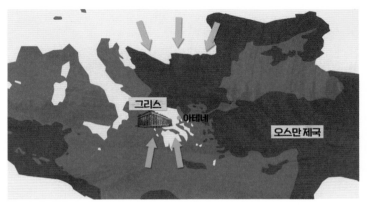

18세기 이전까지 그리스 지역은 오스만튀르크족에게 점령돼 유럽 사람들의 발길을 쉽게 허락하지 않았다.

몇 달씩 걸렸으니까요.

차클 그것만으론 여전히 납득이 잘 안 돼요. 또 다른 이유도 있지 않았을까요?

임 그리스 신전이 유럽 세계에 잘 알려지지 않은 결정적인 이유가 또 있습니다. 바로 이슬람 세력인 오스만튀르크족이 15세기부터 18세기까지 그리스를 오랫동안 점령하고 있었기 때문입니다. 그 기간 동안 유럽인들에게 그리스는 금단의 땅이었어요. 한창 갈등이 심하던 시기에는 그리스 땅에 잘못 발을 들였다가는 목숨을 잃을 수도 있었습니다.

차클 이제 이해가 갑니다. 유럽에서 이슬람 세력이 물러나자 그리스 신전에 대해 재조명이 시작된 것이군요?

임 그렇습니다. 17세기 말부터 오스만튀르크족의 세력이 약해지면서 그리스 반도의 서쪽 해안가나 북부 지방으로 서유럽 사람들이 안전하게 드나들 수 있게 됐습니다. 그때부터 유럽인들이 그리스 땅을 직접 밟을 수 있었고, 그곳에 뿌리박고 서 있는 그리스 신전을 직접 보게 된 것입니다. 그때부터 유럽인의 시야가 확 넓어지기 시작했죠.

차클 18세기 이전과 이후의 유럽인은 완전히 다른 인식을 갖게 됐겠군요?

임 그렇다고 할 수 있습니다. 18세기는 서양 문명에서 밀레니엄 단위의 큰 변혁기에 해당해요. 서양 문명사에서 밀레니엄 단위의 변혁기가 세 번 등장합니다. 첫 번째가 신석기 혁명, 두 번째가 철기 혁명, 세 번째가 바로 18세기 전후입니다. 17세기 말부터 시작된 혁명의 바람이 데카르트·뉴턴 등이 주도한 18세기 계몽주의를 탄생시켰고 우주와 자연에 대한 기존의 인식을 완전히 뒤바꾸죠. 계몽주의와 이성에 기반한 합리적·과학적 인식으로 인류 문명의 눈부신 발전을 꾀한 시기입니다. 지금 우리가 살고 있는 시대는 18세기에 벌어진 세 가지 혁명의 결과물이라고 할 수 있어요.

차클 18세기에 일어난 세 가지 혁명을 구체적으로 알려주세요.

임 1760년대에 시작된 영국의 산업혁명은 현대 과학기술 문명의 기초가 됐습니다. 1789년 프랑스에서 일어난 프랑스혁명은 지금의 정치·사회 체제와 민주주의의 기초가 됐고요. 여기다 앞서 언급한 과학 혁명까지 세 가지 혁명의 바람이 불었던 18세기는 철기 혁명·신석기 혁명에 맞먹는 파급력을 발휘한 문명의 변혁기였습니다.

차클 그런데 18세기가 문명의 변혁기인 것과 그리스 문명은 어떤 연관이 있는 건가요?

임 서양은 문명의 변혁기가 되면 항상 발전의 모델을 정합니다. 그게 서양 문명의 기본 속성이에요. 이상적인 모델을 정하고 모델의 좋은 점을 잘 찾아서 그것을 토대로 문명을 발전시켜가는 것이죠. 마침 그리스 영토로 들어갈 수 있게 된 시점과 유럽의 문명 변혁기가 우연히 맞아떨어진 거예요.

차클　그리스 문명 가운데 특별히 신전이 주목받게 된 이유는 뭔가요?

임　새로운 문명이 시작되면서 새 건축 모델을 찾던 중에 그리스 신전에 담긴 의미들에 주목하게 된 것입니다. 신전에는 그리스 문명의 세부적 내용들이 응축돼 있거든요. 그 덕분에 그리스 문명이 서양 문명의 뿌리가 될 수 있었습니다. 18세기 유럽 사회는 그리스 신전을 통해 다양한 실험에 나서면서 근대 문명의 변화를 맞이하죠.

차클　서양 문명의 또 다른 토대인 로마 문화는 그리스 문화와 어떻게 다른가요?

임　그리스 문명이 망하고 나서 로마 문명이 시작됐죠. 보통 그리스 로마 신화로 묶어서 언급되니 하나의 문화권으로 생각하기 쉬운데 상당히 성격이 다릅니다. 로마가 그리스 신전을 받아들여 로마 신전을 짓기는 했지만, 그 정수를 받아들인 건 아니었어요. 게다가 로마 제국이 들어선 뒤에는 건축 양식이 더 달라졌고요. 예를 들어 그리스의 파르테논 신전은 기둥 구조인 반면, 로마의 콜로세움은 벽체와 아치 구조로 이뤄져 있습니다. 건축 양식 면에선 완전히 다른 건물들이에요.

차클　흥미롭네요. 건축 양식의 변화를 보여주는 또 다른 사례를 알려주세요.

임　기원전 27년에 지어진 판테온은 로마 제국의 양식을 따른 건축물입니다. 벽체와 아치 구조로 돼 있죠. 532년부터 537년까지 건립된 성 소피아 성당은 판테온의 변형 양식이라고 할 수 있어요. 비잔틴 건축의 최고 걸작이라고 평가됩니다. 1064년부터 1092년까지 세워진 피사 대성당도 아치 구조와 두꺼운 벽이 특징입니다. 로마네스크 양식의 대표작으로 꼽히죠. 로마네스크란 '로마다운'이라는 의미입니다.

차클 비잔틴 양식과 로마네스크 양식에 대해 들어본 것 같긴 합니다. 이후엔 건축 양식에 어떤 변화가 생기나요?

임 이제 고딕 시대로 넘어가게 되는데요. 기독교의 영향을 받지만 여전히 로마적 요소가 남아 있습니다. 높은 천장과 첨탑에 아치 양식이 가미된 것이 특징입니다. 1163년부터 1345년까지 지어진 파리의 노트르담 대성당이 대표적이죠. 그러다 르네상스 시대로 접어들면서 로마 고전주의가 부활을 알립니다. 1472년부터 1512년까지 지어진 이탈리아 만토바의 성 안드레아 성당이 대표적입니다. 전형적인 로마 양식인 아치 구조를 가진 건축물이죠.

차클 이후 새로운 건축 양식이 등장하나요?

임 18세기에 접어들면서 바로크 양식이 등장하죠. 당시에 지어진 건축물로는 베르사유 궁전이 대표적입니다. 로마 건축 양식의 절정이라고 할 수 있습니다.

왜 유럽인은 폐허를 그리기 시작했나

"17세기 픽처레스크 미학의 등장으로 다양한 풍경화가 늘어나기 시작합니다. 그러다 건물에서도 자연적인 아름다움을 찾을 수 있다는 것을 깨닫게 돼요. 픽처레스크 미학을 표현한 그림의 범주에 폐허가 된 그리스 신전의 모습이 들어가게 된 것이죠. 또 18세기 낭만주의 화가들은 풍경화를 그릴 때 형식미를 구현하기에 적합한 소재는 모두 가져다 썼습니다. 낭만주의 화풍의 대상이 자연에서 건물로 확장된 거예요."

• • •

차클   중세 이후 유럽에서 로마의 건축 양식이 융성했던 이유는 뭔가요?

임   17세기까지 유럽에서 이상적인 모델은 로마 문명이었습니다. 그래서 당시에 프랑스·영국·독일을 중심으로 각 나라의 귀족·예술가·학자들이 로마를 방문하고자 여행이나 유학을 떠나는 게 유행일 정도였습니다. 예술의 본고장을 직접 방문해 실제로 보고 듣고 느끼는 경험을 위한 여행이었죠.

차클   주로 상류층만 누릴 수 있는 경험이었겠죠?

임   네. 그렇습니다. 17~19세기 초에 이런 여행을 일명 '그랜드 투어'라고 불렀어요. 유럽의 상류층 자제들, 예술가와 학자들이 이탈리아로 현장 학습을 떠나는 게 필수 코스였죠. 그러다 여행 코스가 로마에서 그리

스로 자연스럽게 이어져요. 로마에서 그리스 아테네까지는 배를 타고 가면 그리 멀지 않거든요.

차클 괴테나 볼테르 같은 문학가나 사상가들도 그랜드 투어를 다녀왔다고 들었습니다.

임 네. 낭만주의자였던 괴테도 로마로 그랜드 투어를 다녀온 이후에 고전 주의자로 바뀌었다고 하죠. 그만큼 많은 영향을 받을 수 있는 기회였던 거예요. 그렇게 많은 예술가들이 로마를 거쳐 그리스까지 가서 그곳에 뿌리박고 서 있는 신전들을 접한 이후 변화가 시작됩니다.

차클 어떤 변화가 일어났다는 건가요?

임 그리스 신전은 기둥만으로 이뤄져 있는 단순한 건축물입니다. 게다가 오랜 세월 폐허로 방치되다시피 해서 외관상으로는 큰 울림을 주기에 부족했죠. 그런데 한 장의 그림이 18세기 유럽 지성계를 뒤흔듭니다. 다비드 쥘리앵 르루아가 1758년에 그린 〈그리스의 가장 아름다운 폐

다비드 쥘리앵 르루아, 〈그리스의 가장 아름다운 폐허 기념비〉(1758년)

허 기념비〉라는 작품이에요. 이를 통해 유럽인들은 2000년 만에 서양 문명의 뿌리를 마주하는 경험을 하게 됩니다.

차클 가장 아름다운 폐허 기념비라니…, 왜 그런 제목을 붙인 걸까요?

임 대부분 사람들은 그리스 문명에 대한 환상이 있었을 겁니다. 특히 신전은 화려한 장식으로 꾸며져 있을 것이라고 생각했을 거예요. 그렇게 기술한 책들도 많았고요. 게다가 르루아가 그림을 그렸을 당시는 웅장하고 화려한 바로크 시대와 로코코 시대가 끝나가는 시기였어요. 그런 건축에 익숙한 많은 사람들이 폐허나 다름 없는 그리스 신전들을 접했으니 실망할 수밖에 없었을 겁니다.

차클 그리스 신전이 원래 그렇게 단순했던 건가요?

임 1830년대에 고고학적 발굴에 의해 그리스 신전에도 원래 장식이 있었지만 오랜 세월이 지나면서 모두 떨어져 나간 것이라는 사실이 밝혀졌습니다. 유럽인들이 찾아갔던 18세기엔 신전들이 만들어졌을 당시의 화려함은 사라지고 없었던 것이죠.

차클 전쟁이나 재해의 영향을 받은 것인가요?

임 베네치아와 오스만튀르크가 전쟁을 치르는 과정에서 파르테논 신전의 일부가 탄약고로 쓰였습니다. 그리고 1687년 9월 26일에 베네치아군이 신전을 향해 포격을 하면서 폐허가 됐다고 합니다.

차클 안타깝네요. 그럼 폐허가 된 신전을 그린 르루아의 그림이 유럽에 불러왔다는 변화는 무엇인가요?

임 폐허로 전락한 신전을 처음에 발견했을 때는 실망하는 데 그쳤습니다. 그런데 이후 다양한 해석들을 내놓는 부류가 등장하기 시작했어요. 크게 세 그룹으로 나눠서 볼 수 있는데 첫 번째 그룹이 낭만주의자들입니다. 그들은 폐허가 된 그리스 신전에서 낭만성을 찾아냈습니다.

차클　폐허 속에서 낭만성이라는 개념을 떠올렸다고요?

임　네. 보통 낭만주의라고 하면 서정적인 감성을 떠올리게 되니까 폐허와 는 안 어울린다는 느낌이 드실 겁니다. 사실 서정과 잘 어울리는 건 아 름다운 자연 풍경이에요. 태풍이 휘몰아치는 광경보다는 평온한 농촌 이나 꽃·수목이 떠오르죠. 이런 자연 풍경으로부터 이른바 픽처레스 크(picturesque) 미학이 등장해요.

차클　픽처레스크 미학이란 또 무엇인가요?

임　낭만주의 미학에서 굉장히 중요한 개념입니다. 픽처레스크는 '그림 같은'이라는 의미예요. 조금 풀어서 설명하면 자연 풍경 중 그림 그리 기에 알맞은 모습을 찾는 예술 사조라고 할 수 있어요. 대표적 사례가 클로드 로랭의 〈이집트로 도피 중 휴식을 취하는 예수 일가가 있는 풍 경〉입니다. 푸른 초원이 펼쳐져 있고 언덕 위에 예쁜 농가가 있는 풍경 같은 것이죠.

차클　낭만주의자들이 어떤 미학을 추구했는지 감이 옵니다. 그런데 폐허와 는 어떻게 연결이 되는 건가요?

임　17세기 픽처레스크 미학의 등장으로 다양한 풍경화가 늘어나기 시작 합니다. 그러다 건물에서도 자연적인 아름다움을 찾을 수 있다는 것을 깨닫게 돼요. 픽처레스크 미학을 표현한 그림의 범주에 폐허가 된 그 리스 신전의 모습이 들어가게 된 것이죠. 또 18세기 낭만주의 화가들 은 풍경화를 그릴 때 형식미를 구현하기에 적합한 소재는 모두 가져다 썼습니다. 낭만주의 화풍의 대상이 자연에서 건물로 확장된 거예요.

차클　폐허가 된 신전을 자연과 다름없다고 본 것 아닐까요?

임   동양권에서는 인간의 손이 닿은 자연은 자연스럽지 않다고 봤습니다. 반면 서양 문명은 인간의 손이 닿지 않은 것은 예술이 될 수 없다고 생각했어요. 18세기 낭만주의 미술에서 폐허가 중요한 소재가 될 수 있었던 이유죠. 폐허의 원시성과 자연의 조화가 인간의 감성을 자극하는 예술로 승화된 것입니다.

차클   인간의 손길로 완성된 건축물이 오랜 시간에 걸쳐 폐허가 되면서 자연과 함께 어우러진 데서 아름다움을 느꼈던 것 같네요.

임   네. 시간이라는 키워드가 중요합니다. 이후 픽처레스크 미학은 숭고미로 발전하게 됩니다. 숭고미 역시 자연에서 비롯됩니다. 쉽게 말해 자연의 아름다움 중 인간이 이뤄낼 수 없는 초월성이라고 설명할 수 있습니다. 예를 들어 거대한 폭포 앞에 서 있다고 생각해보세요. 그 느낌은 이루 형언할 수 없겠죠. 그처럼 자연에 압도되는 느낌이 숭고미입니다. 앞서 언급했던 평화로운 농촌 풍경이 주는 느낌과는 차원이 다르죠.

차클   낭만주의자들이 폐허가 된 신전에서도 숭고미를 느낀 건가요?

임   그렇습니다. 건축적 숭고미를 폐허로부터 찾은 것입니다. 몇천 년 전, 서양 문명의 뿌리였고 신화적 내용이 담긴 건축물들이 사람의 손을 타지 않은 채 오랜 시간에 걸쳐 폐허가 되면서 숭고한 아름다움을 간직하게 된 것이죠. 이러한 폐허의 미학은 낭만주의 미술에서 중요한 소재가 됐습니다. 18세기 유럽의 미술 작품 중엔 폐허를 그린 게 굉장히 많아요. 시간과 공간을 초월하는 폐허에서 예술의 가치를 발견했고 그로부터 다양한 표현 방식들이 파생됩니다.

차클   혹시 현대에도 폐허의 미학이 이어지고 있나요?

빌바오 구겐하임 미술관

임   네. 20세기 이후에도 그런 사조의 예술 작품들이 등장했습니다. 부서져 있는 듯 보이는 건물의 외벽이 사실 문의 역할을 하는 장치인 경우처럼요. 폐허의 미학이 파괴의 미학으로 거듭나면서 해체주의 건축으로 흐름이 이어지고 있습니다. 대표적인 사례가 스페인의 빌바오 구겐하임 미술관이죠. 마르케스 데 리스칼 호텔이나 루 루보 뇌 건강센터도 해체주의 사조를 따르는 건축물들이에요.

차클   좀 난해하고 파격적이란 느낌이 드네요.

임   네. 그런 평가를 받기도 합니다. 폐허 같은 아름다움을 추구하되 사람들이 살 만한 건물을 짓자는 게 해체주의 건축이죠. 서울 동대문에 세워진 DDP(동대문 디자인 플라자)의 경우 해체주의를 조금 순화시킨 경우라고 할 수 있습니다.

차클   해체주의 건축은 아무래도 일반적인 건축보다 비용이 더 많이 들 것 같아요.

임   해체주의 건축물을 지으려면 공사 자체가 어렵고 공사비용도 많이 들수밖에 없어요. 게다가 실용성도 떨어지는 편이죠. 그래서 해체주의 건축물은 실거주 목적보다는 선언적인 의미가 더 크다고 할 수 있습니다. 건축가 입장에서 현실 세계의 문제를 지적하기 위한 수단으로 활용하는 거죠.

차클   최근에 카페나 개인 주택의 경우에 노출 콘크리트 벽면으로 짓는다거나 실내에 배관 파이프를 그대로 노출시키기도 하는데 이런 것도 해체주의 건축의 일환인가요?

임   노출 콘크리트는 산업주의에 폐허의 미학이 더해진 사례입니다. 건축가라면 한번쯤 노출 콘크리트처럼 거친 표면으로 건축물을 만들고 싶어 하는 경향이 있습니다. 이렇게 최근의 건축 흐름에도 폐허의 미학이 자리하고 있는 것을 발견하게 됩니다.

차클   낭만성 역시 현대의 일상에서 찾아볼 수 있나요?

18세기 이후 일상의 공간에 낭만성을 띤 조형물들이 등장한다.

임	과거엔 낭만성이 자연의 풍광을 아름답게 그리는 것에 그쳤다면, 18세기 이후 낭만성이 일상의 공간으로 들어옵니다. 바로 정원의 조형물이나 건축물로요. 많은 사람이 산책도 하고 생활하는 공간에 벤치나 조각처럼 그리스 신전을 배치하는 것이죠.
차클	우리나라로 치면 궁궐 정원에 있는 정자 같은 식인가요?
임	네. 우리 문화에도 비슷한 예가 있죠. 최근에 지은 아파트 단지들을 봐도 정원에 작은 정자들이 있잖아요.
차클	듣고 보니 정말 비슷하네요.
임	네. 도시 공간을 봐도 고층 빌딩 사이사이에 등나무 벤치처럼 소중한 휴식 공간들이 존재합니다. 건축사에서는 그런 일상적인 공간들이 매우 중요한 의미를 갖습니다.
차클	일상적인 공간들이 중요한 의미를 갖는다고요?
임	서양에선 이런 공간을 쓸모없는 건축물이라는 뜻의 폴리(Folie)라고 불렀어요. 시민들을 위해 건축가들이 만든 시설들에 붙인 이름이죠. 대표적인 예가 프랑스 파리의 라빌레트 공원입니다. 도살장과 정육점이 있던 자리를 도심 재생의 일환으로 공원화한 곳이에요. 세계적인 현대 건축가 베르나르 추미가 설계한 작품이죠. 10여 개의 폴리들을 조합해 역동성이 있고 형태성도 아주 뛰어난 아름다운 조각물로 재탄생시킨 것입니다.
차클	우리나라에도 이러한 폴리들이 많이 있나요?
임	2011년 광주비엔날레의 일환으로 유동 인구가 많은 광주 충장로 지역에 30개의 폴리들을 설치했어요. 도심의 활력소 역할을 하죠. 평범한 일상의 위대함이 근대성의 중요 키워드입니다.

차클 평범한 사람들의 일상이 중요하다는 말씀이죠?

임 종교나 사상, 절대 권력이 군림하던 시기에 보통 사람들의 일상은 별로 중요하게 여겨지지 않았습니다. 위에서부터 아래로 특정 가치를 강요하곤 했죠. 근대성의 핵심 중 하나는 다른 무엇보다 개개인이 살아가는 하루하루의 일상이 소중하다는 걸 깨닫게 된 거에요.

차클 개인의 일상이 중요하다는 깨달음이 그리스 신전을 일상의 공간으로 끌어들인 것과 관련이 있나요?

임 그렇습니다. 서양 문화권에서는 도시 건축을 계획하고 실행할 때 폴리라는 요소가 매우 중요합니다. 그리스 신전에 대한 다양한 해석이 있었기 때문에 가능했던 일이죠.

그리스와 로마는 무엇이 다른가

세 번째
질문

"노블 심플리시티를 건축에 대입해보면 그리스 시대의 기둥 건축을 말하는 것입니다. 이전 2500년 동안 유럽의 건축을 지배해온 양식은 벽체 건축이었거든요. 그런데 빈켈만 이후부터 기둥 건축과 벽체 건축의 분화가 일어납니다. 그리스주의와 로마주의가 갈라진 것이죠. 그리스주의는 불필요한 장식을 배제한 기둥 중심의 건축을 했습니다. 반면 로마주의는 화려한 장식들을 덧댄 벽체 중심의 건축을 했죠."

• • •

차클   그리스 신전과 관련해 페허의 미학 외에 다른 관점도 알려주세요.

임   18세기에 원형의 미학도 등장합니다. 이를 통해 그리스 신전이 한층 더 위대하게 여겨지게 되죠. 원형의 미학이란 뿌리, 곧 우리가 어디에서 왔는가에 대한 답을 찾는 겁니다. 그리고 서양 문명이 추구하는 아름다움은 그리스에서 왔다는 것이 곧 그에 대한 답입니다.

차클   그런 주장을 한 대표적 인물이 있겠죠?

임   그리스 미학의 선구자로 불리는 요한 요하임 빈켈만입니다. 그는 그리스로부터 원형의 미학을 발견할 수 있다고 주장했어요. 바티칸 도서관에 소속된 서기이자 미술 고고학자였죠. 바티칸 교황청의 도서관에서 수많은 유물들을 마주하다 보니 자연스럽게 그리스 예술도 접하게 됐

그리스주의 VS 로마주의

고 로마 예술과는 다른 가치를 발견하게 됩니다.

차클 그리스와 로마의 예술이 어떻게 다르다는 건가요?

임 이전까지는 그리스를 로마의 아버지뻘로 여겼을 뿐 세세한 차이를 몰랐죠. 그러다 빈켈만이 구분을 짓습니다. 방대한 그리스 자료를 살펴보면서 로마와는 완전히 다른 예술이라는 걸 밝혀냅니다.

차클 가장 대표적인 차이가 무엇인가요?

임 한마디로 그리스주의는 단순함, 로마주의는 화려함이에요. 빈켈만은 그리스주의를 노블 심플리시티(noble simplicity), 즉 기품 있는 소박함이라고 정의했습니다. 18세기 이전 바로크 시대에는 노블이라고 하면 화려하고 사치스러운 형식의 귀족 예술을 일컬었어요. 그런데 빈켈만이 심플한 것이 노블하다고 정반대 해석을 내놓은 겁니다. 노블과 심플리시티라는 양립할 수 없는 두 개념을 하나로 묶어버린 거예요.

차클 노블 심플리시티가 구현된 건축은 어떤 건가요?

임 건축에 대입해보면 그리스 시대의 기둥 건축을 말하는 것입니다. 이전

2500년 동안 유럽의 건축을 지배해온 양식은 벽체 건축이었거든요. 그런데 빈켈만 이후부터 기둥 건축과 벽체 건축의 분화가 일어납니다. 그리스주의와 로마주의가 갈라진 것이죠. 그리스주의는 불필요한 장식을 배제한 기둥 중심의 건축을 했습니다. 반면 로마주의는 화려한 장식들을 덧댄 벽체 중심의 건축을 했죠.

차클 로마주의를 대표하는 인물도 있었겠죠?

임 로마주의를 이끌던 최고 권위자는 조반니 피라네시입니다. 명성이 자자해서 그랜드 투어를 할 때 로마에서 꼭 들러야 할 곳으로 피라네시 스튜디오가 꼽혔어요. 그에게서 로마 건축을 배우고 프랑스·독일·영국으로 돌아가면 왕실 건축가로 스카우트될 정도였죠. 2500년간 지배해온 로마 문명과 로마 건축의 1인자에게 빈켈만이라는 도전자가 등장한 것입니다.

차클 치열한 경쟁 구도가 형성됐네요.

임 피라네시 입장에서는 빈켈만이 그리스주의나 원형의 미학을 주장했을 때 조금 우습게 봤을 겁니다. 그런데 빈켈만의 추종자들이 프랑스와 독일에서 생겨나며 하나의 문화 예술 사조로 자리 잡게 되자 두 사람 사이에 라이벌 관계가 만들어졌어요.

차클 당시 학계의 분위기는 어땠나요? 빈켈만에게 약간의 반발이 있었을 것 같은데요.

임 물론입니다. 당시까지만 해도 예술을 비롯한 각 분야의 주류는 로마주의였으니까요. 그로부터 다양한 비즈니스 모델도 나왔었고요. 그 와중에 빈켈만이 의문의 죽음을 당합니다. 로마주의를 추종하는 세력에 의한 타살로 추정됩니다. 그만큼 그리스주의와 로마주의 사이에 경쟁이 치열했음을 보여주는 일화입니다.

차클 그럼 그리스주의와 로마주의, 결국엔 누가 이긴 건가요?

임 20세기로 넘어오면 건축에서 콘크리트와 철골을 기본 재료로 삼는 기둥 건축이 주를 이룹니다. 비록 로마주의 세력에 의해 빈켈만이 목숨을 잃었지만 그리스 연구가 후대에도 많이 이뤄질 수 있도록 영향을 주고 근대성의 뿌리를 심었습니다. 그런 점에서 빈켈만이 이긴 것이라고 볼 수 있어요.

차클 빈켈만이 건축에 미친 영향에 대해 더 알려주시죠.

임 엔지니어형 건축가들이 그리스 신전에서 실용과 합리를 발견합니다. 1670년대 데카르트를 비롯한 많은 학자들에 의해 과학 혁명이 시작되면서 미적분으로 무장한 젊은 건축가 그룹이 등장하는데 이들이 바로 엔지니어형 건축가들이에요. 데카르트 키드라고도 불리죠. 대표적인 인물로 프랑스의 건축가 클로드 페로와 쥘 아르두앙 망사르, 영국의 건축가 크리스토퍼 렌이 있습니다.

차클 그리스 신전을 대하는 시각이 완전히 다른 사람들인 거죠?

임 그렇죠. 이전까지 신화나 예술을 중심으로 봤다면 이들은 공학과 과학으로 접근합니다. 엔지니어형 건축가들은 그리스 신전을 보고 구조합리주의 모델이라는 개념을 만들어내요.

차클 구조합리주의라니, 어떤 개념인가요?

임 공학적 방정식으로 풀어서 가장 경제적이고 효율적인 양식을 만들어내는 개념을 말합니다. 이런 개념으로 무장한 건축가들이 볼 때 당시까지 유행하던 바로크 건축은 장식이 지나치고 불필요한 요소가 너무 많다고 평가될 수밖에 없었어요.

벽체와 아치 구조를 기반으로 화려한 장식이 더해진 성 베드로 성당의 내부

차클   로마주의 건축물이 과하고 불필요하다는 것인가요?

임   고대 시대의 권력자들에게 건물의 용도는 그림을 그리기 위한 벽면을 확보해주는 공간이었습니다. 건물 벽에 그려진 기독교 성화가 대표적 사례죠. 엔지니어형 건축가들은 그런 차원에서 로마 교황청의 성 베드로 대성당을 비판했습니다. 이 건물은 벽체 건축의 대명사이자 기본 모델이에요. 성 베드로 성당을 짓기 위해 120년 동안 미켈란젤로 등 수많은 예술계 거장들이 동원됐죠. 그런데 엔지니어형 건축가들이 이에 대해 공학적이고 구조 역학적 관점에서 볼 때 불필요한 벽이 너무 많다, 더 이상 벽에 그림을 그리는 시대가 아니라고 지적한 겁니다.

차클   엔지니어형 건축가들이 그런 목소리를 낼 수 있었던 사회적 배경도 있었을 듯한데요.

임   17세기 말에 부르주아라 불리는 자유상공인이 등장합니다. 그들은 매사를 비즈니스 관점에서 보는 특징을 갖고 있었죠. 그런데 마침 그들의 눈에 건축물의 벽화가 들어온 겁니다. 만약 그림을 액자에 넣어서 소유할 수 있다면 편하게 사고팔 수 있겠다는 아이디어가 떠오른 겁니다. 그림이 벽체에서 액자로 옮겨지는 시기에 엔지니어형 건축가들이 등장하게 된 것이죠.

차클 성직자들 입장에서는 눈엣가시였겠어요.

임 주류 성직자 쪽에서는 당연히 그랬겠죠. 그런데 마침 엔지니어형 건축가들과 똑같은 생각을 하는 성직자들이 있었어요. 18세기에 이신론(理神論)이라는 그리스도 사상이 등장합니다. 기독교 정신을 합리적으로 해석하려는 운동이죠. 기독교계의 데카르트 키드들이라고 할 수 있어요.

차클 이신론자들은 어떤 주장을 했나요?

임 "신은 천지를 창조했지만 직접 세상에 관여하진 않는다"는 게 대표적입니다. 즉 세상이 잘 작동할 수 있는 시스템을 신이 구축하고 떠났다고 본 거예요.

차클 정통 기독교 입장과는 많이 다르네요. 이런 주장이 당시에 얼마나 수용됐나요?

임 주류를 형성하지 못했지만 중요한 업적을 남깁니다. 스무 명 정도의 성직자들이 엔지니어형 건축가들과 함께 당시 부패한 기독교 그리고 성 베드로 성당을 공격하는 주장을 했어요. 특히 건축에 관심이 있는 성직자들이 교회 건물이 어떻게 지어져야 하는가에 대한 고민을 했는데 그중 마크앙투안 로지에가 파격적인 주장을 내놓습니다. 교회 모델로 원시 오두막의 형태를 제시한 거예요.

차클 원시 오두막이요? 어느 정도로 파격적이었나요?

임 네 개의 기둥과 지붕만 있으면 된다고 했어요. 로마 양식에 필수라고 여겨졌던 벽체 구조를 다 부숴버린 것이죠.

차클 실제로 실천에 옮겨졌나요?

임 현실 세계에서 오두막을 짓고 예배를 드리는 것은 쉽지 않죠. 하지만 로지에를 중심으로 한 성직자 그룹과 엔지니어형 건축가 그룹이 손을 잡고 이 운동을 확장시킵니다. 그래서 새로운 모델의 교회를 건축하는 운동을 벌이는데, 그것이 바로 그레코—고딕 아이디얼 양식입니다.

차클 그레코—고딕이라니 무슨 뜻인가요?

임 레슬링에서 보면 상체만 쓰는 방식을 그레코로만형이라고 부르죠. 그레코는 그리스의 형용사형이에요. 로만은 말 그대로 로마라는 의미이고요. 앞서 설명한 것처럼 그레코로만은 하나로 묶어서 통용되다가 18세기에 빈켈만과 피라네시가 등장한 뒤 분리되죠. 그레코-고딕은 그리스와 기독교적 양식인 고딕을 합친 겁니다.

차클 고딕 양식을 합친 이유는 뭔가요?

임 바로크의 건축물들을 보면 빛이 없어요. 바로크 시대엔 창문 대신 그림과 장식품으로 내부를 치장하고, 촛불을 켰어요. 자연광이 들어오지 않는다는 게 큰 특징이죠. 그런데 성경을 보면 하느님이 빛이고 예수님도 빛으로 묘사되죠. 그만큼 기독교에서 빛이 핵심적 개념인데 바로크 교회 건물들은 그 빛을 막았던 거죠.

차클 그렇군요. 그레코—고딕 아이디얼 양식으로 지은 건물로는 어떤 게 있나요?

임 두 개의 건물이 대표적입니다. 런던에 있는 성 스테판 성당과 파리의 판테온입니다. 이 중 판테온을 지을 때 돔을 유지하기 위한 구조를 놓고 공학적 논쟁이 벌어졌어요. 똑같은 면적으로 지붕을 지을 때 하중

벽체를 들어내고 기둥만으로 돔을 떠받치는 형태로 지어진 판테온의 내부

이 제일 적은 것이 평지붕입니다. 돔으로 짓게 되면 하중이 커요. 돔의 면을 평평하게 펴보면 평지붕보다 훨씬 크기 때문에 면적이 같아도 돔이 무게가 더 많이 나갑니다. 게다가 당시엔 보강 철근 콘크리트가 나오기 전이라 콘크리트로 지어야 해 돌기둥만으로는 돔의 하중을 못 받친다는 게 정설이었어요. 하지만 엔지니어형 건축가들은 계산을 통해 기둥만으로 충분하다고 주장했죠.

차클 정설에 맞서 기둥만으로 충분히 세울 수 있다고 주장한 대표적 인물이 누구인가요?

임 자크 제르맹 수플로라는 프랑스 건축가가 나섰습니다. 오히려 엔지니어들은 기둥만으로 돔을 받칠 수 없다고 해서 논쟁이 벌어져요. 결국 판테온의 건설을 두고 무려 30년간 수플로라는 건축가와 엔지니어들이 대립합니다. 결국 기둥에 약간의 벽체를 넣는 것으로 타협점을 찾아서 완공하게 됐죠. 그런데 수플로 사후에 그의 계산에 무리가 없었다는 게 밝혀졌어요.

차클 결국 기둥만으로 돔을 받칠 수 있다는 것이 증명된 건가요?

임 판테온을 보면 기존의 다른 건축물보다 벽체가 적습니다. 최소한의 벽체가 남아 있긴 한데, 그럼에도 불구하고 상당히 성공한 거라고 볼 수 있죠. 그런 구조 덕에 일부 실내 장식은 있지만 기독교 성화가 거의 없습니다.

차클 그럼 판테온을 그레코—고딕이라고 부를 수 있는 건가요?

임 네. 100퍼센트 구현됐다고 볼 순 없어도 벽체가 줄어들면서 빛이 많이 들어오게 됐죠. 판테온보다 더 빛을 잘 살린 건물은 런던에 있는 성 스테판 성당이에요. 크리스토퍼 렌이라는 과학자이자 천문학자가 그레코—고딕 양식에 훨씬 더 가깝게 구현했습니다. 돔을 거의 기둥으로만 받치고 있는데 약간의 눈속임을 활용하긴 했어요. 기둥만으로 돔을 받치는 모습을 구현하고 싶어서 돌이 아닌 나무를 섞어서 돔의 무게를 줄였어요. 또 완전히 동그란 반구 형태의 돔이 아닌 조금 짧은 형태의 접시형 돔으로 만들었어요.

차클 어떻게든 그레코—고딕 양식을 구현하겠다는 의지가 대단했네요.

임 네. 양식의 순도는 좀 떨어지지만 빛이 들어오고 돔을 기둥만으로 떠받드는 형태를 갖춰서 당시의 문화적 논쟁을 끝내려 한 것이죠. 교회 건축물이 갖춰야 할 이상적 모습을 보여주고 싶었던 겁니다.

차클 돔을 그렇게까지 고수해야 하는 이유가 있나요?

임 서양 문명의 전통에서 돔은 하늘을 형상화한 것입니다. 그리고 동양이나 서양이나 똑같이 하늘의 이미지를 동그랗다고 봤거든요. 서양에서는 그런 추상적인 생각을 실제로 형상화하면서 돔이라는 기하학적 형

114

태로 만들어낸 거예요.

차클 그러고 보니 우리나라 국회의사당도 돔 양식이네요.

임 국회의사당의 돔은 근대로 넘어오면서 만들어진 것이죠. 돔은 독재 권력에서 좋아하는 건축 형식이기도 해요. 1968년 1차 설계 당시에는 국회의사당의 지붕이 평지붕이었습니다. 그런데 일부 국회의원들의 요구로 돔을 추가했어요. 권력을 가진 쪽 입장에선 과시적인 구조를 선호했던 것 같아요. 그래선지 중앙에 거대한 돔 구조를 집어넣은 건물들이 많죠. 1800년에 완공된 미국의 국회의사당, 제2차 세계대전 때 폭탄을 맞아 돔이 부서진 독일의 국회의사당이 그런 예입니다. 현재 독일의 국회의사당은 유리 돔으로 재건되며 권력의 상징에서 시민들에게 개방된 장소로 탈바꿈했어요.

차클 결론적으로 엔지니어형 건축가들이 꿈꿨던 것은 실용성이라고 요약할 수 있을까요?

임 건축의 구조적 측면에서 그리스 신전의 대표적인 특징은 기둥 건축이죠. 철학이나 인문학 관점에선 합리성이라 설명할 수 있습니다. "꼭 필요한 것만 갖추자. 불필요한 건 갖추지 말자"는 거예요. 그런 합리성과 효율성을 그리스 신전에서 찾아낸 것입니다. 거기에 성직자들의 의견이 합해지면서 양립하기 어려웠던 그리스 고전주의와 기독교의 고딕 양식이 더 큰 가치를 위해 합쳐졌죠. 20세기로 넘어온 뒤엔 다양성이 더해집니다.

우리에게 광장은 어떤 의미인가

"지금의 한국 사회가 갖고 있는 문제는 지나치게 자본화, 상업화
돼 있다는 겁니다. 정신적 공간이 충분히 갖춰져 있지만 대부분
사람들은 상업적 공간에서 너무 많은 시간을 보내죠. 기술 문명
이 가져다주는 편리함을 누리는 것도 좋지만 정신적·문화적 가
치도 놓치지 않도록 공간 구성을 할 필요가 있다고 생각합니다."

● ● ●

차클　근대로 넘어오면 건축 양식은 어떻게 달라지나요?

임　18세기에는 개별 건물 중심으로 기둥 구조 대 벽체 구조가 맞붙었다
면 19세기에는 도시 단위로 확장됩니다. 유럽에서 산업혁명이 본격적
으로 진행되면서 다양한 문화 운동들이 하나로 모이게 돼요. 그 주체
가 바로 제국입니다. 프랑스 제국, 독일 제국 그리고 '해가 지지 않는
나라'로 불린 영국이 도시 개발에 국력을 집중하는 모습을 보이죠. 산
업혁명을 거치면서 기차가 들어오고 인구가 폭발적으로 늘어나면서
철골 구조의 건축물들이 세워지기 시작합니다. 도시가 완전히 새로운
모습을 갖추게 돼요.

차클　어떤 모습으로 도시가 바뀌나요?

임	근대적 대도시의 기본 골격은 19세기 유럽에 등장했습니다. 건축가들에게 새로운 도시 모델을 찾아야 하는 숙제가 주어졌는데 이때에도 그리스 시대의 도시가 주목을 받습니다. 건축가·화가·고고학자들이 그리스에 가서 여러 도시들을 발굴하고 복원도를 그렸죠. 그 결과 아테네를 도시 국가의 중심이자 이상적 도시라고 평가했어요.
차클	아테네를 이상적 도시로 평가한 이유는 뭔가요?
임	그리스 시대에 신전이 사회적 중심 역할을 한 데는 탁선소(託宣所) 개념이 중요했어요. 하나의 건물이 아니라 일종의 단지처럼 지어졌죠. 종교와 관련된 여러 건물을 지어두고 사람들이 신에게 제사도 지내고 공부도 하고 힐링도 할 수 있는 공간으로 활용한 거예요.
차클	탁선소는 주로 어떤 지역에 지어졌나요?
임	보통 도시에서 약간 벗어난 지역에 조성됐습니다. 그리스를 대표하는 도시 국가들을 보면 도시 외곽에 탁선소 단지가 지어져 있었죠. 신전이 중심에 있고 주변에 사람들이 모여 사는 것이 이상적인 도시 모델로 등장합니다. 사회 전체가 신전을 중심으로 이뤄진 도시 모델이었던 거예요. 도시의 중심에 정신적 공간이 자리하고 나머지는 일상적이고 세속적인 일들을 처리할 수 있는 공간으로 배치하는 방식이 이상적인 도시 모델로 등장합니다.
차클	그런데 그런 변화를 제국주의 국가들이 주도했다니 긍정적으로만 볼 순 없는 것 아닐까요?
임	제국주의 체제가 부정적인 비판의 대상인 것은 분명합니다. 하지만 근대적 국가의 여러 틀을 갖추는 데 있어서 많은 기여를 한 부분이 있어요. 그중 하나가 바로 시민들을 위한 대형 공공 박물관과 미술관 같은

건축물들이에요. 유럽을 가게 되면 누구나 루브르 박물관이나 베를린 박물관을 꼭 들르잖아요. 그리스 신전 양식을 빌린 이들 건축물은 도시 중심에 정신적 공간을 조성하려는 의도로 지은 것이에요.

차클 시민들을 위한 공간을 도시의 중심에 뒀다는 게 인상 깊네요.

임 그렇습니다. 제국주의 국가의 정부가 도시 계획을 세웠지만 돈은 부르주아가 냈으니까요. 산업혁명 이후에 돈을 번 계층이 바로 부르주아잖아요. 그들은 자신들이 살아가야 할 도시의 중심에 공장이나 백화점이 아닌 문화 공간이 들어서야 한다고 생각한 거예요. 그런 도시를 세운다는 조건으로 자금을 댄 것이죠.

차클 그렇게 세운 대표적인 도시가 어디인가요?

임 프랑스 파리예요. 전 세계인이 열광하는 파리의 현재 모습은 대부분 19세기에 그 골격을 갖췄어요. 새로운 도시 계획에 따라 넓은 광장과 대로를 마련하고 건축물들이 들어섰죠. 그 이전의 파리는 중세의 꼬불꼬불한 골목들로 이뤄져 있었죠. 그런데 나폴레옹이 등장해 개선문을

짓고 그 중심으로 새로운 도시를 만들어나갔어요. 물론 그 배경에는 나폴레옹이 로마 제국의 황제들처럼 되고 싶다는 마음이 깃들어 있긴 합니다. 그러다가 나폴레옹 3세에 이르러 1850년대에 파리 재개발 계획이 시작됩니다. 조르주 외젠 오스망 남작이 1853년부터 1870년까지 10여 년 동안 총지휘해 도시를 관통하는 방사형 도로와 함께 도시 중심을 문화 공간으로 개조하죠. 그러면서 파리의 중심을 정신적 공간으로 만들어야 한다는 미션을 실행에 옮기게 됩니다.

차클   도시 계획을 하면서 그리스 신전 역할을 할 교회와 공연장을 중심에 두었던 거네요.

임   네. 그렇습니다. 방사형 도시의 특징이 중심에 가르니에 오페라나 마들렌 교회처럼 종교적 공간이나 문화적 공간을 배치한 겁니다. 대표적인 두 공간이 새로운 근대적 대도시의 중심 공간으로 자리를 잡게 되죠. 이렇듯 문화사에서 파리가 위대한 이유 중 하나가 바로 산업화의 물결 속에서도 인간의 정신을 지키기 위한 노력이 있었다는 점이라고 할 수 있습니다.

차클   다른 나라에서도 도시의 중심을 정신적 공간으로 채운 경우가 많나요?

임   영국의 트라팔가르 광장도 마찬가지입니다. 런던 한가운데 자리하고 있는 대형 광장이죠. 1805년 트라팔가르 해전에서 승리한 것을 기념해 1820~1840년대에 조성됐습니다. 내셔널 갤러리와 성 마틴 교회가 함께 위치하고 있죠. 종교 시설과 문화 시설이 한군데에 있는 형태예요. 이러한 형태가 19세기와 20세기를 거쳐 지금까지도 계속 유지되고 있는 유럽 대도시의 기본 골격입니다. 베를린에도 비슷한 공간이 있어요. 서울로 치면 노들섬 정도 되는 작은 섬에 박물관이 다섯 군데

영국 런던의 트래펄가 광장

나 들어서 있습니다. 슈프레강 가운데 자리한 박물관 섬이에요. 19세기 때 조성된 대형 박물관들인데, 전부 신전 양식을 본떴고 하나의 단지를 이루고 있죠. 궁정 건축가 프리드리히 아우구스트 슈틸러가 설계하면서 남긴 전체 조망도를 보면 그리스 아테네의 아크로폴리스 모델을 옮겨왔다는 것을 알 수 있습니다. 가운데 신전 형식의 건물을 배치했어요. 이런 식으로 유럽에서는 도시의 중심에 정신적 공간을 둠으로써 인간의 가치를 돌아보게 하는 역할을 하고 있습니다.

차클 그렇다면 우리나라는 어떤가요?

임 우리에게도 우리만의 정신적 공간이 있습니다. 옛 모습을 간직한 정신적 공간으로 삼을 만한 곳들이 몇 군데 있어요. 태조 이성계가 1395년에 세운 조선 왕조의 궁궐인 경복궁, 조선의 역대 왕과 왕비의 신주를 모신 종묘가 대표적이죠. 또한 한국의 고미술과 유물 등 약 33만 점을 소장한 국립중앙박물관, 오페라 하우스와 다양한 공연장이 갖춰진 문화복합공간인 예술의전당도 해당됩니다.

차클   전통과 현대 문화를 아우르는 공간들이네요. 종교적 공간으론 어떤 곳이 있을까요?

임   서울 시내에서 중심 역할을 하는 종교적 공간들도 있어요. 1898년에 세워진 한국 천주교를 대표하는 대성당이면서 민주화의 성지인 명동성당이 있죠. 1395년에 지어진 한국 불교의 중심지이자 근현대사의 격동기를 함께한 역사의 현장인 조계사도 있고요. 단순히 가톨릭이나 불교 시설이 아니라 시내 한복판에 위치해 일반 시민들의 정신적 공간으로서 역할을 충분히 다하고 있습니다.

차클   그런데 서울이라는 도시는 왠지 이런 공간을 잘 활용하고 있지 못하다는 느낌이 들어요.

임   그렇습니다. 지금의 한국 사회가 갖고 있는 문제는 지나치게 자본화, 상업화돼 있다는 겁니다. 정신적 공간이 충분히 갖춰져 있지만 대부분 사람들은 상업적 공간에서 너무 많은 시간을 보내죠. 기술 문명이 가져다주는 편리함을 누리는 것도 좋지만 정신적·문화적 가치도 놓치지 않도록 공간 구성을 할 필요가 있다고 생각합니다.

차클   그러자면 어떻게 공간을 구성해야 할까요?

임   광장의 문제와 연결이 됩니다. 사실 우리나라의 전통적 도시와 광장은 전혀 연관이 없는 개념이에요. 광장은 기본적으로 시민 계층의 공간입니다. 그런데 우리나라는 전통적으로 시민 계층이 없었단 말이죠. 시민과 백성의 차이는 정치적 지분을 갖느냐의 여부예요. 우리나라는 권력이 왕과 신하들에게만 부여됐었죠. 반면 서양은 혁명을 통해 왕·신하·시민으로 분화하며 도시 속에서 시민들이 모일 수 있는 공간이 필요했어요. 그게 광장이에요.

차클 우리나라도 광장을 활용하는 사례들이 늘어나고 있긴 하죠.

임 그렇습니다. 20세기를 거치면서 우리에게도 시민이라는 개념이 등장했죠. 그래서 시민들이 광장이라는 공간을 요구하기 시작하게 된 거예요. 그런데 도시가 정비된 이후에 광장을 만들려 하다 보니 비싼 땅값이나 교통의 흐름 등이 제약 요건으로 작용했습니다.

차클 그래서 광화문 광장만 해도 논란이 많았죠.

임 네. 현재의 광화문 광장의 형태를 두고 "저것은 광장이 아니다. 세계에서 제일 큰 중앙분리대다"라는 말까지 나왔죠. 건축가들 사이에서도 다양한 의견들이 제기돼요. 양쪽 도로까지 다 합쳐야 진정한 광장이라거나 한쪽 도로는 놔두고 한쪽만 막자거나 여러 절충안들이 나오고 있습니다. 저는 어느 쪽이 맞는지보다 조금 더 포괄적으로 이야기하고 싶어요. "우리의 도시에 맞는 광장 모델은 무엇일까"라는 질문에 대한 답부터 찾아야 한다는 거죠. 서울은 애초에 광장이란 개념 없이 만들어진 도시입니다. 그러다 보니 유럽식의 광장을 끼워 넣으려면 갈등이 생길 수밖에 없어요. 이에 대한 논의부터 활성화할 필요가 있습니다. 도시 속 중심 광장도 중요하지만 사실 그보다는 개인들이 일상생활에서 활용할 수 있는 오래된 주택가 골목의 조그만 놀이터 같은 공간에 주목하면 좋겠습니다. 그런 공간이 한국형 광장이 될 수 있다고 봅니다. 무작정 외국의 광장을 따르기보다 이웃과 어울릴 수 있는 동네 놀이터처럼 편안한 공간을 우리의 광장으로 삼으면 어떨까요?

차클 그렇네요. 생활 속에서 자연스럽게 만들어진 공간일수록 활용도가 높아질 테니까요.

임 네. 18, 19세기 유럽 도시의 건축 문화를 굳이 살펴본 이유는 여전히 그들에게서 배울 것이 많기 때문입니다. 고전이나 전통을 완전히 버리지 않고 시대에 맞게 잘 재해석해 나가는 점이 그렇습니다. 우리도 전통과 고전을 지켜나가면서 우리의 인간 본성을 잘 지켜나갈 수 있는 좋은 문명을 만들어가면 좋겠습니다.

지리를 아는 것이 힘이다

•

김이재

세계 100여 개국을 답사하고 현장을 발로 뛰는 지리학자. 영어, 일어, 독어, 베트남어, 말레이·인도네시아어를 구사하는 동남아 지역전문가. '지도력(地圖力)이 국력'이고 '지리적 상상력이 개인과 국가의 운명을 바꾼다'는 신념의 소유자. 한국교육과정평가원 부연구위원, 지리적상상력연구소장, 런던대학교 교육대학원 연구원, 세계지리학연맹 아시아 대표위원, 경인교육대학교 사회교육과 교수.

왜 우리는 지리에 무지해졌나

첫 번째
질문

"우리나라는 현재 지리라는 과목이 유명무실한 것을 넘어 무명
무실한 지경에 이르렀어요. 중학교는 '사회', 고등학교는 '통합
사회' 과목 중 일부 단원에서 지리 수업을 하고 있는 현실입니
다. 지리라는 과목명조차 사라지니, 우리나라 국민들의 지리적
문해력이 떨어지게 되었죠."

• • •

차클   지리학자라면 주로 어떤 연구 활동을 하시나요?

김   지리학자는 새로운 세계를 탐험하는 게 직업인 사람입니다. 내가 좋아
하는 연구 주제를 선택해 내가 행복한 곳에서 연구할 수 있다는 점이
저는 참 좋아요. 연구하고 일할 곳을 정할 때 거의 무한대의 자유를 누
릴 수 있는 지리학은 매력적인 학문이에요.

차클   지질학과 지리학은 어떻게 다른 것인가요?

김   지질학은 지각판 아래에 있는 지각의 구조와 땅 밑 현상을 주로 연구
하는 학문이에요. 반면 지리학은 인간의 생활과 관련된 지상의 공간이
주요한 연구 대상이죠. 인간이 살아가고 탐험하는 모든 곳이 지리학의
대상이 된다고 보면 되는데요. 인간의 생활 영역이 땅에서 해양으로,

그리고 이제는 우주로까지 넓어지고 있죠. 그 모든 곳들이 지리의 영역에 들어오게 됩니다. 한마디로 인간의 삶과 관련된 모든 공간을 연구하는 학문이라고 할 수 있습니다.

차클 자연 재해에 대해서도 연구를 하신다고 들었는데 맞습니까?

김 그렇습니다. 지리와 관련된 현상이면, 자연환경이든 인문현상이든 다 연구 대상이 되죠. 지진해일을 일컫는 쓰나미, 다들 아시죠? 2004년 12월 26일, 23만여 명의 사망자를 낸 인도양 쓰나미가 대표적 사례인데요. 인도네시아·태국을 비롯해 바다 건너 아프리카까지 피해를 입힐 정도의 규모였어요. 그런데 당시에 흥미로운 일화가 하나 있었어요. 가족과 함께 푸껫을 여행 중이던 11세의 영국 소녀 틸리 스미스가 쓰나미로 인해 바닷물이 부글부글 끓는 것처럼 보이는 현상을 일찍 발견해 모두 높은 곳으로 대피하라고 알리면서 인근에 있던 100여 명의 목숨을 살렸어요.

차클 틸리라는 소녀는 어떻게 바닷물을 보고 쓰나미가 일어날 줄 알았던 거죠?

김 가족과 해외여행을 가기 바로 2주 전 초등학교 지리 수업에서 바닷물이 부글부글 끓는 것이 쓰나미의 전조 현상이라는 것을 배웠다고 합니다.

차클 학교에서 배운 내용으로 사람들의 목숨까지 살렸다니, 정말 '지리가 힘'이라는 주제와 딱 맞는 얘기네요.

김 맞습니다. 그럼 내친김에 우리도 쓰나미에 대해 좀 더 알아볼까요? 일본어인 쓰나미(つなみ)에서 '쓰'는 해안, '나미'는 파도라는 뜻이에요. 즉, 지진으로 인해 발생하는 해일, 지진해일이라고도 하죠. 쉽게 말해

모든 것을 집어삼키는 굉장히 큰 파도라고 생각하면 됩니다. 지진이라는 것은 지각, 즉 땅껍질이 벌어지거나 어긋나는 현상이죠. 그런데 해저에서 지진이 발생하면 바닷물이 순식간에 움직이면서 해수면의 높이가 급격하게 달라지게 됩니다. 그러면 또 주변의 바닷물이 움직이면서 해수면이 맞춰지는 과정에서 위아래로 출렁거리게 돼요. 그 모습이 마치 물이 끓는 현상처럼 보이게 됩니다.

차클 쓰나미가 발생하면 그 위력이 어느 정도인가요?

김 지각에 변동이 생겨 바닷물이 출렁이기 시작하면 파동으로 인해 해안가까지 파도가 밀려오는데요. 그 속도가 시속 800킬로미터에 달한다고 해요. 그리고 3~4미터 높이의 파도가 갑자기 해안가를 강타하죠.

차클 그렇다면 쓰나미가 발생했을 때 인근 지역의 사람들이 대피할 수 있는 골든타임은 얼마나 되나요?

김 보통 쓰나미가 발생하고 15분에서 50분 정도 후면 해안으로 몰려옵니다. 최대한 빨리 높은 지대로 대피하는 게 좋겠죠.

차클 우리나라 학교에서도 쓰나미 같은 자연재해를 가르치나요?

김 최근 우리나라도 2015년부터 초등 전 학년을 대상으로 안전 교육을 강화하고 있습니다. 3·4학년이 되면 생존 수영을 가르치죠. 그런데 문제가 있어요. 앞서 이야기한 틸리라는 소녀가 사는 영국을 비롯해 노르웨이, 일본, 중국 등에서는 지리에 기초해 다양한 환경에서 안전 교육을 철저히 실시합니다. 반면 우리나라에서는 지리와 연계하지 않은 안전 교육을 해서 안타깝습니다.

차클 생존 수영만 가르쳐선 부족하다는 말씀인가요?

김 예를 들어 생존 수영을 배워서 바다에서도 수영을 할 수 있다고 치죠.

그런데 육지로부터 멀리 떨어진 바다 한가운데에 나 홀로 떠 있는 상황이라고 가정해봐요. 육지 쪽으로 열심히 수영을 해서 나아가야 하는데, 어느 쪽으로 가야 할지 모른다면 어떻게 되겠어요? 그래서 안전 교육은 자신이 있는 위치가 지리적으로 어디인지 정확히 파악하고, 또 어느 곳으로 몸을 움직여야 위험을 피할 수 있는지, 공간적 의사결정을 빠르게 잘할 수 있게 가르치는 게 중요합니다. 하지만 우리는 실내에 갇혀 지리교과서 내용을 주입식으로 배우게 되니 재미없는 암기 과목으로 오해하기 쉽죠.

차클 다른 나라에서는 지리를 다르게 가르치고 있다는 말씀이시죠?

김 네. 아까 말한 영국만 해도 아이들이 강이든 산이든 바다든 다양한 자연 환경에 직접 가서 관찰하고 체험하며 지리를 배우고 있어요. 이것은 굉장한 차이입니다. 지리는 절대로 주입식, 암기식 교육을 통해 습득할 수 있는 학문이 아니에요. 교실 안에서 딱딱한 이론만 배우게 되면 학생들이 지루하게 느낄 수밖에 없어요. 지리는 우리에게 내재된 본능인데 말이죠. 앞서 쓰나미 사례에서 보듯 지리를 잘 배워두면 전 세계 어디서든 자신의 안전을 지킬 수 있어요. 하지만 지리적 지식이 부족하면 생존에 불리해요. 특히 지리적 문해력이 낮아서 국제적으로 망신을 당하는 경우도 종종 발생해요.

차클 지리적 문해력이라니 낯선 표현인데 무슨 뜻인가요?

김 글을 못 읽는 사람을 문맹이라고 하고, 지도를 제대로 읽지 못하는 사람을 지도맹, 지리 문맹이라고 하죠. 지리 문맹이 많은 나라는 지리적 문해력이 낮다고 볼 수 있습니다. 세계 여러 나라에 대해 잘 모르고 지명도 헷갈리는 지리 문맹이 많아지면 국가 경쟁력도 떨어지죠. 지리 문맹 외교관이 큰 사고를 치기도 했는데요. 발틱 국가를 발칸으로, 체코를 체코슬로바키아로 기재해 외교적 문제가 발생한 적도 있습니다.

차클 설마 우리나라의 사례는 아니죠?

김 아쉽게도 우리나라 외교부에서 배포한 보도자료나 트위터에 등장한 내용들입니다. 실제로 2019년 4월 외교부 보도자료에 발틱 국가를 발칸이라고 적고, 2018년 체코 순방 당시에는 외교부 트위터를 통해 체코를 체코슬로바키아로 썼어요. 체코와 슬로바키아는 이미 1993년에 분리된 국가이거든요. 나중에 논란이 돼 삭제를 했습니다.

차클 다른 기관도 아닌 외교부가 저지른 실수라니 정말 부끄럽기 짝이 없네요. 외교부 공무원들은 세계 지리에 대한 이해가 높아야 하는 것 아닌가요?

김 놀랍게도 한국 외무고시에 그동안 지리 과목이 없었습니다. 외교관이 되기 위한 교육 과정과 재교육 과정에서도 지리를 제대로 배울 기회가 없으니 지리 문맹 외교관이 늘고 있습니다. 국제 정세가 계속 변하니 국가·지역 정보를 계속 업데이트해야 하는데 말이죠. 초등학교, 중·고등학교에서 세계 지리를 충실히 배우지 못했는데, 이후 급변하는 세계에 대한 재교육이 전혀 이뤄지지 않으니 지리 문맹이 급증하는 중입니다.

차클 지리에 무지해서 외교적 실수를 저지르는 게 우리나라뿐인 건 아니겠죠?

김 네. 대표적으로 도널드 트럼프 전 미국 대통령도 외교 테이블에서 자주 실수를 했어요. 2017년 백악관 안보회의 당시에 네팔을 니플(nipple, 젖꼭지)이라고 한다거나 부탄을 버튼(button, 단추)이라고 불렀죠. 또

2006년 중국 국가주석이 미국을 방문했을 때 조지 W. 부시 전 대통령은 중국의 국호를 대만이라고 잘못 말하기도 했고요.

차클 그 나라를 대표하는 대통령이 외교 상대국의 국가명조차 틀리게 발음하다니 재앙이 따로 없네요. 미국도 지리 교육을 제대로 안 하는 건가요?

김 네. 실제로 미국도 지리 교육이 굉장히 약합니다. 하버드대, 예일대 같은 미국의 명문대학에서도 지리학과가 사라졌습니다. 2차 세계대전 후 미국 사회가 세계에 대해 관심을 잃어버렸기 때문이죠. 특히 미국은 50개의 주로 이뤄진 나라잖아요. 50개의 주가 각기 하나의 나라처럼 기능을 하고 있기 때문에 미국만 알기에도 버거운 게 현실입니다. 인종갈등, 빈부격차 등 산적한 국내 이슈만 다루기에도 벅찼던 거예요. 그러다 보니 전반적으로 공교육에서 세계지리 교육이 굉장히 부실한 나라로 전락했죠.

차클 아무리 그래도 미국은 국제 질서를 주도하고 있는 초강대국이고 베트남 전쟁이나 이라크 전쟁처럼 국제 분쟁에도 자주 휘말리는데 그런 나라 국민들이 세계에 대한 관심이 없다고요?

김 네. 맞습니다. 미국이 베트남에서 전쟁을 할 때 베트남이 어디 있는지 제대로 모르는 국민들이 많았어요. 이라크 침공 때도 마찬가지였는데요, 2006년 〈내셔널지오그래픽〉 조사에서 18~24세의 청년 중 63퍼센트는 이라크의 위치를 모른다고 답변했어요. 미국 국민의 7분의 1만이 세계 지도에서 이라크의 위치를 알고 있었다고 해요. 2016년 조사에 따르면 미국 청년의 90퍼센트가 중국의 위치도 모른다니, 미국은 여전히 지리 문맹이 많은 나라죠.

차클 놀랍긴 한데 우리가 다른 나라 손가락질할 처지가 아니죠.

김 그렇죠. 미국 못지않게 한국도 세계지리 교육이 약한 나라인데요. 한국과 미국이 묘하게 닮은 부분은 사회 통합 교과 안에서 지리가 거의 사라졌다는 겁니다. 우리나라는 현재 지리라는 과목이 유명무실한 것을 넘어 무명무실한 지경에 이르렀어요. 중학교는 '사회', 고등학교는 '통합사회' 과목 중 일부 단원에서 지리 수업을 하고 있는 현실입니다.

지리라는 과목명조차 사라지니, 우리나라에서도 지리 문맹이 급격히 늘고 있습니다. 결국 2021년 여름 우리나라의 한 공영방송사가 도쿄 올림픽 개막식 방송중계를 하면서 우크라이나를 체르노빌 원전사고와 관련시켜 설명하는 등 여러 국가들을 비하하는 외교적 결례를 저질러 국제적 망신을 당했잖아요. 물론 방송국 담당자의 부주의가 직접적인 원인이었지만 저는 '예고된 참사'였다고 봐요. 오랫동안 우리나라 공교육에서 지리를 제대로 가르치지 않은 부작용이 아닐까요? 뉴욕타임스, BBC 등에서 집중 보도하고 외국 대사관으로부터 항의가 빗발쳤는데도, 한국 사회와 정부가 심각하게 받아들이지 않고 대충 넘어가서 저는 그게 더 충격이었습니다. 누구나 실수는 할 수 있지만, 아무도 문제라고 생각하지 않으면 해결책을 마련할 수도 없잖아요. 정부가 이런 문제가 발생한 근본적인 원인에 대해 성찰하지 않고 지리 문맹이 늘어나는 현실을 문제라고 생각조차 하지 않으니 너무 안타깝습니다. 부디 2022년 국가교육과정 개정에서는 지리 과목이 부활하고 신문·방송 등 언론에서도 국민들의 세계지리 문해력을 획기적으로 높일 수 있는 구체적 방안을 마련하면 좋겠습니다.

지리는 어떻게 국가의 운명을 바꾸는가

"한 나라의 지리 교과서, 특히 지도를 보면 그 나라의 미래가 보인다고 했잖아요. 그런데 중세 유럽에서 유행했던 세계 지도를 보면 아시아·아프리카·유럽이라는 대륙 이름만 적혀 있는 한심한 수준이죠. 경직된 신념 체계에 갇혀 있던 중세 시대 유럽인들은 그만큼 지리적 문해력이 매우 낮았습니다."

• • •

차클 지리학을 왜 제대로 배워야 하는지 감이 좀 잡히는 것 같습니다.

김 사실 지리를 잘 배워야 하는 이유는 수능을 잘 봐서 대학에 가는 데 도움을 받기 위한 것만이 아닙니다. 앞서 얘기한 것처럼 개인 차원에선 생명을 구할 수도 있고요. 한 국가의 운명을 결정하는 문제이기도 합니다. 한 나라의 미래를 바꾸는 데 지리가 이용된다니 무슨 얘기인지 궁금하시죠. 그럼 제가 여러분께 질문을 해보겠습니다. 그리스와 이슬람 제국, 그리고 영국의 공통점이 무엇일까요?

차클 영토를 세계 무대로 확장한 나라가 아닐까요? 대표적인 제국주의 국가들이잖아요.

김 맞습니다. 좀 더 정확하게 말씀을 드리자면, 통치자의 지리적 상상력으로 세계를 제패한 국가들이라는 겁니다.

차클 지리적 상상력이란 정확히 무슨 뜻인가요?

김 이들 세 국가가 처해 있던 지리적 환경을 한번 생각해보세요. 그리스의 도시 국가, 폴리스는 모두 섬에서 시작되었고 경사가 급한 산지가 대부분이니 농토도 그리 넓지 않았어요. 그리스 사람들은 익숙한 섬을 떠나 외부와 무역을 해서 부를 창출해야만 먹고살 수 있는 환경이었던 겁니다. 이슬람 세계도 마찬가지로 생존에 불리한 환경이었죠. 불모지인 사막에서 시작되었으니까요. 먹고살기 위해서는 필요한 무언가를 찾아 계속 외부로 나가야 했죠. 영국 역시 섬나라인 데다 기후가 척박해서 살기 좋은 환경은 아니었습니다.

차클 그렇다면 지리적 상상력이라는 말은 국경 너머 다른 나라들에 대해 해박하게 알고 있어야 한다는 의미인가요?

김 네. 그리스, 이슬람, 영국 등 세계사의 주인공들을 살펴보면 다들 대국이 되기에 불리한 조건이었음에도 통치자가 지도를 중시하고 주변 정세를 잘 읽어 국민들의 부를 증진시켜주고 국운을 상승시킨 공통점을 갖고 있습니다.

차클 국가별 상황을 좀 더 자세히 설명해주시죠.

김 네. 먼저 그리스 북부 마케도니아 왕국의 알렉산드로스 대왕 얘기를 해볼게요. 그는 그리스를 벗어나 페르시아, 그 너머 인도에 이르기까지 제국의 영토를 넓힌 정복왕입니다. 알렉산드로스 대왕이 꽃미남이었다는 설도 있고 아니란 설도 있는데 중요한 건 후세의 많은 영웅들이 그를 롤모델로 삼을 만큼 리더로서의 자질이 출중했다는 점입니다.

차클 알렉산드로스 대왕은 어떻게 지리적 상상력을 갖춰 영토를 넓힐 수 있었나요?

김 그는 고대 그리스의 철학자이자 지리학자였던 아리스토텔레스 밑에서 13세부터 16세까지 공부했습니다. 아리스토텔레스는 철학, 문학, 과학, 의학 등을 가르쳤는데 특히 지리에 통달한 스승이었어요. 당시 지구가 둥글다는 점도 이미 알고 있었다고 하니까요. 게다가 교실에 갇혀서 가르치는 답답한 수업이 아니라 자연 속에서 배우는 방식으로 제자를 이끌었다고 합니다. 길에서 마주친 작은 동·식물을 보고 서식 지역의 기후와 지형을 상상해본다거나 환경을 유추하는 식으로 수업을 했습니다. 그런 훈련을 거치며 알렉산드로스 대왕은 지리적 상상력의 달인이 된 겁니다.

차클 영토를 넓히는 전쟁을 수행할 때 아리스토텔레스에게 배운 지식이 당연히 많은 도움이 됐겠죠?

김 그렇습니다. 알렉산드로스 대왕은 군인들 외에 지리학자·식물학자·측량기사·의사 등 다양한 분야의 전문가들, 나아가 그런 지식을 체계적으로 정리하고 기록하는 사람들까지 데리고 다녔습니다. 단순히 전쟁만 치른 것이 아니라 현지의 지리와 생태를 파악하고 역사적 기록도 남겼던 거죠. 심지어 예술가를 시켜 이국적인 문화와 아름다운 풍경을 그림이나 조각 등 예술작품으로 만들게 했다고 합니다.

차클 단순히 영토 확장이 목적이 아니라 현지의 문화와 지식까지 흡수하겠다는 생각이었군요?

김 맞습니다. 동방 원정을 통해 신세계를 발견하는 과정에서 항상 배우는 자세를 유지했죠. 새로운 지식을 얻게 되면 잘 정리하고 체계적으로 축적한 다음 어디로 나아가야 할지를 끊임없이 연구한 거예요. 개척자

마인드로 지리적 탐구를 지속하는 것이 낯선 곳에서 최소한의 무기와 병력을 가지고도 큰 승리를 거둘 수 있는 유일한 길이라고 판단했던 것 같아요. 또한 전투 전략과 행군 경로를 섬세하게 기획한 것도 성공적인 동방 원정의 비결이 아닐까 싶습니다.

차클 알렉산드로스 대왕의 동방 원정이 어떤 경로로 이뤄졌는지 궁금합니다.

김 동방 원정 경로를 보면 마케도니아에서 출발해 그 길이가 2만 7000 킬로미터에 달합니다. 10여 년에 걸친 전쟁과 원정으로 당시 알려진 세계를 거의 다 장악할 수 있었는데요. 특별한 점은 전쟁 물자를 현지에서 조달하는 방식을 취했다는 겁니다. 원정 초기 이집트를 우선 공략한 것은 전쟁 물자를 공급받기 위해서였죠. 나일강 유역에는 비옥한 삼각주가 발달해 풍부한 식량 확보에 유리했습니다. 특히 이집트의 알렉산드리아는 무역이 발달한 항구도시라 전 세계에서 온 다양한 물자들을 얻기 좋았죠.

차클 단순하게 싸움을 잘하는 정복자가 아니라 지형과 지리를 파악하는 정보전에 능한 지략가였다는 말이군요?

김 그렇습니다. 그리스 북부의 마케도니아라는 변방의 작은 나라에서 태어나 에게해 연안을 정복하고 서쪽으로는 이집트, 동쪽으로는 중앙아시아, 인도에 이르는 광대한 제국을 세운 비결이죠. 전쟁에서 이기려면 현지의 정확한 지리 정보가 담긴 최신 지도를 확보하는 게 중요해요. 그래서 과거에는 지도를 읽고 그리는 법을 통치자나 장군들만 배울 수 있었어요. 만약 일반인, 특히 적군에게 작전 지도가 넘어가면 그건 정말 큰일이잖아요. 지도를 몰래 반출하면 반역 행위나 마찬가지로 취급했어요.

차쿨   우리나라 군대에서 작전 상황을 보여주는 지도를 인가 받은 군인들만 공유하는 것도 같은 이유겠군요?

김   네. 그만큼 지도가 중요합니다. 국가를 통치하는 데 기본 자료가 되기도 하고, 다른 나라에 갔을 때는 그 나라의 상황을 순식간에 파악하는 데 유용한 도구이기도 하죠. 전쟁을 치르거나 국제적 협상을 하는 과정에서 지도가 국가의 운명을 결정하기도 합니다.

차쿨   혹시 알렉산드로스 대왕 당시에 사용했던 지도가 남아 있나요?

김   네. 알렉산드로스 대왕의 동방 원정으로 많은 지리 정보들이 축적됐습니다. 그가 입수한 최신 정보들은 당시 학문이 화려하게 꽃피고 지적 수도로 불렸던 이집트의 알렉산드리아로 보내졌어요. 이 알렉산드리아에서 기원후 150년경 수학과 천문학에 능통했던 지리학의 아버지 프톨레마이오스가 지도를 제작합니다. 그가 그린 지도는 오늘날의 지도와 비교해도 크게 형태가 다르지 않을 만큼 정확한 지리 정보를 담

프톨레마이오스 세계 지도(150년경)

고 있습니다.

차클 프톨레마이오스의 지도가 정확하다고 하셨는데 주변에 신화적인 이
미지가 그려져 있잖아요. 바다를 향해 입김을 불고 있는 것 같은 사람
들의 의미는 무엇인가요? 실제 해풍을 묘사한 것인가요?

김 약간의 상상이 더해진 거예요. 고대 그리스인의 삶은 신화와 떼려야
뗄 수 없을 만큼 밀접하게 관련되어 있었죠. 그래서 자연에서 일어나
는 모든 현상을 신과 연결시켰던 거예요. 이 지도에 그려진 이미지도
바람의 신이 입김을 불어 육지가 떠 있는 거라고 상상했던 당시 사람
들의 세계관이 반영된 겁니다. 이처럼 지도에는 당시 사람들이 세상을
바라보는 관점이 담겨 있습니다.

차클 흥미롭네요. 프톨레마이오스의 지도 이후에는 어떤 지도들이 등장했
나요?

김 중세 시대로 넘어오면서 안타까운 일이 발생합니다. 중세에는 종교가

T-O지도(7세기경)

사회 모든 영역을 지배했죠. 그래서 성서를 바탕으로 만든 T-O지도 라는 것이 등장해요. 마파 문디(Mappa mundi)라고 불리는데 '마파'는 천, '문디'는 세상을 의미해요. '세상을 담은 천', '세상의 지도'를 뜻하는 매우 단순한 지도인데요. 오로지 신께 의지하고 신앙생활 잘하면 천국 에 갈 수 있을 거라는 믿음을 엿볼 수 있어요. 이런 지도를 무비판적으 로 받아들였던 중세 유럽인들은 앞서 프톨레마이오스의 지도를 사용 했던 사람들에 비해 지리적 상상력이 그만큼 후퇴했던 겁니다.

차클 중세 시대가 왜 암흑기라고 불렸는지 알겠네요. 신앙에만 매달리고 현 실을 직시하지 못했던 당시의 분위기가 지도에도 영향을 미친 거네요.

김 네. 현실로 향하는 문을 닫고 신에게 맹목적으로 의존했던 유럽은 활 력을 잃고 변방으로 전락했죠. 그냥 자신이 속한 작은 세계에 안주하 려는 보수적인 사람들이 많아지면 결국 그 나라의 국운은 쇠퇴할 수 밖에 없어요. 한 나라의 지리 교과서, 특히 지도를 보면 그 나라의 미 래가 보인다고 했잖아요. 그런데 중세 유럽에서 유행했던 세계 지도를 보면 아시아·아프리카·유럽이라는 대륙 이름만 적혀 있는 한심한 수 준이죠. 경직된 신념 체계에 갇혀 있던 중세 시대 유럽인들은 그만큼 지리적 문해력이 매우 낮았습니다.

차클 그래도 당시에 모든 사람들이 그렇게 생각하지는 않았겠죠? 오히려 세상을 향해 눈을 돌린 사람들은 없었나요?

김 네. 바로 그런 사람들이 있었습니다. 세계를 정복했던 알렉산드로스 대 왕에 이어 두 번째로 소개할 주인공인데요. 지리적 상상력이 풍부했던 이슬람 세력이에요. 중세 유럽이 침체기에 빠져 있었던 시기 무슬림들은 알라를 위해 지도를 뒤집을 정도로 지리적 상상력이 풍부했습니다.

차클 신을 위해 세상을 뒤집었다니, 어떻게요?

김 이슬람 제국의 초창기로 거슬러 올라가면 쉽게 이해할 수 있을 겁니다. 610년경, 이슬람을 창시한 예언자였던 마호메트는 무역 상인으로 활동하며 지리의 힘을 잘 알았던 것 같습니다. 그의 후계자들은 지도를 펼치고 무역과 정복 활동을 통해 이베리아 반도, 북아프리카, 인도 서부를 잇는 네트워크를 계속 확장해 나갔습니다. 이슬람 제국의 통치자들이 영토를 적극적으로 넓혀 나간 것은 그들이 살고 있던 환경이 매우 척박했기 때문이에요. 물을 구하기 힘든 건조한 사막에서 주로 생활하다 보니 식량과 물자가 늘 부족했던 겁니다. 비옥한 농토가 없으니 먹고살려면 이웃 국가를 침략해 식량을 빼앗거나 중개 무역을 통해 부를 창출할 수밖에 없었겠죠. 메카가 있는 중동 지역은 인도양과 지중해를 잇는 중개 무역의 중심지이기도 했습니다.

차클 늘 무역과 여행을 중시했던 무슬림들은 주변 지형이나 정세를 잘 알 수밖에 없었겠네요.

김 그렇습니다. 사막에서 생존하려면 지리적 감각이 필수였고요. 무슬림들은 그들만의 특별한 강점이 있었죠. 무슬림이라면 매일 5번 정해진 시간에 메카를 향해 기도를 드려야 합니다. 세계 어디를 가든 메카가 있는 방향을 찾아서 기도하다 보니 지리적 감각이 자연스럽게 좋아질 수밖에 없는 거예요. 그래서 우스갯소리로 이슬람교도 중에는 방향치가 없다는 말도 있어요.

차클 메카라는 종교적 상징물이 지리적 정보를 습득하는 데 도움을 준다는 게 정말 흥미롭습니다.

김 나아가 이슬람 신자들에게 메카 성지 순례는 중요한 의무입니다. 무슬

알 이드리시의 세계 지도(1154년)

림들은 죽기 전, 일생에 반드시 한 번은 메카에 다녀와야 한다고 생각
해요. 지금이야 비행기를 타거나 배를 타고 쉽게 세계 여행을 할 수 있
지만, 과거에는 성지 순례를 하려면 미리 저축을 하고 지리 정보를 수
집하는 등 오랜 준비를 거쳐야만 했어요. 이슬람 교리가 지리적 사고
를 훈련하고 상상력을 기르는 데 도움이 된 거죠.

차클 그럼 이슬람 제국에서도 지도가 많이 발달했겠네요?

김 네. 1154년에 알 이드리시라는 지리학자가 제작한 세계 지도가 대표
적입니다. 1장의 세계 지도와 70장의 지역 세부도로 구성돼 있어요.
15년간 전 세계 각지를 답사하고 화가·지리학자·천문학자를 통해 수
집한 자료를 토대로 만든 아주 정확한 지도입니다. 그런데 아까 제가
이슬람 제국이 세계를 뒤집었다고 했었죠? 알 이드리시가 그린 지도
가 그와 관련이 있습니다.

차클 알 이드리시의 지도가 세계를 뒤집은 것과 관련이 있다…. 혹시 말 그

대로 지도의 위아래를 거꾸로 뒤집었다는 것인가요?

김 네. 맞습니다. 알 이드리시의 지도는 위쪽에 이슬람의 성지인 메카와 메디나가 있고, 아래쪽에 유럽이 있습니다. 그들은 메카와 메디나가 지도 아래쪽에 처져 있는 것을 불경하게 여겼기 때문에 위아래를 뒤집은 것입니다. 따라서 거꾸로 보아야 우리에게 익숙한 지도의 모습이 되는 거죠.

차클 알 이드리시의 지도에도 당시 사람들의 세계관이 담겨 있네요.

김 그렇죠. 또 한 가지 놀라운 사실은 알 이드리시의 지도에서 동쪽 끝을 살펴보면 우리에게 익숙한 지명이 등장합니다. 바로 신라예요. 옛 이슬람 제국이 기록한 지도에 신라가 등장하고 있는 것이죠. 물론 당시에는 동양에 대한 지리 정보가 정확하지 않았기에 신라가 섬나라로 표기돼 있긴 합니다. 중국 바다 너머에 있는 황금의 땅으로 묘사돼 있어요.

차클 그렇다면 10세기 이전에 이미 이슬람 제국에서는 신라의 존재를 알고

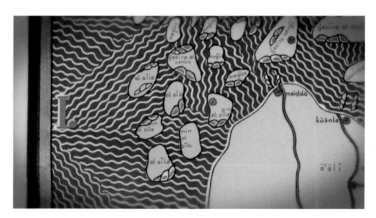

신라가 표기된 알 이드리시의 세계 지도 중 일부(1154년)

142

있었다는 것이네요?

김   네. 알고 있었습니다. 사실 8세기 때 장보고가 이미 동아시아 해상 무역을 장악했었죠. 9세기에 접어들어서는 이슬람 국가 상인들이 한반도로 직접 와서 장사를 하기도 했는데요. 여러분들이 잘 알고 있는 〈처용가〉의 처용이 무슬림이었다는 학설도 있습니다.

차클   신라까지 알고 있었다니 당시 무슬림들은 정말 전 세계의 지리 정보에 정통했던 거네요.

김   네. 전 세계가 메카를 향하도록 세계 지도를 만들었고, 그런 지리적 상상력 덕분에 이슬람이 전 세계로 퍼져나갈 수 있었을 것으로 봐요. 반면 유럽은 새로운 세계에 대한 호기심을 막고 교회 내부로만 모든 시선이 향하도록 하다 보니 점점 쇠락의 길로 빠져들 수밖에 없었던 겁니다. 그만큼 지리적 상상의 힘은 강력하다고 할 수 있어요.

지금 우리는 어떤 지도를 보고 있나

"제임스 쿡의 지도는 영국 입장에서는 대영제국 건설의 기초가
되었지만 한편으로는 식민지 침략을 본격화하는 계기가 되기도
했다는 얘기죠. 그래서 최근에 호주나 뉴질랜드를 중심으로 영
국에 빼앗긴 고유의 이름, 즉 본래 지명을 되찾자는 운동도 펼
쳐지고 있습니다."

• • •

차클 지리적 상상력이 풍부했던 세 번째 나라, 영국에 대해서도 알려주세요.

김 네. 마지막으로 대영제국의 기틀을 마련했던 엘리자베스 1세에 대해
알아보겠습니다. 19~20세기 영국은 '해가 지지 않는 나라'라고도 불
렸죠. 당시 지도를 가지고 세계를 제패했는데 영국의 수도 런던은 지
리 교육의 중심지이기도 했습니다. 그럼 엘리자베스 1세의 대표적 초
상화들을 살펴보면서 이야기를 시작하도록 하죠. 특별히 눈에 띄는 걸
발견하셨나요?

차클 여왕이 지구본을 쥐고 있거나 세계 지도가 그려진 카펫 위에 서 있는
모습이 인상적입니다. 전 세계로 영토를 넓힌 대영제국을 상징하는 거
겠죠?

김   맞습니다. 사실 엘리자베스 1세 여왕 이전 영국은 정말 별 볼 일 없는 변방의 섬나라에 불과했습니다. 그런데 대영제국의 기초를 닦은 게 바로 엘리자베스 1세 여왕이에요. 그런 만큼 그의 초상화엔 제국을 상징하는 여러 상징이 숨어 있습니다.

차클   초상화에 숨어 있는 대영제국의 상징이라니, 궁금하네요. 하나씩 설명해주세요.

김   먼저 엘리자베스 1세의 즉위 30주년을 기념해 그려진 초상화엔 지구본이 전면에 자리 잡고 있습니다. 그리고 여왕의 뒤쪽 배경에 두 개의 배 그림이 보입니다. 하나는 해적 드레이크가 이끄는 영국 함대의 모습입니다. 스페인 무적함대를 무찔러 동방으로 가는 길을 확보하라는 밀명을 받았었죠. 그리고 다른 하나는 그 함대가 스페인 무적함대를 무찌르는 장면입니다. 그 같은 역사적 승전을 기념해 이제부터 세계를 제패하는 여왕이 되겠다는 야망을 보여주는 초상화라고 할 수 있습니다.

스페인 무적함대를 무찌른 기념으로 그려진 엘리자베스 1세의 초상화(1588년경)

영국의 지도 위에 서 있는 엘리자베스 1세의 초상화(1592년경)

차클   또 다른 초상화에는 어떤 의미가 숨어 있나요?

김   엘리자베스 1세가 지도를 밟고 있는 초상화는 그녀가 59세, 대략 환갑 직전에 그려진 그림입니다. 지구 꼭대기에 놓인 영국과 그 위에 올라 선 여왕을 상징하는 것이죠.

차클   그렇군요. 영국에선 세계 지도도 많이 편찬했겠죠?

김   네. 엘리자베스 1세 여왕의 꿈을 현실로 만들어준 인물, 바로 제임스 쿡이 그 중심에 있습니다. 영국에서는 쿡 선장, 캡틴 쿡이라고 불리는 그는 원래 가난한 농부의 아들로 태어났어요. 아버지가 일찍 돌아가시 는 바람에 석탄 운반선 회사에 취직해 견습공으로 일했는데 그때 지 도 제작법을 독학했습니다. 지도 보는 법을 스스로 익히고 나중에는 지도까지 그린 지리 영재였던 거죠.

차클   독학으로 지도를 읽고 그리는 법을 배웠다니 놀랍네요.

김   제임스 쿡이 지도를 통해 세운 업적은 더욱 놀랍습니다. 그는 18세기

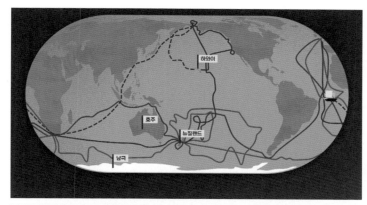

영국은 세 차례에 걸친 항해를 통해 현재의 호주와 뉴질랜드를 포함해
남극 대륙까지 그려 넣은 세계 지도를 완성함. 제임스 쿡의 항해 경로(위), 제임스 쿡의
항해 경로가 그려진 세계 지도(1784년, 아래)

에 프랑스와 영국이 캐나다에서 7년 전쟁을 벌일 때 해안선 측량을 통해 정확한 지도를 만들었습니다. 그 결과 영국이 프랑스를 무찌르는데 혁혁한 공을 세워 전쟁 영웅이 되죠. 이후 영국 왕실에서는 제임스 쿡에게 밀명을 내렸어요. 과학 탐사라는 명목으로 남태평양의 어느 섬

에 가서 천체 관측을 하라는 것이었습니다. 하지만 실제로 더 중요한 임무는 남극과 호주, 태평양 연안의 정확한 지도를 그려서 그곳을 영국의 땅으로 선점하기 위한 물밑 작업을 하는 것이었습니다. 지금도 호주나 뉴질랜드에서 영국식 지명을 쓰는 이유도 바로 그때 지도를 만들면서 영국식으로 명명했기 때문이에요. 당시 제임스 쿡이 그린 지도는 1779년 영국의 대항해 시대를 여는 기틀을 마련했습니다. 아마 여러분도 그의 지도가 익숙하게 느껴질 거예요.

차클 현재 쓰고 있는 세계 지도와 거의 비슷한 것 같아요. 당시엔 위성을 통해 지구를 내려다볼 수도 없었는데 이렇게 정확하게 그릴 수 있다니 놀랍네요.

김 측량 기술이 발달해 있었기 때문이에요. 지도는 당대 최신 과학 기술의 집약체라고 할 수 있습니다. 수학과 과학을 비롯해 종합적인 지식이 필요한 분야죠. 영국은 세 차례에 걸친 항해를 통해 현재의 호주와 뉴질랜드를 포함해 남극 대륙까지 그려 넣은 세계 지도를 완성할 수 있었습니다. 하지만 영국의 지리학이 이처럼 발전한 것을 마냥 좋게 볼 수만은 없어요.

차클 침략의 도구로 활용했기 때문에 그런가요?

김 네. 제임스 쿡의 지도는 영국 입장에서는 대영제국 건설의 기초가 되었지만 한편으로는 식민지 침략을 본격화하는 계기가 되기도 했다는 얘기죠. 그래서 최근에 호주나 뉴질랜드를 중심으로 영국에 빼앗긴 고유의 이름, 즉 본래 지명을 되찾자는 운동도 펼쳐지고 있습니다.

차클 우리도 식민 지배의 역사를 겪어서 그런지 그들의 이름 되찾기 운동에 공감이 갑니다. 동시에 지리학을 중요시함으로써 나라의 운명을 바꿈 영국의 사례에서도 많은 것을 배우게 되네요.

김 영국은 섬나라잖아요. 해외로 진출하려면 반드시 배를 타고 바다를 건너야 합니다. 19세기에 해외로 나가는 열풍이 불었던 영국에선 집집마다 부모들이 아이들에게 자장가처럼 지리와 관련된 동화책(nursery geography)을 읽어줬다고 해요. 예를 들어 '자메이카에 가면 사탕수수 농장이 있는데 네가 거기에 가서 그곳 사람들과 잘 지내면서 설탕을 생산해 영국으로 수출하면 돈을 많이 벌 수 있단다' 같은 식으로요. 또는 '아시아의 인도라는 나라에 가면 특별한 직물이 있는데 그걸 거래하면 굉장히 큰돈을 벌 수 있단다'라고 한 거죠. 밤마다 부모들이 아이들에게 세계 곳곳의 이야기를 들려주면서 지리적 상상력을 자극했던 거예요.

차클 정말 실용적인 지리 교육이었네요.

김 그렇죠. 프톨레마이오스는 지리학과 지리학자에 대해서 이렇게 말했다고 해요. '다른 사람들은 지역에 대한 모든 정보를 다 수집한 뒤에야 그 지역을 이해하겠지만 지리학자는 아주 작은 단서, 아주 작은 부분을 가지고 전체를 이해하는 능력을 가진 사람이며, 바로 그런 학문이 지리학'이라고요. 작은 돌멩이 하나에도 그 지역을 알 수 있는 단서가 들어 있다는 뜻입니다.

차클 영국이 지리학 교육에 열심이었던 걸 보여주는 또 다른 사례가 있을까요?

김 지리학을 공부하려면 세계 곳곳에 관한 지식을 담은 책을 읽는 것도 중요하지만 다양한 지역의 문화와 자연 환경을 직접 체험하는 것도 필요해요. 실제로 영국 상류층 사이에서 그런 움직임이 있었어요. 자녀를 대학에 보내는 대신, 좋은 가정교사와 함께 프랑스·이탈리아 등 유럽 본토의 선진 문명을 견학하고 오게 하는 이른바 '그랜드 투어'가 유행했습니다.

차클　지난 번에 배웠어요. 유럽 여행을 다니면서 견문도 넓히고 다양한 사람들을 만나면서 서로 교류했죠. 하지만 역시 상류층에 한정된 교육이었겠죠?

김　네. 부유한 가문 출신만이 그랜드 투어를 다녀올 수 있었습니다. 영국에서는 상류층일수록 지리학을 배워 해외 시장을 개척하고 새로운 경험에 도전하는 문화를 장려해왔어요. 왕실에서도 마찬가지입니다. 윌리엄 왕세손도 세인트 앤드루스 대학에서 지리학을 전공해 '지리가 통치자의 학문'이라는 것을 입증했고, 해리 왕세손도 아프리카를 비롯해 세계 각지를 여행하며 다양한 경험을 했죠. 지금도 영국의 지도층에서는 고생스러운 여행을 장려하는 전통이 뿌리 깊습니다. 단, 이러한 교육과 체험이 남성에게만 한정돼 있었다는 점은 아쉽습니다. 어머니가 지리 동화책을 읽어준 대상도 주로 아들들이었고요. 딸들은 지리 교육과 여행의 기회를 누릴 수 없었어요.

차클　통치자가 여왕인데도 여성들에게 지리 교육의 기회가 주어지지 않았단 말인가요?

김　네. 심지어 영국의 해외 진출 전성기였던 빅토리아 여왕 시대에도 여성이 혼자 여행하는 것이 금기시됐습니다. 만약 여자가 여행을 하려면 남편이나 보호자를 따라가야 했으니, 여행 환경이 아주 제한적이었던 거예요.

차클　하지만 늘 그렇듯 개척자 같은 사람은 있기 마련 아닌가요? 사회적 금기를 깨고 해외로 나간 여성들이 있었겠죠?

김   네. 유리 천장을 깨고 여자도 여행할 수 있다는 것을 보여준 사람이 있습니다. 바로 영국의 첫 여성 지리학자 이사벨라 버드 비숍입니다. 그녀는 23세에 처음으로 미국 여행을 시작했고 호주·하와이·일본·말레이시아·중국 등을 여행했어요. 무려 73세까지 세계를 여행했다고 해요.

차클   거의 평생 동안 세계를 여행했던 거네요. 어떻게 당시에 여성으로서 그런 행보를 보일 수 있었던 건가요?

김   비숍이 굉장히 똑똑했다고 해요. 세계 여러 나라에 있는 친척들과 편지를 주고받으면서 오랫동안 지리 정보들을 수집했다고 합니다. 그런데 영국에 머물 때 이상하게 몸이 계속 아팠다고 해요. 의사도 그 원인을 찾지 못했답니다. 수술을 해도 약을 써도 병이 치료되지 않으니까 신선한 공기를 마시고 오라는 처방을 내렸대요. 비숍은 의사의 말을 따라 공기도 좋고 가족들과 행복한 추억이 많았던 스코틀랜드로 여행을 떠나죠.

차클   설마 그런 처방으로 아픈 게 나은 건가요?

김   네. 실제로 집을 떠나 해외를 다녀오고 나면 병이 씻은 듯이 나았다고 합니다. 그런데 당시 빅토리아 시대에는 좋은 집안에서 태어난 똑똑한 여성들 중에 아픈 사람이 유독 많았다는 설이 있어요. 아무튼 아무리 약을 쓰고 치료를 해도 낫지 않으니 의사가 마지막으로 지리적 처방을 내린 거예요. 여행을 떠나면 병이 낫고 영국으로 돌아오면 다시 아프기 시작하니, 의사는 좀 더 먼 곳으로 가보라는 처방을 내려요. 결국 비숍은 영국을 넘어 미국·캐나다까지 다녀옵니다.

차클 집 안에만 갇혀 있다 보니 답답해서 병에 걸린 건가 봐요. 어쨌든 해외 여행을 떠난 비숍은 어떤 경험을 했나요?

김 비숍은 여행지에 대한 감상을 담은 여행기를 썼어요. 1856년에 북아메리카 여행기를 출간했는데 영국에서 여성 독자들로부터 폭발적 반응을 얻어 베스트셀러가 됩니다. 비숍은 이후 세계를 여행하며 계속 여행기를 썼습니다. 중동·말레이반도·일본·중국을 거쳐 심지어 조선

1894년 조선에 도착한 뒤 1897년까지 여행하면서 쓴 《조선과 그 이웃 나라들》이라는 책을 남긴 이사벨라 버드 비숍

에도 왔다고 해요.

차클 비행기도 없던 시절인데, 조선까지 오려면 정말 긴 시간 동안 배로 여행을 해야 했을 것 같아요.

김 네. 그렇습니다. 비숍은 1894년 조선에 도착한 뒤 1897년까지 여행하면서 쓴 《조선과 그 이웃 나라들》이라는 책을 남겼습니다. 그런데 책 안에 수록된 사진을 보면 누가 비숍인지 분간하기가 어려울 겁니다.

차클 혹시 외국 여성이라는 걸 감추려고 위장한 채 여행을 다녔던 건가요?

김 맞습니다. 조선에서도 여자 혼자 여행한다는 자체가 굉장한 스캔들거리였어요. 안전을 위해 몇몇 사람들을 데리고 여행하면서 약간의 변장을 한 것이죠.

차클 비숍이 책에 그린 당시 조선의 모습은 어떠했나요?

김 비숍은 조랑말을 타고 전국 방방곡곡을 답사했는데요. 책에 이런 내용을 남겼어요. "조선 사람들은 지극한 대식가다. 좋은 환경의 사람들은 술을 마시고 많은 양의 과일과 열매, 그리고 식사 사이사이에 과자를 먹는다. 나는 조선 사람들이 한 끼 식사에서 충분한 음식과 3파운드 이상의 고기를 먹는 것을 보았다. … 나는 서울을 알게 된 지 1년이 지나서야 인구 25만 명의 도시인 서울이, 세계의 거대한 수도들 중의 하나로 당당히 간주될 자격이 있음을, 충분히 깨닫게 되었다. … 왕과 왕비는 악수를 하며 다시 만날 수 있기를 바란다고 말했다. … 9개월 뒤 내가 돌아왔을 때 왕비는 무참히 살해당했고 왕은 궁전에 갇혀 죄수나 다름없는 생활을 하고 있었다."

차클 고종과 명성황후도 만났던 거군요. 외교 사절 대접을 받았나 봐요. 혹시 조선으로의 여행은 영국 정부의 후원을 받아서 온 것인가요?

김   네. 그렇습니다. 빅토리아 여왕의 후원을 받았어요. 최신 정보를 담은 지리 서적과 지도 덕분에 영국은 세계를 지배할 수 있었습니다. 제임스 쿡이 왕립학회의 지원으로 세계지도를 완성한 이후에도 영국 왕실은 지리학자들을 양성하고 적극 활용해 세계 여러 나라를 탐험하게 하고 그 지역의 정보를 모아오게 했죠. 국가적 지원과 왕실의 관심 덕분에 비숍은 60대 중반에 조선을 답사하고 학술서까지 낼 수 있었던 겁니다. 또한 비숍의 여행기를 읽은 영국 여성들은 혼자 여행할 용기와 자신감을 얻었습니다. 결국 비숍은 영국 왕립지리학회 최초의 여성 회원으로 인정받았고, 여성도 지리학자가 될 수 있는 길을 열었습니다. 20세기 한국에서 태어난 제가 지리학자가 될 수 있었던 것도 다 비숍 선배님 덕분이 아닐까 싶네요.

우리는 세계를 어떻게 바라봐야 하는가

"얼마든지 우리에게 맞는 지도를 선택하기 좋은 환경입니다. 특히 나의 눈으로 세계를 바라보는 게 중요하니, 타인의 관점에서 벗어나 스스로 나의 세계를 바라보고 만들어가면 좋겠습니다. 이제 지오그래피(geography)를 넘어 연결성의 관점에서 세계를 이해하는 커넥토그래피(connectography) 시대가 왔다고 생각해요."

• • •

차클　비숍이 조선을 찾았을 당시에 과연 조선에서는 세계를 어떻게 바라봤을지 궁금합니다.

김　굉장히 중요한 질문입니다. 그럼 이제 우리 조상들이 만들었던 지도에 대해 한번 알아볼까요? 여러분은 조선의 지도라고 하면 어떤 것부터 떠오르시나요?

차클　대동여지도가 아무래도 가장 먼저 떠오릅니다.

김　그렇죠. 그런데 세계를 깜짝 놀라게 만든 지도가 조선 전기에 이미 만들어졌다는 사실을 알고 계신가요? 1992년 워싱턴의 국립미술관에서 콜럼버스 항해 500주년을 기념한 전시회가 열렸습니다. 당시 세계 각국의 지도가 출품됐는데, 한 장의 지도가 세계 지도학계를 큰 충격에

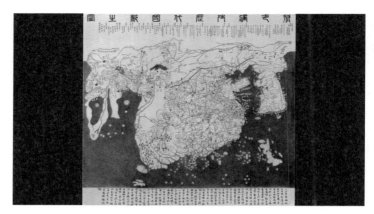

혼일강리역대국도지도(1402년)

빠뜨렸습니다. 바로 태종 2년(1402년)에 만들어진 혼일강리역대국도지 도라는 세계 지도입니다.

차클 　텔레비전이나 역사책에서 본 기억이 어렴풋이 납니다. 조선과 이웃 나 라 중국을 굉장히 크게 그리고 나머지 국가들은 축소해 그린 게 특징 이죠?

김 　네. 그런데 혼일강리역대국도지도가 전 세계를 깜짝 놀라게 한 이유는 바로 아프리카 대륙의 희망봉이 그려져 있기 때문이에요. 미국 국회 도서관에서 펴낸 지도학 책을 보면 "당시 서양 지도는 이 1402년 한 국의 지도에 필적할 만한 것이 없다. 이 지도와 한글은 새로운 한국을 창조하였다"고 기록돼 있어요.

차클 　당시 조선 사람들이 희망봉을 알고 있었다는 사실이 놀랍다는 거겠죠?

김 　그렇죠. 포르투갈의 항해자가 아프리카의 희망봉을 발견한 것이 1488 년입니다. 그런데 혼일강리역대국도지도는 그보다 86년이 앞선 1402

년에 그려졌어요.

차클　어떻게 유럽의 정복자들보다도 조선이 희망봉의 존재를 먼저 알게 됐을까요? 실제로 가본 사람이 있었던 걸까요?

김　실제로 가본 건지 여부는 확실치 않아요. 지금도 학계에서 계속 이 지도와 관련된 연구가 이루어지고 있습니다. 어찌 됐든 희망봉이 그 시기 지도에 그려졌다는 사실 자체가 대단한 건데, 이상하게도 한국 학자들은 그동안 별 관심이 없었던 것 같아요. 그보다는 조선과 중국을 크게 그린 것이 이상하다, 왜곡됐다고 무시하는 경우가 많았죠. 그런데 관점을 조금 바꾸면 동아시아를 확대한 것은 일종의 자신감으로 해석할 수도 있지 않을까요? 영국 여왕이 지구본과 지도를 깔고 초상화를 그렸듯이 태종도 세계 지도를 제작하게 하면서 대국의 야망을 드러낸 것이죠. 이제 조선도 세계 무대에 독립적으로 나서겠다는 선언일 수도 있고요. 당대의 최신 지리 정보를 반영해 지도를 제작하고 자부심을 표현했다는 사실에 주목해야 하지 않을까요?

차클　당시 조선은 어떤 경로로 세계의 지리 정보를 수집할 수 있었나요?

김　한반도의 위치가 좋다 보니 외세의 침략을 많이 받았지만 또한 외국의 문물도 적극 받아들였습니다. 원나라 때 몽골의 최신 지도가 이 땅에 들어왔고, 이슬람의 무역 상인들도 세계 지도를 들여왔어요. 몽골과 교류하던 상류층이 입수한 세계 여러 지역에 대한 정보와 함께 조선의 정체성과 비전을 담은 새로운 세계 지도가 태종 때 만들어진 배경입니다.

차클　몽골과 이슬람과의 교류를 통해 얻은 지리 정보가 조선의 지도에 반영이 됐군요. 그걸 보여주는 특징이 발견되나요?

김 알 이드리시의 지도가 영향을 준 부분들이 있습니다. 혼일강리역대국 도지도를 보면 이슬람식 표현을 한자어로 음차해 표기한 기록이 남아 있어요. 예를 들어 마리석리나라는 지명이 나오는데요. 바르셀로나를 일컫는 표기입니다. 이 외에도 100개의 유럽 지명과 35개의 아프리카 지명이 같은 식으로 표시돼 있어요. 또 알 이드리시의 지도처럼 강과 바다를 초록과 파랑으로 나누어 구분하기도 했습니다.

차를 흥미롭네요. 혼일강리역대국도지도는 어디에 가면 볼 수 있나요?

김 안타깝게도 이 지도는 현재 한국에 없습니다. 원본은 남아 있지 않고 임진왜란 때 사본을 일본에 빼앗긴 것으로 알려져 있습니다. 현재 일 본 류코쿠 대학에 소장돼 있는데요. 이 지도의 비밀을 본격적으로 파 헤친 전문가도 한국인이 아니라 일본의 젊은 여성 학자입니다.

차를 그렇군요. 조선이 이후에 제작한 다른 세계 지도는 없나요?

김 안타깝게도 혼일강리역대국도지도 제작 후 조선 통치자들의 지리적 상상력은 밖으로 뻗어나가는 게 아니라 안으로 움츠러드는 양상을 보 입니다. 세계를 향해 나아가고자 했던 꿈은 온데간데없이 사라지고 조 선 말기로 갈수록 한반도 중심 지도만 주로 제작돼요. 조선 중기 이후 18~19세기에 유행한 천하도는 중국 중심의 세계관을 담은 관념도예 요. 중세 시대에 유럽에서 등장한 T-O지도와 유사하죠. 조선 초기보 다 오히려 퇴보한 것이라고 볼 수 있어요.

차를 지도의 변화에 이후 조선 사회의 쇠퇴가 반영된 것 같아 씁쓸하네요. 그렇다면 요즘 한국에서 사용되는 지도는 어떤가요?

김 지금 우리가 주로 사용하는 지도는 영국식 지도입니다. 특히 제임스 쿡 이후 영국에서 제작된 세계 지도와 아주 유사하죠. 즉 영국이 가장

조선의 천하도와 중세 유럽의 T-O지도

강성했던 19세기에 만든 지도를 21세기에도 쓰고 있는 셈입니다.

차클 학창 시절에 그런 지도로 수업을 받았던 기억이 납니다. 혹시 어떤 문제가 있는 건가요?

김 사실 굉장히 큰 문제를 안고 있습니다. 유럽 중심의 세계관, 특히 영국의 제국주의적 야망이 담겨 있는 지도이기 때문이죠. 세계를 통치하고 싶고, 영국이 세계의 중심이 되고 싶은 욕심이 깃들어 있는 거예요.

차클 지도의 어떤 부분에 그런 영국의 세계관이 반영돼 있나요?

김 영국은 항해에 적합한 메르카토르 도법을 사용해 지도를 제작했어요. 적도를 중심으로 펼치다 보니 적도에서 먼 극지방이 실제보다 훨씬 크게 표현되는 도법이죠. 형태나 면적보다는 바다를 항해할 때 필수적인 정확한 각도를 중요시하는 지도 제작 방식이죠. 영국이 섬나라이니까 바다로 나아가는 데 편리한 지도를 우선 제작한 거예요.

차클 구 형태인 지구를 평면의 지도로 옮기려면 어쩔 수 없이 왜곡이 생긴다고 알고 있습니다. 비단 영국이 제작한 지도만의 문제는 아닐 것 같은데요.

김 지도를 만드는 사람이 어떤 점을 중시하느냐에 따라서 지도는 충분히 바뀔 수 있어요. 그런 점을 고려하면 19세기 영국을 세계의 중심으로 만들고자 했던 제국주의적 야심이 깃든 지도를 굳이 지금까지 쓸 필요는 없지 않을까요? 부지불식간에 우리가 영국의 눈으로 세계를 바라보게 되는 건 큰 문제점이라고 생각합니다.

차클 영국의 지도가 얼마나 왜곡돼 있는지 좀 더 구체적으로 알려주시죠.

김 우선 영국과 한국의 영토를 비교해보도록 하죠. 메르카토르 도법으로 보면 한국이 영국보다 더 작아 보일 거예요. 그런데 사실 한반도는 22만 3477제곱킬로미터이고 영국은 24만 2900제곱킬로미터로 거의 비슷합니다. 실제와 지도상 격차가 훨씬 큰 지역도 살펴보도록 하죠. 다음으로 비교할 곳은 그린란드와 아프리카 대륙인데요. 실제 영토 넓

위와 같이 실제 영국과 한반도의 크기는 비슷하다.

이를 보면 아프리카 대륙은 3037만 제곱킬로미터, 그린란드는 216만 6086제곱킬로미터예요. 그린란드의 크기가 아프리카 대륙의 14분의 1에 불과하죠. 그런데 메르카토르 도법으로 그린 지도에서는 크기가 거의 비슷해 보여요. 이렇게 왜곡된 지도를 통해 우리는 그동안 무비판적으로 세계를 바라보고 있었던 겁니다.

차클 그러고 보니 세계 지도 속 우리나라가 굉장히 작게 표현된 걸 보면서 지레 자신감이 줄어들었던 기억이 떠오르네요. 다른 나라들에 대해서도 지도를 통해 왜곡된 의식을 갖게 될 수 있겠어요.

김 그렇습니다. 태종이 조선을 굉장히 크게 표현한 것도 자신감을 드러내기 위해서였다고 봐요. 그런데 우리 스스로 자신을 실제보다 작게 인식하게 하는 지도를 사용하는 게 과연 합당할까요?

차클 이렇게 왜곡된 지도를 바꾸려는 시도는 없었나요?

김 물론 있습니다. 1973년 독일의 역사학자 아르노 페터스가 반기를 들었습니다. 그는 '실제 면적이 표현된 공정한 지도를 사용하자'고 주장했죠. 그리고 자신의 이름을 딴 페터스 도법을 통해 실제 면적에 가깝게 극지방의 세로 비율을 조정했어요.

차클 페터스 도법으로 그려진 지도에는 왜곡이 없었나요?

김 면적은 정확했는데 아무래도 지리적 전문성이 부족한 역사학자이다 보니 형태가 많이 왜곡됐다는 것이 치명적인 단점입니다. 이후에 내셔널지오그래픽과 미국 지리학회가 주도한 로빈슨 도법의 세계 지도가 널리 퍼졌습니다. 하지만 현재까지 전 세계적인 표준을 세우는 작업은 진행되지 않았고, 국가별로 각기 필요한 지도를 만들어서 사용하고 있습니다.

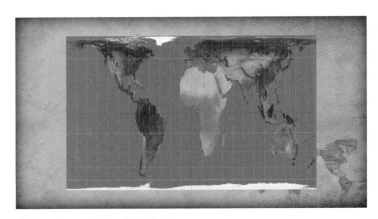

페터스 도법으로 새롭게 그린 세계 지도

차클   아직 적절한 대안이 나오지 않은 거네요. 그럼 우리는 어떻게 대처해야 할까요?

김   우리가 그동안 영국식 지도에 주로 의존해 세계를 바라봤던 게 문제라는 점을 인식할 필요가 있습니다. 나아가 한국 사회 전체가 서구 중심주의에 오염된 지리 정보를 무비판적으로 받아들이고 왜곡된 지도를 사용해온 것에 대해 반성하고 대안을 모색해야 하지 않을까요? 이와 관련해 여러분에게 질문 하나 던져볼게요. 세계는 몇 개의 대륙과 몇 개의 바다로 이루어져 있다고 생각하세요?

차클   5대양 6대주라고 알고 있습니다.

김   그럼 5대양 6대주를 정확하게 나눌 수 있나요?

차클   5대양은 태평양·대서양·인도양·남극해·북극해를 말하고, 6대주는 아시아·아프리카·오세아니아·북아메리카·남아메리카·유럽을 말하는 것 아닌가요?

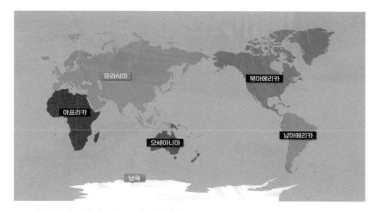

유럽과 아시아를 하나로 보는 대륙 구분법

김   과거에 다들 그렇게 배웠죠. 하지만 그건 낡은 지역 구분법일 수 있습니다. 어떤 나라에서는 유라시아·아프리카·오세아니아·북아메리카·남아메리카·남극으로 구분하죠. 실제로 6대주라는 개념은 유럽 중심적인 사고에서 비롯한 지식입니다. 유럽과 아시아를 나누어 별도의 대륙으로 보는 것은 좀 이상하지 않나요?

차클   유럽과 아시아를 구분하는 게 유럽 중심적인 사고라는 말씀인가요?

김   그렇죠. 대륙의 정의는 큰 땅덩어리이잖아요. 그런데 유럽은 아시아와 구분된 별도의 땅덩어리가 아니에요. 보통 유럽과 아시아를 나누는 기준으로 우랄 산맥을 제시하는데 시베리아 횡단열차를 타고 지나가니 그렇게 높고 험준한 산맥이 아니었어요. 평균 높이가 900~1200미터 정도였습니다. 우랄 산맥이 대륙을 나눌 만한 기준이 될지 의문이 들더라고요. 반면 중국 톈산 산맥의 평균 고도는 5000미터에 달하니 확실한 경계가 되죠.

차클 유럽과 아시아를 구분하는 것 자체가 문제라는 건가요?

김 유럽은 지역일 뿐 대륙이 아니라는 게 핵심입니다. 유럽이 대륙이라는 주장은 영국과 유럽이 만든 환상일 수도 있는데요, 미국 지리학자 마틴 루이스는 "유럽이 대륙이라는 신화"를 비판하는 책까지 썼습니다. 서구중심주의에서 벗어나려면 '유럽 대륙'이라는 오래된 편견부터 깨뜨려야 하지 않을까요?

차클 그동안 우리에게 문제의식이 부족했었던 것 같네요.

김 이제 인터넷, 특히 구글을 통해 다양한 디지털 지도를 접할 수 있게 되었으니, 얼마든지 우리에게 맞는 지도를 선택하기 좋은 환경입니다. 급변하는 세계에서 생존하고 성공을 거두려면 타인의 관점에서 벗어나 나에게 맞는 지도를 만드는 과정이 필수입니다. 이제 국경에 갇힌 지오그래피(geography)를 넘어 연결성의 관점에서 세계를 입체적으로 조망하는 커넥토그래피(connectography) 사고도 중요해졌어요.

차클 커넥토그래피란 정확히 어떤 의미인가요?

김 과거에 우리는 평면적인 지도에 갇혀 있었죠. 하지만 이제는 물리적인 땅덩어리보다 얼마나 많은 사람, 지역과 연결돼 있는지가 중요한 시대라는 의미입니다.

차클 커넥토그래피 시대엔 어떤 나라가 경쟁력을 발휘할까요?

김 우리나라 같은 IT 강국이 유리할 수 있습니다. 흥미로운 건 커넥토그래피 시대에 '세계의 제국'이라 불리며 떠오르는 나라는 바로 페이스북입니다. 2021년 기준 페이스북 사용 인구가 세계 인구의 44퍼센트인 35억 명에 달한다고 하니 엄청난 힘을 가진 나라죠. 20억 명이 훌쩍 넘는 사용자를 거느린 유튜브 역시 신흥 강국일 수 있습니다. 이처럼 국경에 갇힌 경직된 사고에서 벗어나 지리적 상상력을 발휘하게 되면, 얼마나 다양한 나라와 관계를 맺고 있는지, 얼마나 연결성이 높은지가 더 중요해지는 겁니다.

차클 더 많은 관계를 맺고 더 많은 사람들로부터 인기를 얻을수록 힘을 가지게 되겠군요?

김 그렇습니다. 커넥토그래피 시대에는 개인도 얼마든지 힘을 기를 수 있어요. 유튜브를 활용하는 데 높은 수준의 기술이 필요한 것은 아니잖아요. 유튜브가 전 세계로 확장되며 사용자들이 많아졌다는 점이 중요하죠. 플랫폼 경제에서는 더 많은 친구를 가질수록 더 높은 경쟁력을 갖게 되는 거예요. 21세기에는 경직된 틀에서 벗어나 커넥토그래피 관점에서 세계 지도를 읽어야 새롭게 열리는 기회를 잡을 수 있습니다.

차클 그런 관점에서 앞으로 우리가 주목해야 할 나라들은 어디일까요?

김 아시아가 굉장히 넓다는 건 알고 계실 겁니다. 세계 인구의 60퍼센트 이상이 살고 있는데, 그중에서도 주목해야 할 몇몇 나라들을 알려드리고 싶어요. 먼저 커넥토그래피 강국이자 세계에서 4차 산업혁명에 가장 빠르게 적응하고 있는 나라, 바로 싱가포르예요. 인구는 586만 명밖에 되지 않지만, 국민소득은 6만 달러에 달합니다. 또한 인도양과 남중국해가 만나는 요충지에 입지한 세계 3대 오일 허브예요. 한·중·일 3국의 석유 수입 경로이면서 세계 2위의 컨테이너 환적지이기도 하고, 관광산업도 발달했죠. 그다음으로 소개하고 싶은 나라는 베트남입니다. 평균 연령이 28세라 젊은 나라이고요. 한계에 부딪힌 중국을 대체할 저력 있는 나라로 떠오르고 있어요.

차클 싱가포르와 베트남은 세계적으로도 이미 많은 주목을 받고 있죠. 추천

해주실 또 다른 나라가 있을까요?

김 마지막으로 인도네시아를 주목하시기 바랍니다. 인도네시아는 인구가 2억 7000만 명에 달해요. 세계 4위의 인구 대국인데 우리나라 사람들에게 많이 알려져 있지 않아요. 인도네시아는 세계에서 무슬림 인구가 가장 많은 나라인데요, 이슬람 문화권 중에서도 가장 개방적인 사회가 아닐까 싶습니다. 특히 인도네시아 무슬림 여성들은 서구 페미니스트들도 부러워할 만한 양성평등 문화를 일구어 왔죠.

차클 인도네시아가 여성들에게 개방적인 문화를 허용하게 된 이유가 있을까요?

김 인도네시아, 특히 수마트라 섬은 모계 사회 전통이 강합니다. 그래서 적극적으로 경제 활동을 하는 여성을 쉽게 볼 수 있어요. 무슬림 여성들을 억압하는 상징으로 인식되기도 하는 히잡을 써도 되고 안 써도 됩니다. 19세기 빅토리아 시대의 영국 여성들보다 오히려 더 높은 수준의 자유와 권리를 누리고 있는 셈인데요. 실제로 인도네시아에서는 여성들이 진출하지 못하는 분야가 거의 없고, 패션·출판·문화예술 등 다양한 분야에서 여성들의 활약이 눈부십니다.

차클 앞으로 우리나라의 기업들도 인도네시아를 눈여겨보고 많이 진출해야 할 것 같은데요?

김 단순히 인도네시아 시장뿐 아니라 주변 국가인 말레이시아, 아세안, 더 나아가 무슬림 세계 전체까지 확장할 수 있을 겁니다. 커넥토그래피의 관점에서 보면 앞으로 뻗어나갈 시장이 무궁무진합니다.

차클 그동안 우리의 지리적 상상력이 얼마나 부족했는지 깨닫게 된 시간이었습니다. 앞으로 세계를 바라보는 시각이 완전히 달라질 것 같아요.

김   지금까지 한국의 지리 교육은 영국의 제국주의적 시각이 담긴 세계
지도를 통해 이뤄져 왔습니다. 어쩌면 한국 학계와 사회는 그동안 영
국이 주입한 왜곡된 지리적 상상력의 식민지였을 수도 있습니다. 정치
적으로 침략을 받지는 않았지만 우리의 정신과 시각과 영혼이 영국의
지배를 받아온 셈이죠. 지금부터라도 우리의 주체적인 관점으로 세계
를 보는 교육을 강화하고 다양한 야외 환경에서의 체험 활동을 장려
하면 좋겠습니다.

Part 2

삶의 지혜를 일깨우는
예술과 문학

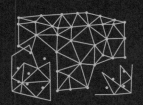

차이나는 클라스

미술 하는 인간이 살아남을 수 있다

양정무

한국예술종합학교 미술원 교수이자 한국미술경영학회 회장. 19대 한국미술사교육학회 회장 역임. 학자로서 활발한 활동을 하고 있으며 인문학의 꽃으로 불리는 미술사를 우리 사회에 알리는 데 관심이 많다. 미술의 발전을 문명적 관점에서 풀어내는 저술로 학계의 주목을 받고 있다.

인류 최초의 미술은 무엇인가

"인류 초기에 미술이 어떤 역할을 했는지를 살펴보면 인류에게
미술은 곧 생존 수단 그 자체였다는 것을 깨닫게 됩니다. '미술
하는 인간이 살아남을 수 있다'로 강연 주제를 정한 것도 같은
맥락입니다. 인간의 역사를 들여다보면 인간에게 정말 중요한
순간에 미술이 함께했다는 걸, 미술이 아주 매력 넘치는 세계라
는 것을 알게 될 겁니다."

• • •

차클   강연 주제가 의미심장하게 느껴집니다. 어떤 의도가 담겨 있나요?

양   미술 하면 굉장히 거창한 예술이라고 생각하는 분들이 많죠. 언론이나
신문에서 접하는 그림들의 가치가 천문학적인 숫자로 매겨지는 것들
을 보면서 자신과는 다른 세계의 일이라고 생각하기 마련이고요. 그런
데 혹시 인류 초기의 역사에도 미술이 존재한다는 것을 알고 계신가
요? 그런 미술들을 보면 전혀 사치의 대상도 아니고 잉여의 유산도 아
닙니다. 오히려 제가 말씀드리고 싶은 부분은 미술이 곧 우리 삶의 본
질이자 우리의 본성이라는 점이에요.

차클   그렇군요. 설마 그림을 잘 못 그리는 사람들은 살아남지 못한다는 얘
기 아니죠?

양 물론 아닙니다. 자, 이렇게 한번 생각해보세요. 우리가 태어나서 글을 먼저 배울까요, 그림을 먼저 배울까요? 당연히 그림이죠. 아마도 그림 그리는 게 재미있어서 어렸을 때 화가의 꿈을 꾼 분들도 꽤 많으실 겁니다. 그런데 중학교, 고등학교에 올라가면서 미술 점수가 생각만큼 나오지 않으면 대부분 자신은 미술과 거리가 멀다고 생각해 좌절하죠. 하지만 우리가 생각하는 것보다 미술을 평가하는 기준은 굉장히 넓고 다양합니다. 그런 관점에서 미술의 세계를 바라본다면 우리가 미술에 대해 편견을 갖고 있다는 것을 알 수 있어요. 하나의 잣대만으로 미술을 평가할 순 없습니다.

차클 미술이 일반인들에게는 진입장벽이 높은 사치스러운 예술이라는 시각도 편견이라고 생각하세요?

양 인류 초기에 미술이 어떤 역할을 했는지를 살펴보면 인류에게 미술은 곧 생존 수단 그 자체였다는 것을 깨닫게 됩니다. '미술 하는 인간이 살아남을 수 있다'로 주제를 정한 것도 같은 맥락입니다. 인간의 역사를 들여다보면 인간에게 정말 중요한 순간에 미술이 함께했다는 걸, 미술이 아주 매력 넘치는 세계라는 것을 알게 될 겁니다.

차클 인류 초기의 미술을 알게 되면 미술에 대한 우리의 시각이 많이 달라질 거란 말씀이죠? 그럼 인류 최초의 미술은 무엇인가요?

양 인류의 역사를 되짚어볼 수 있는 박물관에 갔을 때 가장 먼저 무엇을 보게 되는지 떠올려보세요. 인간이 지구에 발자취를 남긴 것들 중에서 눈에 띄는 대표적인 것이 바로 빗살무늬 토기죠.

차클 빗살무늬 토기가 미술 작품이라곤 생각 못 해봤어요. 생존을 위한 도구로 봐야 하는 것 아닌가요?

손톱 무늬
세모띠 무늬
겹톱니 무늬
문살 무늬
생선뼈 무늬

정교하고 복잡한 무늬로 구성된 빗살무늬 토기

양   국립중앙박물관 등 여러 박물관에 가보면 선사시대 인류가 사용했다
는 빗살무늬 토기가 제일 먼저 우리를 반기죠. 교과서에도 나오고 하
니까 잘 안다고 여기고 눈여겨보지 않는 경우가 많아요. 하지만 빗살
무늬 토기를 자세히 들여다보면 아주 정교하고 복잡한 무늬를 그려났
다는 것을 알 수 있어요.

차클   그 무늬가 바로 초기 인류가 남긴 미술이라는 말씀인가요?

양   네. 토기 겉면에 무늬를 넣은 방식을 살펴보시죠. 우선 토기를 빚고
나서 도구를 이용해 손톱무늬, 세모띠무늬, 겹톱니무늬, 문살무늬, 생
선뼈무늬를 아주 촘촘하게 그려 넣었어요. 각 문양들도 아주 정교합
니다.

차클   빗살무늬 토기는 음식을 끓여 먹기 위한 도구라고 들었는데요. 일상생
활에서 쓰는 도구에 넣은 무늬도 미술 작품이 될 수 있나요?

양   물론입니다. 그러한 토기를 만든 사람의 의도를 상상해보세요. 토기를

만든 사람은 어떻게 문양을 배치해 넣을 것인지 처음부터 계획해서 아주 치밀하게 만들었을 겁니다. 질문 하나 드려보죠. 빗살무늬 토기를 빚어 만드는 데 시간이 오래 걸릴까요, 혹은 토기 위에 무늬를 그려 넣는 데 시간이 더 오래 걸릴까요?

차클 아무래도 무늬를 넣고 장식을 할 때 시간이 오래 걸릴 것 같아요.

양 맞습니다. 아까 말씀하셨듯이 토기의 기능은 그릇이죠. 그릇이라는 기능이 본질이고 장식은 부차적인 것이에요. 그런데 제작하는 과정을 보면 본질적인 것보다 부차적인 장식을 하는 데 오랜 시간을 들였잖아요. 그렇다면 빗살무늬 토기의 무늬는 단순한 무늬 이상의 의미를 가진다고 생각할 수 있죠.

차클 그런데 빗살무늬 토기 외에 무늬가 없는 민무늬 토기도 있잖아요.

양 맞아요. 대개 민무늬 토기가 먼저 등장하고 나중에 빗살무늬를 그려 넣었을 것이라고 생각하기 쉬워요. 그런데 학계에서 토기의 변천사에 대해 연구한 바에 따르면 신석기 초기에는 민무늬 토기가 등장했다가 후기에 빗살무늬 토기가 등장하고 또다시 청동기에 민무늬 토기가 재등장합니다. 문양이 들어갔다가 후대로 오면서 사라진 건 아마도 토기를 사용하는 집단에 어떤 변화가 생겼다는 것을 보여주는 지표가 될 수 있습니다.

차클 그렇군요. 토기에 새겨진 무늬가 인간 사회를 보여주는 지표가 될 수도 있는 거네요.

양 맞습니다. 토기에 들어가 있는 문양들은 최초의 추상미술이자 선사시대를 잘 보여주는 지표와도 같죠. 지금부터 우리는 초기 인류가 왜 그토록 많은 시간을 거기다 쏟아부었는지, 장식이 의미하는 것이 무엇인지 더 살펴볼 겁니다. 빗살무늬 토기는 그들의 경험과 사고방식, 체험을 묶어내는 표현으로서 굉장히 중요하다고 볼 수 있어요.

차클 그럼 다른 선사시대의 유물들도 모두 미술의 표현 방식이라고 볼 수 있을까요?

양 네. 주먹도끼가 대표적인 예입니다. 인간이 최초로 규격화한 도구죠. 그 모양을 보면 정말 우리의 주먹과 닮아 있습니다. 좌우는 대칭으로 이뤄져 있고, 앞쪽은 뾰족하게 날이 서 있죠.

차클 그냥 주변에 떨어져 있는 돌맹이를 주워다 쓴 줄 알았는데 공들여 가공했다는 말씀인가요?

양 그럼요. 제 설명을 조금 더 들어보시면 충분히 미술적 가치가 있다는 데 동의하실 겁니다. 주먹도끼는 인류가 180만 년 전부터 사용한 연장이에요. 그런데 주먹도끼를 조금 자세히 살펴보면 그냥 쉽게 만들어진 게 아니라, 흉내를 내기 어려울 만큼 고난도의 기술이 적용된 작품이라는 것을 알 수 있습니다. 우선 주먹도끼는 정확하게 좌우 대칭으로 이뤄져 있습니다. 특히 모서리를 이루는 양쪽의 날은 실제 자르는 기능을 초과할 정도로 정성을 들여서 세워져 있고요. 왜 이렇게 간단한 도구에 이토록 정성을 쏟았을까요? 이유를 한번 생각해보세요.

차클 도구를 만들던 사람들끼리 경쟁심이 생겨서 그랬던 게 아닐까요? 주먹도끼를 가장 날카롭고 뾰족하게 만들고 싶다는 마음이 들었던 거겠죠.

양 그렇게 해석할 수도 있겠네요. 학계에서도 이와 연관된 흥미로운 해석을 내놓은 적이 있어요. 진화생물학자 머렉 콘이라는 사람이 주장한 건데요. 바로 섹시한 주먹도끼 이론(Sexy Handaxe Theory)입니다.

차클 섹시한 주먹도끼 이론이라…, 도구를 잘 만드는 사람이 성 선택에서 유리한 위치를 차지한다는 것인가요?

양 약간 비슷합니다. 누군가 기술이 뛰어나고 지적으로 우월한 능력을 갖고 있다는 것을 보여주기 위해 만든 지표라고 보는 주장이죠. 콘 교수도 초기 인류가 돌도끼를 통해 자신의 능력을 보여주려 했을 거라고 말했어요. 크기가 30센티미터에서 60센티미터까지 되는 돌도끼들이 발견되는 걸 보면 그럴 법한 이론인 듯합니다.

차클 교수님의 말씀을 듣고 보니 인류가 만든 모든 것들이 미술 작품처럼 보입니다. 그 속에서 새로운 의미들을 찾아낼 수 있을 것 같고요.

양 그렇습니다. 그냥 단순히 하나의 돌덩어리, 하나의 그릇이 아니라 인류의 삶과 세계관, 생각과 지혜가 담겨 있는 일종의 타임캡슐이라고 할 수 있어요. 자, 그럼 지금부터는 누가 보더라도 미술 작품이라고 여길 만한 인류의 유산을 살펴보도록 하죠. 바로 동굴 벽화예요. 벽화를 살펴보게 되면 미술이 인간에게 어떤 의미였고, 어떤 메시지를 담고 있는지를 좀 더 선명하게 알 수 있을 겁니다.

원시인들은 동굴에서 무엇을 했나

"굉장히 깊숙한 곳, 때로 절벽을 타고 가야 하는 위험한 곳에까지 그림이 그려져 있는 것을 보면 단순히 장식의 의미는 아닐 거라고 생각됩니다. 일상적인 용도라기보다 여러 원시인들이 어떤 주술적 행위를 하고 그 결과물로서 이러한 벽화를 남겼다고 보는 것이 일반적인 해석입니다."

• • •

차클   선사시대의 동굴 벽화 얘기를 해주신다니 흥미진진합니다. 구체적으로 어느 벽화 얘기를 해주실 건가요?

양   인류가 남긴 가장 오래된 벽화를 보려면 우선 프랑스로 가야 합니다. 남서부 도르도뉴 지역에 있는 몽티냑이라는 곳에 가면 아주 놀라운 미술 작품을 마주할 수 있습니다. 바로 라스코 동굴(Lascaux Cave) 벽화입니다. 어두운 동굴 속에 무려 1만 7000년 전의 역사가 감춰져 있었던 겁니다.

차클   라스코 동굴 벽화는 어떻게 발견하게 됐나요?

양   1940년 이 마을에 살던 10대 소년들이 강아지를 찾으러 갔다가 동굴을 발견하게 됐습니다. 작은 구멍을 헤치고 들어가 보니 그곳에 동굴

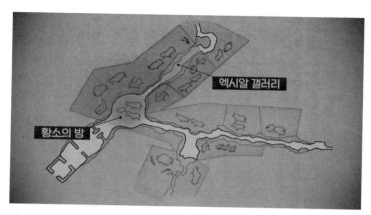

라스코 동굴 단면도

이 있었고 나중에 거기서 벽화도 찾아낸 거죠.

차클 동굴의 크기가 얼마나 크기에 벽화를 그릴 수 있었을까요?

양 동굴의 단면도를 보면 그 길이가 무려 250미터 정도 된다고 합니다. 그리고 길도 여러 갈래로 나뉘어 있고요. 동굴 입구에서 약 30미터 정도 들어가면 큰 방이 나오는데요. 여기에는 황소들이 그려져 있습니다. 그래서 황소의 방이라고 불려요. 그곳에서 조금 더 들어가면 열쇠 구멍처럼 아주 좁아서 사람 한 명이 겨우 들어갈 법한 공간이 나오는데 엑시알 갤러리라고 불려요. 또 오른쪽으로 가면 여러 개의 그림들이 그려져 있는 다른 방들이 이어집니다.

차클 처음에 동굴에서 벽화를 발견했을 때 누군가의 낙서가 아니라 선사시대의 유물인 걸 바로 알아차렸다고 하나요?

양 그 크기가 너무 거대하고 웅장해서 단순한 낙서라고 생각하기는 어려웠을 겁니다. 세계적으로도 가장 유명한 황소의 방에 그려진 벽화를

황소의 방, 라스코 동굴

한번 보시면 납득이 가실 거예요.

차클 벽화 앞에 서 있는 성인이 굉장히 작아 보일 정도네요?

양 그렇죠. 황소의 방에는 압도적인 크기의 벽화에 무려 380여 개의 이미지가 그려져 있습니다. 좀 더 세부적으로 살펴보도록 하죠. 두 마리의 황소가 그려져 있는 벽화가 있는데 스페인 투우의 조상쯤 되는 오록스(Aurochs)예요. 지금은 멸종된 소입니다. 크기가 4~5미터에 달해요.

차클 그림이 아주 정교하게 그려진 것 같아요.

양 아직 놀라긴 이릅니다. 이 벽화들은 일종의 활동사진처럼 그려졌어요. 황소의 아래쪽을 보면 말들이 달리는 모습을 그려놓은 벽화를 만나게 되는데요. 말들의 다리를 자세히 보면 마치 살아서 움직이는 것처럼 생생하게 그려져 있어요.

차클 어떤 방식으로 그림을 그렸기에 이토록 정교하고 사실적으로 표현할 수 있었던 것인가요?

입에 안료를 머금고 흩뿌려 그린 말의 벽화

양   일단 밑그림을 그려 넣은 뒤에 물감을 입속에 머금은 다음 불어서 마치 스프레이처럼 표현한 것이에요. 그렇게 그린 덕분에 말들의 머리가 굉장히 자연스럽게 보이는 거죠.

차클   당시에는 어떤 물감을 썼을까요?

양   초기 인류가 사용한 재료들은 굉장히 원시적입니다. 여러 가지 색깔을 띠는 돌들과 동물 기름, 흙을 이용해 그림을 그렸어요.

차클   그렇게 원시적인 재료로 그린 벽화가 오랜 시간 동안 보존될 수 있었다는 게 너무 신기하네요.

양   제가 이 벽화를 타임캡슐이라고 설명했잖아요. 과거 어느 시점엔가 동굴의 입구가 막힌 뒤 바깥과 차단된 동굴 내부의 온도와 습도에 변화가 일어나지 않게 됐어요. 1만 7000년 동안 아무런 방해도 받지 않고 벽화가 남겨질 수 있는 조건이 갖춰진 것이죠. 그래서 처음 동굴에 들어갔을 때 다시 구석기시대로 돌아간 듯 완벽하게 보존된 그림들을 만날 수 있었던 겁니다.

차클 그런데 동굴 속은 굉장히 어둡잖아요. 그런 환경에서 그림을 그리려면 조명이 있어야 했을 텐데요.

양 맞습니다. 당시 동굴 벽화를 그렸을 때 사용했을 것으로 추측되는 도구들이 발견됐는데 그중에 신기한 유물이 하나 있어요. 바로 돌로 만들어진 램프예요. 동굴에서 그림을 그리려면 조명이 필요하다고 지적하셨는데 만약 횃불을 들고 그림을 그리게 된다면 어떨까요? 횃불에서 나온 그을음 때문에 눈도 맵고 동굴 벽에도 그을음이 묻어서 곤란했을 겁니다. 그래서 이 조그마한 램프에 사슴 기름처럼 불이 붙을 수 있는 연료를 넣고 심지에 불을 붙여 그림을 그릴 때 사용했다고 보고 있습니다. 더 흥미로운 점은 램프에 어떤 표시가 남아 있는데요. 아마도 당시 램프의 소유자가 자신의 소유물임을 나타내기 위해 남긴 것으로 짐작됩니다.

차클 1만 7000년 전이면 동물을 사냥하거나 식량을 구하는 것만 해도 굉장히 힘들었을 텐데 굳이 깜깜한 동굴 속에 들어가서 그림을 그려놓은 이유는 무엇일까요?

양 좋은 질문입니다. 학자들 사이에서도 동굴 벽화를 처음 발견했을 때 다양한 얘기들이 나왔습니다. 동굴에 거주하던 사람들이 장식을 한 것이라는 의견도 있었어요. 그런데 굉장히 깊숙한 곳, 때로 절벽을 타고 가야 하는 위험한 곳에까지 그림이 그려져 있는 것을 보면 단순히 장식의 의미는 아닐 거라고 생각됩니다. 일상적인 용도라기보다 여러 원시인들이 어떤 주술적 행위를 하고 그 결과물로서 이러한 벽화를 남겼다고 보는 것이 일반적인 해석입니다.

차클	벽화에 그린 동물들을 사냥할 수 있게 해달라는 기원의 의미가 담겼을까요?
양	네. 아마도 그런 이유가 컸을 겁니다. 그리고 자신들이 겪었던 환경과 역사를 담은 기록물이라는 해석도 가능합니다.
차클	라스코 동굴은 일반인들도 가볼 수 있는 곳인가요?
양	이곳은 1940년에 발견된 이후 유럽의 인기 관광지가 됐습니다. 정말 많은 사람이 라스코 동굴을 보기 위해 찾아왔어요. 그런데 동굴이 발견되고 관광지로 거듭나면서 많은 사람이 찾게 되자 조금씩 벽화가 훼손되기 시작했습니다. 아무래도 사람들이 내뿜는 이산화탄소의 영향을 받았겠죠. 봉인돼 있던 동굴이 개방되면서 생긴 온도와 습도의 변화에도 영향을 받았을 겁니다. 그래서 1963년 프랑스 정부는 라스코 동굴을 폐쇄하기로 결정합니다.
차클	그럼 이제 일반인들은 라스코 동굴 벽화를 볼 수 없는 건가요?
양	현재로선 그렇습니다. 동굴을 완전히 폐쇄한 뒤 엄격한 허가 절차를 거쳐 하루에 한 명이 약 20~30분 동안 제한적으로 들어가서 관리하고 있다고 해요. 대신에 1983년 라스코2가 공개됐습니다. 라스코 동굴 벽화를 90퍼센트에 가깝게 재현한 모조 작품이라고 할 수 있어요.
차클	박물관에서 진품은 수장고에 보관하고 그 대신 가품을 전시하는 것과 마찬가지군요?
양	그렇습니다. 프랑스 정부가 여러 화가들을 초빙해서 라스코 동굴 벽화를 그린 동일한 재료를 이용해 벽화를 재현했어요. 전체 동굴을 다 재현하진 못하고 핵심적인 부분만 재현해 일반인들이 관람할 수 있도록 했어요. 온도나 습도 같은 환경도 비슷하게 꾸며놓아서 실제 라스코

동굴 속에 들어와 있는 듯한 느낌을 준다고 합니다.

차클 혹시 라스코 동굴 벽화에 비견될 만한 작품이 우리나라에도 있나요?

양 아직까지는 발견된 것이 없습니다. 하지만 프랑스에서 동굴 벽화가 발견될 수 있었던 배경을 보면 우리에게도 희망이 있습니다. 자연 동굴은 석회암 지대에 많이 형성되는데요. 우리나라도 동굴이 굉장히 많은 나라 중 하나이니만큼 언젠가는 한반도에서도 동굴 벽화가 발견될 거라고 기대하고 있습니다. 그리고 동굴 벽화는 아니지만 대단한 선사시대 유적이 하나 있습니다. 바로 1971년에 발견된 울산 반구대 암각화입니다. 태화강 상류 암벽에 새겨진 그림들로 한국의 선사시대를 잘 보여주는 대작이라고 할 수 있습니다.

차클 세계문화유산으로 등재하기 위해 노력 중이라는 소식을 본 적이 있습니다. 울산 반구대 암각화엔 어떤 그림들이 새겨져 있나요?

양 반구대 암각화에는 바다생물 77점, 육지생물 95점이 들어가 있어요. 사람도 11번 등장하죠. 라스코 동굴 벽화에 필적할 만큼 많은 선사시대의 동물과 인간들이 밀도 높게 새겨져 있습니다. 한반도에서 살아간 조상들의 역사가 담겨 있는 흥미진진한 작품이라고 할 수 있습니다.

미술의 조건은 무엇인가

"장소성이란 것은 요즘 현대 미술의 가장 중요한 키워드이기도 합니다. 쉽게 말해 장소의 상태나 특징을 반영해 작품을 완성한다는 의미입니다. 완성된 작품을 어떤 공간에 전시하는 데 그치는 것이 아니라 처음부터 전시 공간과의 연관성을 염두에 두고 제작하는 것을 말해요. 미술을 더욱 매력적으로 만드는 요소이죠."

• • •

차클 빗살무늬 토기나 라스코 동굴 벽화 얘기를 들으면서 미술에 대한 이해가 조금은 깊어진 느낌입니다.

양 다행이네요. 초기 인류의 미술은 현대 미술과도 여러모로 맥이 닿아 있습니다. 동굴 벽화가 현대 미술과 공유하고 있는 여러 특징들을 살펴보면 무엇을 미술이라고 하는지, 미술의 매력이 무엇인지를 파악할 수 있어요. 대표적인 것이 장소성이라는 개념입니다. 영어로는 사이트 스페시픽(site-specific)이라고 해요.

차클 장소성이라니 확 와닿지는 않습니다. 좀 더 설명해주시죠.

양 장소성이란 것은 현대 미술의 가장 중요한 키워드이기도 합니다. 쉽게 말해 장소의 상태나 특징을 반영해 작품을 완성한다는 의미입니다. 완

미국 캘리포니아 로스앤젤레스에 있는 뱅크시의 작품

성된 작품을 어떤 공간에 전시하는 데 그치는 것이 아니라 처음부터 전시 공간과의 연관성을 염두에 두고 제작하는 것을 말해요. 미술을 더욱 매력적으로 만드는 요소이죠.

차클 장소가 작품의 가치를 좌우한다는 의미로 받아들이면 되나요?

양 네. 맞습니다. 장소성을 설명하기 위해 재미있는 그림을 한번 보여드리도록 하겠습니다. 거리의 예술가라 불리는 뱅크시의 작품인데요. 콘크리트 숲으로 싸여 있는 주차장에 파킹(PARKING)이라는 문구가 적혀 있습니다. 그런데, 'ING' 부분을 지워버리면 공원(PARK)이라는 글자가 남으면서 의미가 완전히 달라지죠. 그리고 그 안에 꼬마가 그네를 타고 있는 그림을 그려 넣음으로써 도시라는 삭막한 생활환경에 변화를 준 작품입니다. 이게 바로 장소가 지닌 특징을 작품에 녹인 현대 미술의 장소성을 잘 보여주는 사례입니다.

차클 흥미롭네요. 또 다른 예가 있을까요?

양   네. 한국의 광고기획자 이제석 씨가 만든 광고도 유명합니다. 대기 오염의 심각성을 경고하기 위해 2007년에 만든 작품인데요. 공장의 굴뚝을 권총의 총열처럼 보이도록 권총 이미지를 건물에 그려 넣었어요. 이 작품 또한 장소성을 이용해 광고의 효과를 극대화시키고 있습니다.

차클   말씀을 듣고 보니 라스코 동물 벽화나 반구대 암각화도 장소성을 띠고 있는 작품이라고 할 수 있을 것 같은데요?

양   맞습니다. 라스코 동물 벽화를 다시 한번 살펴보죠. 동굴 속 엑시알 갤러리라는 곳에 그려진 벽화들을 보면 매우 특별한 점을 발견할 수 있습니다. 바로 동굴의 벽면인데요. 울퉁불퉁하고 마치 달의 얼굴처럼 다양한 모습을 갖고 있는 자연 암반이에요. 그런 곳에 그림을 그리게 되면 평평한 도화지에 그리는 것처럼 표현할 순 없습니다. 그래서 동굴 벽화를 그린 우리의 조상들은 자연의 암반을 그대로 이용해 동물들의 움직임을 자연스럽게 표현했습니다. 실제로 벽화를 보게 되면 동

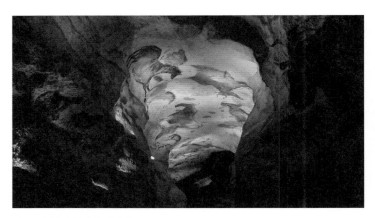

라스코 동굴의 엑시알 갤러리

굴의 벽면 요철을 따라 말이 조그마한 통로로 빨려 들어가는 듯한 생동감과 속도감을 그대로 살리고 있어요. 이렇게 과거의 인류도 현장의 조건에 딱 맞춰서 미술을 구현하는 정말 뛰어난 장소성을 보여준 겁니다.

차클 사진으로 봐도 동물들의 근육이 실제로 살아 움직이는 것처럼 생생해 보여요.

양 자, 그럼 동물들의 생생한 느낌을 좀 더 살펴볼 수 있는 다른 벽화를 소개하도록 하죠. 1879년 스페인에서 발견된 알타미라 동굴에 그려진 들소의 모습입니다. 세계문화유산으로도 등재돼 있어요. 그런데 책에서 사진으로 보는 것과 실제 그 소가 그려진 벽화의 전체 모습을 보는 건 전혀 다른 느낌입니다.

차클 울퉁불퉁한 자연 암반에 소를 그려 넣었기 때문인가요?

양 네. 맞습니다. 튀어나온 암반에 맞춰 소를 하나씩 하나씩 그려놨어요. 2D의 이미지가 아니라 3D의 이미지인 겁니다. 초기 인류는 울퉁불퉁한 암반 위에 자신들이 원하고 꿈꾸던 세계들을 그려 넣었어요. 단순히 기록을 남기는 데 그친 것이 아니라 그 환경에 녹아 들어가는 그림을 그렸다는 점에서 장소성을 극도로 살린 작품이라 할 수 있습니다. 어떻게 보면 이 그림들을 남긴 이들은 현대 미술의 화두인 장소성의 선구자이자 뛰어난 예술가라고 할 수 있습니다.

차클 동굴 벽화와 현대 미술이 장소성으로 이어진다는 게 흥미롭습니다.

양 서로의 관심사와 문제의식은 좀 다르겠지만 주변 환경을 이용해 자신들의 작품을 드러내고 있다는 점에서 원시 작가와 현대 작가는 교감하는 바가 크다고 생각합니다. 장소성을 통해 서로 교감하고 있는 것이죠.

두 마리의 유럽 들소, 라스코 동굴의 네이브

차클 그렇다면 장소성 외에 동굴 벽화가 보여주는 미술의 또 다른 특징은 무엇인가요?

양 원시 미술의 또 다른 매력으로 아주 정밀한 묘사를 들 수 있습니다. 라스코 동굴 벽화를 다시 한번 살펴보도록 하죠. 두 마리의 유럽 들소가 그려져 있는데요. 두 소가 엉덩이를 맞대고 있어요. 그런데 자세히 보면 소가 앞으로 걸어 나오는 장면에서 두 소의 뒷다리가 겹치게 표현돼 있는 것을 발견할 수 있을 겁니다.

차클 원근법을 표현하고 있는 것이군요? 그런데 이때보다 훨씬 후대인 중세 시대에도 원근법이라는 표현 방식을 몰라서 평면적으로 그림을 그리지 않았나요?

양 네. 맞습니다. 1400년대에 들어서야 겨우 등장하는 원근법을 1만 7000년 전에 살았던 원시인들이 알고 그림의 깊이감을 표현했던 거예요. 라스코 동굴 벽화의 곳곳에서 이처럼 정교한 묘사를 발견할 수

라스코 동굴의 네이브에 그려진 사슴 떼 벽화도 암반의 형태를 활용해 물을 건너는 사슴의 모습을 구현했다.

있습니다. 라스코 동굴의 중심부에 있는 사슴 떼 그림을 보면 더욱 놀랄 만한 정밀한 묘사를 볼 수 있습니다. 사슴들이 강을 건너고 있는 장면이에요. 그런데 바위의 틈새를 이용해서 사슴이 실제로 강을 건너고 있는 것처럼 그려 넣었어요. 놀라운 표현력을 확인할 수 있습니다.

차클 선사시대에 그토록 세밀한 그림이 그려졌다고 하니 정말 놀랍네요.

양 그렇습니다. 장소성과 정밀한 묘사가 어우러진 건데요. 바위의 틈새를 이용해 바다의 물결을 표현하고 그 사이로 사슴을 그렸다는 건 현대 미술을 뛰어넘는 수준의 작품이라 할 수 있습니다. 초기 인류가 보여준 창의성에 감복할 수밖에 없는 상황인 거죠. 과거의 조상들이 수렵 생활을 하면서 우리의 생각 이상으로 동물에 대한 관찰력이 뛰어났을 뿐만 아니라 오랜 시간의 체험을 통해 축적된 기술과 이해도가 굉장했다는 것을 이런 유물들을 통해 알 수 있습니다.

차클 현대 미술가들도 동굴 벽화들의 우수성을 인정하는 분위기인가요?

양 네. 인정을 넘어 많은 영향을 받고 있는 것이 사실입니다. 피카소도 알타미라 동굴에 갔었다고 해요. 그리고 이런 말을 남겼다고 하죠. "인류가 2만 년 동안 나아진 게 별로 없구나"라고요.

차클 그러고 보니 알타미라 동굴 벽화와 피카소의 그림이 정말 비슷한 것 같아요.

양 실제로 동굴 벽화의 영향을 받았습니다. 1945년부터 피카소는 들소 연작을 그렸습니다. 바로 〈황소〉라는 작품인데 자신의 추상화 기법으로 탄생시켰죠.

차클 초기 인류의 작품이 피카소에게까지 영향을 주었다니 놀랍습니다. 그런데 여전히 미술이 인간의 생존을 위해 필요하다는 주제가 완전히 이해되진 않아요.

양 인류의 역사를 보면 호모사피엔스가 등장하면서 네안데르탈인이 사라졌습니다. 네안데르탈인은 인간과 종은 다르지만 거의 비슷한 조건을 갖고 있었습니다. 키는 약간 작지만 인간보다 더 사냥에 능합니다. 타고난 사냥꾼이자 민첩한 지능을 가진 종이었어요. 그런데 호모사피엔스가 그림을 본격적으로 그리기 시작한 비슷한 시기에 네안데르탈인은 멸종하고 말았습니다.

차클 설마 미술을 못해서 네안데르탈인이 멸종했다는 말인가요?

양 네안데르탈인의 멸종에 대해선 다양한 해석이 존재한다는 걸 말씀드리고 싶습니다. 최근에 네안데르탈인이 6만 4800년 전에 그린 것으로 추정되는 그림이 스페인 동굴에서 발견됐는데요. 이들 그림은 우리가 지금까지 본 그림들과는 형태가 좀 다릅니다. 주로 기하학 문양과 동물의 모습을 그리고 있죠.

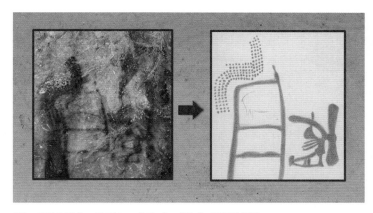

6만 4800년 전에 그린 것으로 추정되는 네안데르탈인의 벽화

차클 단순히 비교하긴 그렇지만, 호모사피엔스의 그림에 비해 네안데르탈
인의 그림은 센스가 부족해 보이긴 하네요.

양 네. 초기 인류에게 그림은 일종의 언어였다고 볼 수 있습니다. 우리가
같은 언어를 쓰게 되면 공동체적 지식과 경험을 공유할 수 있겠죠. 그
림도 마찬가지입니다. 호모사피엔스는 그림을 그림으로써 서로 소통
하고 정보를 교환할 수 있었고, 후대에 자신들의 경험을 전달할 수 있
었다고 봅니다. 아직 문자가 만들어지기 전에 자기가 생각하고 있는
것들을 손으로 표현하고 그것들을 동료와 함께 나눔으로써 지식과
경험들을 다음 세대로까지 연결한 거죠. 그림은 인류 지식 혁명의 첫
단추라 표현할 수 있습니다. 그런 지식 혁명이 연쇄 반응을 일으켜 지
금의 우리를 만들어낸 것이 아닐까요? 그런 의미에서 미술은 인간의
소통 능력을 보여주는 지표이자 인류의 생존 비결이라고 할 수 있습
니다.

인류 문명에서 미술은 어떤 역할을 했나

"이집트인은 그림을 통해 영원한 규칙성을 찾으려고 했습니다.
그러한 규칙성을 회화에 적용하면 인간이 어떠한 변화에도 무관
하게 영속적인 삶을 누릴 수 있을 거라고 생각했던 것 같아요."

• • •

차클 미술이 인류의 생존과 연관돼 있다는 주제에 대해 이제 좀 감이 잡힙
니다.

양 그럼 지금부터는 선사시대를 벗어나 인류가 문명 세계에 발을 디딘
이후 남긴 미술에 대해 살펴보도록 하겠습니다. 고대 문명의 총아라고
할 수 있는 이집트 문명 얘기입니다. 여러분은 이집트 하면 무엇이 떠
오르나요?

차클 끝없이 펼쳐진 사막 위에 우뚝 자리 잡은 스핑크스와 피라미드가 가
장 먼저 떠오릅니다.

양 스핑크스나 피라미드 같은 이집트의 유물들은 이집트인의 세계관, 그
리고 미래에 대한 생각과 철학을 담아내는 도구였다고 말할 수 있습

니다. 그런데 이집트 미술을 이야기하려면 나일강을 이해해야 됩니다. 나일강은 그 자체로 굉장히 신비로운 강입니다. 지구상에서 두 번째로 긴 강이기도 해요.

차클 나일강이 이집트 미술에 어떤 역할을 했다는 것인가요?

양 나일강은 불모지 사막에 생명을 싹틔우는 오아시스와도 같았습니다. 또 우기가 되면 자주 범람을 하곤 했어요. 그런 덕분에 나일강 주변의 땅들은 굉장히 비옥해 주변에 주거지와 경작지가 형성돼 있습니다. 하지만 그 너머로는 사막들이 펼쳐져 있죠. 국토의 95퍼센트 이상이 사막이에요. 이집트인에게 나일강은 삶을 영위할 수 있게 만들어주는 중요한 존재입니다. 따라서 다양한 유물과 미술에도 영향을 미쳤습니다.

차클 나일강과 관련된 대표 유물로 무엇이 있을까요?

양 나일강에 가면 굉장히 흥미로운 측량 도구가 있습니다. 바로 나일강의 수위를 측정해 농사 결과를 예측하는 시스템인 나일로미터(Nilometer)

나일강의 수위를 측정할 수 있는 나일로미터

입니다. 예를 들어 강의 수위가 12칸일 때는 굶주림, 13칸일 때는 괴로움, 14칸일 때는 행복, 16칸일 때는 풍요, 18칸일 때는 재앙으로 표시돼요.

차클 강의 수위만으로 풍작과 흉작, 그로 인한 희로애락을 예측하는 시스템을 만들었다니 놀랍네요. 이집트인의 지혜가 깃든 유물이군요.

양 그렇습니다. 그림도 한 점 소개하죠. 삶과 죽음, 풍요와 불모에 대한 이집트인의 생각이 분명하게 드러나는 센네젬 무덤 속 벽화인데요. 기원전 1300~1200년에 그려졌어요. 부부가 소를 끌고 나일강 주변에서 경작을 하는 모습이 담겼습니다. 남자는 밭을 갈고 있고 그 뒤로 여자가 씨를 뿌리고 있죠. 그 아래로 강 주변에는 야자나무, 대추나무에 열매가 주렁주렁 열려 있어요. 매해 이집트의 불모지로 나일강이 흐르면서 풍요를 가져다준다는 생각을 담고 있는 그림입니다. 고대 이집트인은 나일강을 바라보면서 불모와 풍요가 공존하는 것을 목격했고, 그런

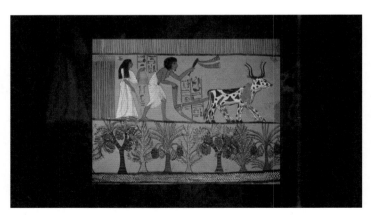

센네젬의 무덤 벽화(기원전 1300~1200년경)

경험들이 쌓이면서 삶과 죽음이 영속적으로 지속될 것이라는 내세관을 갖게 된 것입니다.

차클 이집트에서 사람이 죽었을 때 미라로 만드는 것도 연관이 있는 것인가요?

양 네. 고대 이집트인은 인간의 죽음과 생명에 대해 탐구하면서 자신들이 영원히 살 수 있다는 생각을 갖게 됐습니다. 죽지 않을 수 있다고 생각한 것이죠. 영생을 실현하는 여러 방법도 궁리해서 실행에 옮겼어요. 바로 그 지점에서 미술이 중요한 역할을 했다고 저는 생각합니다. 방금 말씀하신 미라도 같은 맥락이에요.

차클 미라도 어차피 죽은 육신에 불과할 뿐인데 어떻게 영생과 연관을 지었나요?

양 이집트인들은 영원히 살기 위해서는 육체가 보존돼야 한다고 생각했어요. 그것이 바로 미라를 만든 가장 중요한 이유입니다. 시신을 보존하는 기술이 발전하며 의학의 발전도 함께 이뤄졌습니다. 이집트인들은 또한 육체를 보존할 뿐 아니라 망자의 이름을 기억하고 있어야 한다고 생각했어요. 이러한 조건들을 충족시키기 위해 이집트에서는 망자의 업적을 기리는 많은 기념물이 만들어졌죠.

차클 미라로 육체를 보존해도 다시 살아나지 못한다는 건 경험을 통해 알게 되지 않았나요?

양 네. 그래서 대용품을 만들게 돼요. 바로 조각입니다. 망자를 닮은 조각을 만듦으로써 영혼이 미라에 들어갈 수도 있고 때에 따라서는 조각상에 들어갈 수도 있다고 생각했어요. 대표적인 것이 기원전 2570년경에 만들어진 라호테프와 그의 부인 네페르트의 조각상입니다. 이것

또한 인간이 영원히 살 수 있는 기술이라고 생각해 굉장히 정교한 표현 방식으로 자신들의 모습을 재현해놓았습니다. 이집트 카이로에 있는 국립박물관에 가서 실제로 보면 그 세부적인 묘사에 깜짝 놀라게 됩니다. 심지어 손전등을 얼굴에 비추면 눈이 반짝 빛나는 것을 볼 수 있어요. 눈동자를 유리로 표현했거든요.

차클 이런 조각상은 귀족층만 만들 수 있는 것이었나요? 아니면 평민들도 가능했나요?

양 꼭 귀족층에만 국한됐던 건 아닌 듯합니다. 굉장히 흥미로운 조각상들이 많은데 기원전 2200년경에 제작된 '소인 세넵과 그의 가족'이라는 조각이 좋은 사례예요. 조각에 등장하는 주인공은 하체를 쓰지 못하는 장애를 갖고 있었어요. 그래도 결혼을 해서 아들딸 낳아 아주 행복하게 살았다는 메시지를 조각을 통해 남겼습니다. 요즘으로 치면 가족사진을 남긴 거예요. 이집트 조각의 매력 중 하나가 이처럼 부부상이나

라호테프와 그의 부인 네페르트의 조각상(기원전 2570년경)

가족상이 꽤 많다는 점입니다. 굉장히 돈독한 가족관을 가지고 있었던 것으로 추측할 수 있죠.

차클 미술이 이집트인의 삶과 정말 밀접한 관련을 갖고 있었군요. 조각상을 통해 이집트인의 세계관에 대해서도 어렴풋이 알게 되는 것 같습니다.

양 맞아요. 이집트인들은 조각가를 '영원한 생명을 주는 자'라고 불렀다고 합니다. 이들은 조각을 통해 영혼의 집, 영혼의 안식처를 만들어낼 수 있었다고 생각했어요. 그래서 마치 복제인간을 만들 듯이 정교하게 조각을 했던 겁니다.

차클 조각이 아닌 회화에도 그런 세계관이 드러나나요?

양 이집트 회화 하면 대표적으로 떠오르는 모습이 있을 겁니다. 눈은 정면을 보고 있는 반면 얼굴은 측면으로 표현돼 있죠. 또 상체는 정면을 향해 있는데, 하체는 측면을 향해 걸어가고 있는 모습으로 그려져 있고요. 고대 이집트 회화에서 표준화된 규칙인 이른바 '정면성 원리'에

소인 세넵과 그의 가족(기원전 2200년경)

늪지의 새 사냥(기원전 1350년경)

요. 이집트인은 그림을 통해 영원한 규칙성을 찾으려고 했습니다. 그러한 규칙성을 회화에 적용하면 인간이 어떠한 변화에도 무관하게 영속적인 삶을 누릴 수 있을 거라고 생각했던 것 같아요.

차클 정면성 원리가 이집트 회화 고유의 특징이군요.

양 예를 들어 설명해볼게요. 기원전 1350년경에 그려진 네바문의 무덤 벽화 '늪지의 새 사냥'을 보시죠. 이 벽화엔 네바문이 정면성 원리에 따라 그려져 있습니다.

차클 어떤 장면을 그린 건가요?

양 네바문 부부가 딸을 데리고 나일강으로 사냥을 나간 장면입니다. 네바문이 새를 잡았는데, 그 수가 세 마리나 돼요. 벽화가 그려진 무덤의 주인공인 네바문은 자신이 속해 있던 세계가 이처럼 풍요가 넘쳤다는 것을 기억하고 사후에도 똑같은 세계가 펼쳐지길 원했던 것 같습니다. 그걸 기원하기 위해서 정면성의 원리에 따라 그림을 그리게 한 거죠.

198

차클	흥미롭네요. 그런 의미를 모른다면 이집트 그림은 좀 이상하다고 여겼을 것 같아요.
양	1955년 〈뉴욕매거진〉에 실린 풍자화가 있는데요. 고대 이집트인이 추구했던 정면성 원리를 잘 보여줍니다. 그림 속에선 여러 학생들이 펜을 들고 모델을 관찰하면서 그리고 있어요. 원래는 학생들의 위치가 다 다르기 때문에 모델의 모습이 각기 다르게 표현돼야 합니다. 하지만 이집트의 정면성 원리를 따르게 되면 학생들의 위치와 상관없이 모두 똑같은 그림을 그리게 된다는 것을 보여주는 겁니다.
차클	이집트인은 일반적으로 다른 지역의 회화에 적용됐던 신체 비율이나 구도를 일부러 따르지 않은 거잖아요.
양	네. 그렇습니다. 자기들이 만든 엄격한 규칙을 따라 그림을 그릴 때 영생이 가능하다고 믿은 것 같습니다. 다른 식의 변화를 거부한 것이죠.
차클	이집트인이 그림을 그릴 때 지켜야 했던 규칙을 좀 더 자세히 설명해주시죠.
양	기원전 2610년경에 제작된 헤시라의 초상을 보면 쉽게 이해할 수 있습니다. 이집트인은 이런 그림을 그릴 때 그리드(격자무늬 밑그림)를 먼저 그렸습니다. 그리드를 그리게 되면 규칙을 쉽게 지킬 수 있죠. 인체의 비율을 각 칸에 맞춰서 그리면 되니까요. 예를 들어 일반적으로 사람의 손은 1칸으로, 다리는 손의 세 배인 3칸으로, 그리고 키는 일반적으로 18칸으로 그렸습니다. 후기로 가면 키가 21칸으로 늘어나기도 해요. 이렇게 인간을 그릴 때도 질서 있게 표현함으로써 부활과 영생이 계속될 수 있다고 생각했던 것 같습니다. 영원의 세계를 위해 변하지 않는 규칙을 고수한 것이죠. 투트모세 3세의 모습을 그린 나무판을 보

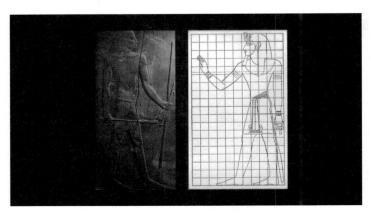

헤시라의 초상과 그리드 위에 그려진 벽화 밑그림(기원전 2610년경)

면 그러한 규칙을 구현한 격자무늬가 남아 있는 것을 볼 수 있습니다. 이처럼 정면성의 원리와 그리드를 통해 인간의 모습을 그린 것은 바로 영생을 위한 규칙이었습니다.

차클 그런 원칙이 내내 변화 없이 적용됐나요?

양 네. 놀랍게도 이집트 미술은 거의 3000년 동안 큰 변화가 없었습니다. 키를 표현하는 데 있어서 18칸에서 21칸으로 바뀌는 것처럼 사소한 변화는 있었지만, 큰 틀에서의 변화는 없었던 것이죠. 너무나 강력하고 위대한 국가를 세웠기 때문에 그 체제가, 자신들이 이룩한 문명이 계속 이어지기를 바랐던 겁니다. 안정과 유지를 원했던 그들의 세계관에 따라 인간의 영생을 위한 규칙을 만들었던 것이고요. 마찬가지로 인간의 신체도 계속 유지되고 번영하길 바라는 마음에 미라를 만들어 낸 것이기도 합니다.

차클 아무리 그래도 3000년간 변화의 바람이 전혀 없었던 건 아니겠죠?

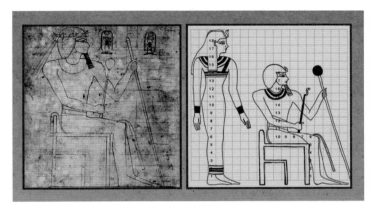

이집트 미술의 규칙인 정면성의 원리와 격자무늬 기법을 잘 보여주는 투트모세 3세의 초상 나무판과 묘사도

양 그럴 수는 없었겠죠. 3000년 역사 중에서 아방가르드한 미술 작품이 있긴 했습니다. 이집트의 역사에서 굉장히 이단아적 인물인 아멘호텝 4세가 주인공인데요. 그는 이집트가 믿어왔던 종교를 완전히 부정하고 새로운 질서를 만든 인물입니다.

차클 기존의 종교를 부정했다고요?

양 네. 이집트인은 내세를 주관하는 다양한 신을 숭배했어요. 그런데 이 같은 다신교를 모조리 없애버리고 하나의 신, 유일신을 믿도록 했습니다. 바로 태양신인 아톤신입니다. 자신의 이름도 '아톤신을 믿는 자'라는 뜻에서 아크나톤이라고 바꿔요. 미술에도 변화가 일어났습니다. 아멘호텝 4세의 조각상을 보면 얼굴이 굉장히 길쭉하고 입술은 툭 튀어나와 있어요. 배도 살짝 나오게 묘사가 돼 있습니다. 아까 말했던 이집트의 정면성 원리나 격자무늬 규칙을 따른 것이라고 볼 수 없는 모습입니다.

차클 기존의 규칙을 따르지 않고 실제에 가까운 모습을 사실적으로 표현하기 시작했던 것이군요.

양 사실 이집트의 파라오 왕가들은 근친혼을 했기 때문에 일종의 유전병을 많이 앓았다고 해요. 그래서 얼굴이나 체형이 실제로도 기형인 경우가 많았다는 것이 정설입니다. 그런 모습을 조각상에도 사실적으로 표현한 겁니다.

차클 왕족의 조각상인데 미화하지 않고 유전병의 증상까지 드러냈다니 놀랍네요.

양 아멘호텝 4세가 다신교 신앙을 없애고 태양신을 숭배하는 종교 개혁을 단행한 건 기존 제사장들의 권력을 견제하기 위해서입니다. 종교관과 내세관이 이렇듯 갑자기 바뀌면서 미술에도 현실적인 표현법이 등장하게 된 겁니다. 영생을 위한 엄격한 규칙 대신 리얼리즘이 꽃피우기 시작한 것이죠.

차클 그런데 개혁엔 저항이 따르기 마련이잖아요. 아멘호텝 4세의 개혁은 성공했나요?

양 아멘호텝 4세는 굉장히 많은 개혁과 변화를 시도했지만, 안타깝게도 그의 돌출 행동 때문에 쿠데타에 의해서 실각하게 됩니다.

차클 역시 그랬군요. 그의 흔적이 담긴 유물들은 많이 남아 있나요?

양 네. 나일강 중부에 있던 이집트의 도시 엘 아마르나에서 아멘호텝 4세의 유물들이 발견됐습니다. 가장 유명한 것이 바로 기원전 1340년경에 제작된 네페르티티의 흉상입니다. 네페르티티는 아멘호텝 4세의 부인이에요. 이집트를 대표하는 유물 중 하나인데 매우 세밀하게 묘사됐어요. 조각이 아니라 실제 살아 있는 사람 같은 느낌이죠. 얼굴의 모

네페르티티 왕비의 흉상(기원전 1340년경)

습이나 골격도 매우 정확하게 재현돼 있습니다. 그런데 잘 관찰을 해 보면 한쪽 눈이 없다는 것을 알 수 있습니다.

차클 지극히 현실적으로 묘사를 했다고 하니 실제로도 네페르티티의 눈이 없었던 것인가요?

양 왜 그런 건지 기록은 남아 있지 않습니다. 그래서 미술사학자들의 큰 고민거리이기도 해요. 여러분도 그 이유를 한번 생각해보면 좋을 듯합 니다.

차클 혹시 네페르티티가 살아 있을 때 미리 만들었기 때문에 죽고 난 뒤 눈 을 넣어 완성시키려고 했던 것 아닐까요?

양 네. 저도 그와 비슷하게 생각합니다. 아마 거의 완벽하게 만들어놓고 왕비가 돌아가시거나 아니면 다른 변화가 있을 때 마저 완성하려고 준비했던 것 같아요. 그러다가 미처 마무리하지 못한 사정이 생긴 게 아닌가 하는 생각이 듭니다. 그럼에도 불구하고 당대 최고의 걸작으로 평가받는 작품인 것은 사실입니다. 그래서 오늘날에도 많은 사람이 네페르티티의 조각상을 목걸이로 하고 다니죠.

차클 실제로 한번 보고 싶네요. 네페르티티의 조각상은 어디에 가면 볼 수 있나요? 이집트로 가면 되나요?

양 안타깝게도 1912년에 이 조각상이 발견됐을 때 이집트에는 유물을 제대로 관리하는 체계가 갖춰져 있지 않았어요. 그래서 현재 베를린에 있는 신 박물관에 소장돼 있습니다.

미술과 삶을 어떻게 연결 지을 것인가

"인간의 누적된 경험과 지혜를 보여줄 수 있는 다양한 수단이 있죠. 책이 대표적이고요. 그런데 미술은 인류의 발자취를 보다 직관적으로 보여주는 고도의 타임캡슐이라고 할 수 있습니다. 이처럼 우리의 삶과 밀접한 관계인 미술을 일부 전문가들만 이해하고 여유 있는 계층만 취미로 누린다면 너무 안타깝지 않을까요?"

...

차클   이집트 하면 피라미드와 파라오를 빼놓을 수 없을 것 같아요. 최근 투탕카멘의 황금 마스크도 국내에서 전시회를 통해 만나볼 수 있는데요. 이집트의 다른 유물들에 대해서도 듣고 싶습니다.

양   네. 기원전 1330년경에 만들어진 투탕카멘의 황금 마스크를 소개해 보겠습니다. 이 마스크의 주인공은 이집트 제18왕조의 제12대 왕입니다. 일설에는 아크나톤의 아들 혹은 조카라는 설도 있습니다. 분명한 것은 아멘호텝 4세의 종교 개혁이 수포로 돌아간 뒤 투탕카멘이 파라오로 즉위하게 됩니다. 그런데 단 9년 정도만 재위하고서 18세의 나이로 요절합니다.

차클   어린 나이에 왕위에 올랐는데 왜 그리 일찍 죽었는지 이유가 밝혀져

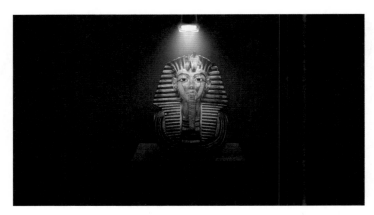

투탕카멘의 황금 마스크(기원전 1330년경)

있나요?

양 투탕카멘의 미라를 살펴보면 왼쪽 뺨에 깊은 상처가 있다고 해요. 그래서 그냥 병사한 것이 아니라 암살당했을 가능성을 매우 높게 보고 있습니다.

차클 안타깝네요. 그나저나 투탕카멘의 황금 마스크 특별 전시에 다녀온 분들이 말하길, 실제로 보면 정말 압도될 만한 유물이라고 하더군요. 미술품으로서의 가치는 얼마나 될까요?

양 투탕카멘의 황금 마스크는 3300년 전에 만들어졌다고 하기엔 굉장한 기술력과 표현력을 엿볼 수 있습니다. 심지어 황금이 11킬로그램이나 들어갔다고 해요. 황금 마스크의 시장 가치는 따지기 어렵죠. 이집트가 황금 마스크를 옥션에 내놓을 가능성은 거의 없지 않겠어요? 하지만 분명한 것은 이집트 역사를 통틀어서 가장 중요한 유물을 꼽을 때 열 손가락 안에 들어가는 건 틀림없습니다.

차클　대영박물관이나 베를린 신 박물관 같은 곳에 이집트의 유물들이 정말 넘쳐나잖아요. 그런데 어떻게 투탕카멘의 황금 마스크는 이집트에 남아 있게 됐나요?

양　이집트의 파라오들은 나일강 서쪽에 있는 황량한 불모지의 계곡에 무덤을 쓰게 됩니다. 그래서 계곡의 이름도 왕들의 계곡이에요. 여기에 대략 63개의 파라오의 무덤이 있었다고 해요. 그런데 웬만한 파라오들의 무덤은 도굴이 돼 그 안에 있던 유물들을 빼앗겨버렸죠. 그런데 단 하나 도굴을 피해 남아 있는 왕의 무덤이 투탕카멘이었던 거예요.

차클　정말 신기하군요. 도굴되지 않은 특별한 이유가 있었나요?

양　그게 아이러니한데요. 규모가 굉장히 작았기 때문이에요. 보통 파라오의 무덤은 갱도를 굉장히 깊게 팝니다. 그래서 100~200미터 정도 크기로 어마어마한 규모의 무덤을 조성하는데 투탕카멘은 갑자기 죽게되면서 아마 무덤을 만들 시간도 없었던 거 같아요. 그래서 다른 파라오의 무덤에 비해 규모가 5분의 1 정도밖에 안 됩니다. 그래서 1922년 영국의 고고학자 하워드 카터가 투탕카멘의 무덤을 발견하기 전까지 도굴되지 않고 보존됐던 것입니다.

차클　무덤이 늦게 발견됐다지만 발굴한 학자가 영국 사람이잖아요. 그런데 해외로 반출이 안 된 이유가 있나요?

양　이집트가 이보다 앞서 만약 유물을 발견하게 되면 돈으로 보상을 해주고 해외로 반출하지 못하도록 엄격하게 관리를 하기 시작했거든요. 그 덕분에 오늘날 투탕카멘의 무덤에서 발견된 유물들은 카이로 박물관의 가장 중요한 컬렉션으로 자리 잡게 됩니다.

차클　주로 어떤 유물들이 발견됐나요?

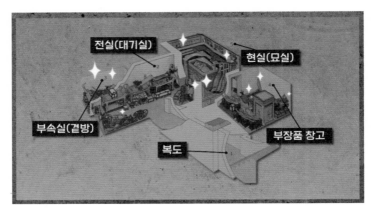

투탕카멘의 무덤 내부도

양   투탕카멘의 무덤 내부를 보면 다섯 개의 방으로 이루어져 있어요. 부속실(곁방), 전실(대기실), 현실(묘실), 부장품 창고, 복도예요. 그런데 무덤 내부에 유물이 보관돼 있던 상태를 보면 정리가 잘됐다기보다는 황급하게 장사를 지낸 느낌이었다고 해요. 그럼에도 불구하고 유물의 양은 상상을 초월합니다. 무려 3400여 점의 호화로운 유물이 발견됐다고 해요. 의자 하나까지도 화려하게 장식이 돼 있고, 부장품들은 모두 금으로 제작됐어요. 명품 중 명품에 속하는 것들이죠. 또 황금으로 만들어진 궤짝도 발견됐는데요. 여기에는 투탕카멘의 용맹함을 묘사한 장식이 붙어 있습니다. 그리고 실제로 파라오가 탔던 것으로 추측되는 황금 전차도 발견됐습니다.

차클   급하게 장사를 치른 파라오의 황금 마스크와 유물들이 그 정도로 훌륭하고 압도적이라면 정말 큰 업적을 세운 위대한 파라오의 마스크는 대체 얼마나 화려하고 멋질지 상상이 안 되네요.

양	그렇죠? 우리가 알고 있는 위대한 파라오들이 있죠. 예를 들어 람세스, 세티 같은 파라오들의 무덤이 있었다면 아마도 박물관을 서너 개 정도는 지어야 했을 겁니다.
차클	그런 위대한 파라오들의 무덤은 모두 도굴꾼들에 의해 파헤쳐지고 유물들도 사라지거나 훼손돼 이제는 영영 볼 수 없다는 건가요?
양	네. 그래서 도굴이 나쁜 겁니다. 유물을 훔치면 도굴꾼들은 그것을 온전하게 보관하는 것이 아니라 훼손시키고 다른 용도로 쓰기 때문에 문화재 도난은 심각한 문제예요.
차클	그런데 영화나 다큐멘터리를 보면 '파라오의 저주'가 나오잖아요. 도굴꾼은 물론 고고학자들까지 병에 걸리고 죽기도 했다고 하는데요. 실제로 그런 경우들이 있었나요?
양	실제로 이집트의 무덤에는 '깊은 잠에 빠진 이곳의 주인을 깨우는 자는 벌을 받게 된다'는 경고문이 적혀 있는 경우도 많이 있습니다. 그리고 도굴을 막기 위한 다양한 장치도 발견됐어요. 일종의 함정 같은 것들이 있어서 도굴하기 어려운 게 사실입니다. '파라오의 저주'로 보이는 사례도 있었죠. 투탕카멘의 무덤을 발굴했던 하워드 카터를 지원한 카너번 경은 무덤을 발견하고 나서 2개월 후에 급사했다고 합니다. 당시의 조수들도 급사하는 일이 벌어지면서 발굴을 주도했던 영국 사회엔 파라오의 저주가 실제로 있다는 소문이 나돌았다고 해요. 하지만 정작 제일 중요한 역할을 했던 하워드 카터는 오래 살았다고 합니다.
차클	무덤 속에 존재했던 과거의 바이러스나 세균들이 영향을 준 것 아닐까요?
양	물론 바이러스나 세균 같은 것들이 발굴자들에게 치명적 위험을 줄

수도 있겠죠. 하지만 '파라오의 저주'란 할리우드 영화에서나 가능한 이야기이지 정설로 받아들이기는 어려울 것 같습니다.

차클 아무튼 파라오들의 무덤 속 유물은 이집트 미술에서 큰 비중을 차지한다고 봐야겠죠?

양 네. 원시시대의 미술이 인류 생존의 비결 그 자체였다면 이집트로 넘어오면서 미술은 문명사회를 발전시키는 요인으로 자리 잡습니다. 또한 파라오의 위엄과 권위를 드러내는 가장 강력한 무기로 변모하지요.

차클 미술이 권력을 드러내는 무기가 된다…, 그런 사례를 더 소개해주시겠어요?

양 여러분도 굉장히 잘 알고 있는 유물이죠. 기원전 13세기, 람세스 2세가 모래 절벽을 뚫어 지은 아부심벨 신전입니다. 영화나 다큐멘터리에서 자주 보셨을 거예요. 어마어마한 규모를 자랑하죠. 무려 32미터에 달하는 네 개의 람세스 조각상이 신전 앞에 자리 잡은 걸로 유명합니

아부심벨 대신전 입구의 람세스 2세 조각상. 기원전 1250년경

210

다. 그런데 람세스 2세가 만들어낸 이 거대한 신전과 신상은 원래 나일강 유역 깊숙한 곳까지 올라가야 만날 수 있었습니다. 지금으로 보면 수단과의 접경지대에 위치해 있었어요.

차클 그곳에 신전을 짓게 된 특별한 이유라도 있나요?

양 당시 이집트에 가장 위협이 됐던 나라가 바로 누비아, 오늘날의 수단이었습니다. 그래서 수단에서 나일강을 타고 이집트로 들어올 때 가장 먼저 신전 앞의 네 개의 람세스 조각상을 마주치게 한 겁니다. 즉 거대한 아부심벨 신전은 누비아를 정복하고 나서 이집트가 계속 유지되기를 바란 람세스의 의지를 반영한 것이라고 볼 수 있습니다.

차클 누비아 사람들에게 아부심벨 신전을 보여주어 자신들의 힘을 과시하고 싶었던 것이군요?

양 아마도 파라오가 지키는 신성한 땅, 이집트가 얼마나 거대하고 강력한지를 적들에게 보여주기 위한 가장 효과적인 방법이라고 생각했을 겁니다. 이 같은 선전 효과도 결국 미술의 힘이라고 볼 수 있지요.

차클 그런데 아부심벨 신전이 지금은 원래 위치에서 다른 곳으로 옮겨진 건가요?

양 네. 맞습니다. 이집트의 젖줄인 나일강은 자주 범람해 인근 주민들의 삶에 피해를 끼친다는 치명적인 단점을 갖고 있었어요. 결국 1960년에 이집트는 아스완 댐을 건설하게 됩니다. 그런데 댐 안쪽 수위가 높아지면서 아부심벨 신전도 수몰될 위기에 처하게 돼요. 그래서 이집트 정부와 유네스코, 유엔이 힘을 합쳐서 원래 위치보다 높은 곳에 인공 산을 만들어 이전시켰습니다. 그 과정에서 실측을 하고 재조립을 하다 람세스 상이 얼마나 거대한지를 새삼 실감하게 됐다고 합니다.

차클	이전을 통해 잘 보존됐다니 다행입니다. 아부심벨 신전엔 어떤 유물들이 있나요?
양	신전 안으로 들어가 보면 이집트의 전성기를 이룩한 람세스 왕의 어마어마한 업적들이 부조로 그려져 있습니다. 기원전 13세기에 람세스 2세가 팔레스타인을 쟁탈하기 위해 히타이트 민족과 벌인 카데시 전투가 대표적이죠. 람세스 2세의 업적 중에 가장 중요한 순간이기도 합니다. 이집트 군대가 히타이트에 의해 패배당할 바로 절체절명의 순간에 영웅 람세스 2세가 등장해 전차를 몰고 수십 발의 활을 쏘면서 적을 제압했다고 해요. 그런 역사적 장면들을 기념하기 위해 아부심벨 신전을 짓고 다양한 기록을 남긴 것입니다. 이집트의 위대함과 강인함을 영속적인 표현으로 남기는 것, 그것이 미술에 새롭게 부여된 역할이었습니다.
차클	교수님의 말을 들으니 그림이 단순히 그림으로만 보이지 않는 것 같아요. 마치 문자처럼 기록의 수단이라는 생각이 듭니다.
양	그렇죠. 실제로 이집트인들은 기록의 수단으로 미술을 사용합니다. 자신들이 세상에 던지고자 하는 메시지를 더욱 강렬하고 구체적으로 전하고자 할 때 미술의 도움을 받았던 것입니다. 제가 이번 주제를 통해 미술이 인간의 생존과 직간접적으로 연결돼 있다는 점을 말씀드리고 싶다고 했었죠. 초기 인류는 자연을 이해하고 체험한 것을 그림으로 남김으로써 서로의 생각을 공유하고 다음 세대에게 자신들의 지혜를 전달했습니다. 선사시대에서 고대 문명의 세계로 들어온 뒤엔 미술은 인간의 위대한 역사를 세상에 드러내는 아주 중요한 지표로 거듭나게 됩니다.

차클   미술이 얼마나 인간과 밀접한 관계를 맺고 있는 것인지 이제야 이해가 됩니다. 미술을 어렵게만 생각했었는데, 정말 우리 삶에 없어서는 안 되는 존재라는 생각이 들어요.

양   네. 미술은 인류 역사의 모든 중요한 순간에 존재하고 있었어요. 현대에 이르러서도 그런 미술의 DNA가 이어지고 있다고 생각합니다. 평소 미술에 관심이 없던 사람 중에도 해외에 나가면 미술관이나 박물관에 꼭 들른다는 분들이 있습니다. 그곳에서 수많은 사람이 앉아서 진지하게 공부하고 있는 모습을 보면 감동스럽다고 해요. 그럼 왜 선진국들은 미술관이나 박물관에 많은 투자를 하는 걸까요? 그들이 가진 유물을 과시하기 위해서일까요? 전 그렇지 않다고 봅니다. 인간의 누적된 경험과 지혜를 보여줄 수 있는 다양한 수단이 있죠. 책이 대표적이고요. 그런데 미술은 인류의 발자취를 보다 직관적으로 보여주는 고도의 타임캡슐이라고 할 수 있습니다. 이처럼 우리의 삶과 밀접한 관계인 미술을 일부 전문가들만 이해하고 여유 있는 계층만 취미로 누린다면 너무 안타깝지 않을까요? 앞으로 더 많은 분들이 미술을 이해하고 감상하는 데 제 강연이 도움이 되었길 바랍니다.

신화는 어떻게
권력을 만들었나

•

김헌

인문학의 근간인 그리스 로마 고전을 연구하는 서양 고전 열풍의 선봉장. 서울대
학생들이 뽑은 인기 강연자, 서울대 도서관 대출 순위를 바꾼 서양 고전학의 전
문가. 프랑스 스트라스부르대학교 서양 고전학 박사 학위, 서울대학교 인문학연
구원 HK교수.

누가 신화를 만들었나

"신화는 아주 오래전부터 입에서 입으로, 기억에서 기억으로 전해져 누가 지어냈는지 모르는 이야기들이 대부분입니다. 그런데 그리스 로마 신화에는 조금 특별한 점이 있습니다. 어느 순간 탁월한 상상력을 가진 작가들이 등장해 이야기를 재구성하게 된 겁니다. 그래서 그리스 로마 신화를 두고 '작가가 있는 신화'라고 이야기합니다."

• • •

차클　교수님의 소개 글을 보면 신화가 인문학의 근간이라고 돼 있는데요. 신화 강의를 듣기 전에 도대체 인문학이 무엇인지부터 알려주실 수 있을까요?

김　인문학이란 인간이 무엇이고, 인간이 어떤 일을 했으며, 어디로 가야 하는지 등 인간 본성에 관한 탐구라고 할 수 있습니다. 매일매일 주어진 일을 하면서 굉장히 힘들게 경쟁하고 살아가다 보면 문득 자기 자신을 돌아보는 순간이 찾아오죠. 잘 살고 있는 것인지, 주변 사람들과 좋은 관계를 맺고 있는지, 함께 사는 공동체가 정의롭고 공정하고 바람직한지 등등 많은 질문을 하게 됩니다. 이런 질문에 대한 답을 찾아가는 게 바로 인문학이라고 할 수 있습니다.

차클　　그렇군요. 그리스 로마 신화 역시 우리가 궁금해하는 질문에 대한 답을 찾는 데 도움을 준다고 볼 수 있나요?

김　　네. 그리스 로마 신화 하면 대체로 학창 시절에 만화나 짧은 연재물로 접해보셨을 텐데요. 사실 그리스 로마 신화가 지배했던 고대 세계에서 신화는 흥미로운 읽을거리 정도가 아니었어요. 당시 사람들은 신화가 지배하는 세계관에 따라 살았습니다.

차클　　신화가 당시 사람들의 삶에 얼마나 영향을 미쳤던 건가요?

김　　신화에 등장하는 신들과 영웅들을 모시는 올림피아 제우스와 헤라 신전, 델포이 아폴론 신전, 아테네 파르테논 신전 등 거대한 건축물들을 짓는 데 온 힘을 쏟았고요. 그곳에서 제사나 축제를 지내면서 신의 뜻에 순종하는 삶을 살았어요. 인생의 힘든 시기를 지날 때면 고통에서 벗어나게 해달라며 신들에게 기도하고 축복을 기원했습니다. 또한 신의 뜻으로 여겨졌던 신탁이 그들의 삶을 지배했습니다. 당시 사람들에게 신화는 허구적인 이야기가 아니라 삶 자체였어요.

차클　　그렇군요. 그런데 준비하신 주제를 보니 당시 지도자들이 신화를 권력 유지에 이용했나 보죠?

김　　네. 권력의 정점에 있던 지도자들은 일상생활 속에서 신화가 작동하는 방식을 관찰하고는 신화를 이용하면 자신의 권력을 더욱 강화시키거나 다른 이로부터 권력을 빼앗을 수 있을 거라고 생각했습니다. 그리고 실제로도 신화를 아주 적절하게 이용했어요. 한마디로 신화는 권력 유지의 수단이자 권력 쟁취의 도구였죠.

차클　　신화가 권력의 도구로도 활용됐다니 놀랍네요. 구체적인 사례가 궁금합니다.

김 그리스에서 한 명, 로마에서 한 명의 사례를 소개해드릴 텐데요. 그들의 이야기가 단순히 흘러간 역사에 그치지 않고 우리가 살고 있는 현시대에 전하는 메시지가 무엇인지도 살펴볼 겁니다. 본격적인 얘기를 시작하기에 앞서 질문 하나 드리죠. 여러분은 신화가 무엇이라고 생각하세요?

차클 신화를 보고 있으면 종종 막장 드라마 같다는 생각이 들어요. 근친혼은 일상이고, 그 밖에도 패륜적인 이야기들로 가득하죠. 거기다 인간 사회에서는 상상하기 힘든 초인적인 존재들도 등장하고요. 그래서 신화는 역사를 가장한 허구, 그런데 일말의 진실을 담은 허구 같다는 생각이 듭니다.

김 진실을 가장한 가짜다, 가짜인데 약간의 진실을 담고 있다… 아주 좋은 접근방식인 것 같습니다. 신화란 기본적으로 이야기죠. 심심하고 지루한 시간을 보낼 용도로 만든 재미있는 이야기요. 하지만 동시에 이 세상을 설명하기 위해 만들어냈다고도 볼 수 있습니다. 세상이 왜 이렇게 만들어졌고 사람들은 무엇을 해야 하는지, 세상은 어떤 식으로 돌아가는지 같은 질문에 답하는 과정에서 인간을 초월한 어떤 힘, 즉 신을 끌어들인 거예요. 인간의 행위를 신에게 벌 받을 만한 일, 혹은 축복 받을 만한 일로 구분하면서 신의 관점으로 인간의 행동과 세계를 설명하게 된 것입니다.

차클 그럼 신화는 특정한 사람들이 만든 건가요?

김 신화는 아주 오래전부터 입에서 입으로, 기억에서 기억으로 전해지면서 누가 지어냈는지 모르는 이야기들이 대부분입니다. 그런데 그리스 로마 신화에는 조금 특별한 점이 있습니다. 어느 순간 탁월한 상상력을 가진 작가들이 등장해 이야기를 재구성하게 된 겁니다. 그래서 그리스 로마 신화를 두고 '작가가 있는 신화'라고 이야기합니다. 구전 신화에서 한순간 위대한 문학 작품으로 탈바꿈한 거죠.

차클　흥미롭네요. 그런데 앞서 신화를 이용해 권력을 강화하거나 쟁탈한 사람들이 있다고 하셨잖아요?

김　네. 그리스와 로마에서 각각 한 명씩 신화를 이용한 권력자가 있었다고 했죠. 바로 말씀드리겠습니다. 그리스의 알렉산드로스 대왕, 그리고 로마의 초대 황제 아우구스투스입니다. 먼저 두 사람을 설명하기 위해 그들을 묘사한 동상을 한번 살펴보도록 하죠. 알렉산드로스는 칼을 들고 있고, 아우구스투스는 칼을 들고 있지 않아요. 알렉산드로스는 직접 전쟁을 진두지휘해 제국을 만들었고, 아우구스투스는 정치력으로 제국을 만들었다는 것을 상징적으로 보여주고 있습니다.

차클　그런데 알렉산드로스 대왕은 알렉산더 대왕과 같은 인물 아닌가요?

알렉산드로스 대왕(왼쪽)과 아우구스투스 황제(오른쪽)

왜 이름이 다르게 표기된 것이죠?

김 같은 인물, 맞습니다. 알렉산더는 영어식, 알렉산드로스는 그리스식으로 읽은 겁니다. 최근 학계에서는 그리스 원어에 충실하게 이름을 읽고 쓰는 추세입니다.

차클 알렉산드로스 대왕은 어떤 인물이었나요?

김 알렉산드로스는 기원전 4세기 후반, 지금으로부터 2300년 전 그리스 본토 북쪽에 있는 마케도니아에서 왕자로 태어났습니다. 스무 살에 왕위에 오르고 스물두 살에 페르시아 원정을 떠나게 됩니다. 이후 10년여 동안 해외 원정 활동을 하면서 거대한 제국을 만들죠.

차클 영토를 얼마나 넓혔던 것인가요?

김 그는 재위 기간 동안 페르시아·이집트·인도에 이르는 대제국을 건설했어요. 남쪽으로는 이집트, 동쪽으로는 페르시아를 지나 인도의 서쪽까지 이르렀죠. 현시점에서 알렉산드로스의 원정길을 추정해보면 거

알렉산드로스 대왕의 원정길

의 지구 둘레에 버금간다고 합니다. 지구 둘레가 약 4만 킬로미터인데 총 원정 거리가 약 3만 킬로미터가 넘었다고 해요.

차클 대단하네요. 그렇다면 또 다른 권력자 아우구스투스는 어떤 인물이었나요?

김 아우구스투스의 아버지는 여러분들도 잘 알고 있는 로마 공화정 말기의 정치가 율리우스 카이사르예요. 정확하게 말하자면 양아버지죠. 카이사르는 제국의 꿈을 미처 이루지 못한 채 그만 암살을 당하고 말죠. 카이사르가 후계자(양자)로 지목했던 사람이 조카딸의 아들인 아우구스투스이고 기원전 27년 로마의 초대 황제로 등극한 후 44년에 걸쳐 로마를 제국으로 건설해 나갑니다.

차클 그처럼 대제국을 건설한 알렉산드로스와 아우구스투스가 권력을 쟁취하고 유지하기 위해 신화를 이용했다는 건가요?

김 그렇습니다. 특히 흥미로운 사실은 알렉산드로스 대왕과 아우구스투스 황제가 자신의 권력을 만들고 지켜나가기 위해 똑같은 신화를 활용했다는 겁니다. 바로 아킬레우스의 이야기가 포함된 트로이아 전쟁 신화입니다. 트로이아는 트로이의 그리스식 표기이고요.

차클 트로이아 목마가 등장하는 트로이아 전쟁 신화를 얘기하시는 거죠? 그중 어떤 내용을 활용했다는 건가요?

김 그럼 트로이아 전쟁 신화에 대해 차근차근 알아보도록 하겠습니다. 먼저 그리스 최고의 신 제우스 얘기부터 시작해야겠네요. 제우스는 평소 바다의 여신 테티스를 흠모했어요. 그런데 테티스와 사랑을 나누거나 결혼을 하면 둘 사이에 태어난 자식이 아버지보다 더 강력해진다는 신탁이 나왔습니다. 그러자 제우스는 테티스에게 감히 접근을 못 하고 대신에 펠레우스라는 인간 영웅과 결혼을 하게 만들어요.

차클　자신의 자리를 지키려고 흠모하는 여신을 다른 이와 결혼하게 만들다니, 역시 막장 드라마 같은 내용이네요.

김　제우스의 최대 관심은 자신의 권력을 지키고 확장하는 것이었으니, 그런 일도 감행한 겁니다. 제우스는 올림포스의 모든 신들을 초대하고 지상에서도 테티스와 펠레우스를 위한 성대한 결혼식을 열었습니다. 그런데 이 자리에 초대받지 못한 유일한 신이 바로 불화의 여신 에리스였어요. 결혼식에 불화가 어울리지 않으니 어찌 보면 당연한 처사였죠. 하지만 에리스는 결혼식이 열린다는 소식도 모르고 있다가 자신만 빼놓고 모든 신들이 모였다는 것을 알게 된 뒤 화가 나서 불화의 씨앗인 황금 사과를 결혼식 현장에 던져버립니다.

차클　황금 사과가 불화의 씨앗이라고요?

김　그 황금 사과에 '가장 아름다운 여신에게'라는 치명적인 문구가 적혀 있었기 때문입니다. 그 황금 사과가 헤라·아테나·아프로디테의 눈에 띄게 되면서 세 여신은 치열한 경쟁을 벌였어요. 각자 가장 아름다운 여신은 자신이라며 황금 사과의 주인을 자처했기 때문이죠. 결국 싸움이 결판나지 않자 세 여신은 황금 사과를 들고 제우스를 찾아가 판정을 부탁했습니다.

차클　아주 골치 아픈 상황이었네요. 제우스는 뭐라고 답을 줬나요?

김　제우스도 쉽게 결정을 내리지 못합니다. 만약 한 여신에게 황금 사과를 주면 나머지 두 여신의 화를 부를 수 있을 테니까요. 그래서 제우스는 그 싸움의 판결을 다시 트로이아의 왕자인 파리스에게 넘깁니다.

차클　제우스가 참 비겁하네요. 자기가 화를 면하려고 인간에게 어려운 결정을 미뤄버린 것이잖아요.

김　파리스는 제우스의 명령을 거부하지 못해 판결을 내리겠다고 합니다. 그러자 세 여인이 파리스를 매수하기 위해 앞다퉈 제안을 해요. 먼저 아테나는 "나에게 그 사과를 준다면 너에게 어떤 싸움에서도 이길 수 있는 전략의 지혜를 주겠다"고 했어요. 헤라는 "이 세계를 지배할 수 있는 최고의 권력을 주겠다"고 하죠. 마지막으로 아프로디테는 "이 세상에서 가장 아름다운 여인과 사랑하고 결혼할 수 있도록 해주겠다"고 했어요.

차클　지혜와 권력과 여인이라…. 모두 다 탐나는 제안인데 결국 파리스는 사랑을 택했죠?

김　그렇죠. 트로이아 전쟁 신화를 읽으신 분들은 다 알고 계실 겁니다. 파리스는 아프로디테에게 황금 사과를 주었죠. 문제는 아프로디테가 약속을 지키기 위해 고른 여인이 당시 그리스의 최강국 중 하나였던 스

〈파리스의 심판〉, 페테르 파울 루벤스(1639년)

파르타 왕 메넬라오스의 부인 헬레네였다는 겁니다.

차클 파리스가 스파르타의 왕비 헬레네를 데려오자 스파르타가 트로이아를 공격해 비극적인 전쟁이 시작되는 거잖아요?

김 네. 맞습니다. 아프로디테가 헬레네를 지목해주자 파리스는 용기를 내어 스파르타로 향합니다. 그리고 헬레네를 유혹해 함께 트로이아로 돌아오죠. 그런데 아무리 여신이 점지해줬다고 하지만 남의 나라 왕비를 빼앗아오는 건 대단히 무모한 도발이라고 할 수 있습니다. 파리스가 이런 일을 벌일 수 있었던 건 조국인 트로이아의 힘을 믿고 있었기 때문이라고 할 수 있죠.

차클 트로이아가 아무리 강력하다 해도 하루아침에 아내를 빼앗긴 스파르타의 메넬라오스 왕은 참을 수 없었겠죠.

김 그렇습니다. 메넬라오스는 굉장히 화가 나서 형인 미케네의 왕 아가멤논을 찾아갑니다. 그러곤 도움을 요청하죠.

차클 아가멤논과 메넬라오스, 둘이 힘을 합쳐 파리스가 있는 트로이아로 바로 쳐들어갔나요?

김 아니요. 당시 트로이아가 어마어마한 나라였기 때문에 쉽사리 쳐들어갈 수 없었어요. 그래서 아가멤논과 메넬라오스는 그리스 전역으로 사람들을 보내 연합군을 구성하게 됩니다. 그리스 모든 지역에서 12만여 명 정도의 군인들을 모은 뒤에야 헬레네를 찾기 위해 나서죠.

차클 스파르타나 미케네가 아닌 다른 그리스 도시 국가들이 두 나라를 돕기 위해 강력한 트로이아와의 전쟁에 참전한 이유는 뭔가요?

김 좋은 질문입니다. 신화 속에 그 이유를 설명해줄 얘기가 숨어 있습니다. 헬레네가 처녀 시절 남편감을 구한다는 소식이 전해지자 그리스 전역에서 남자들이 몰려왔습니다. 그리스 신화 속 최고의 지략가인 오디세우스가 당시 상황을 보곤 헬레네를 두고 엄청난 싸움이 벌어질 것 같다는 걱정을 하게 됐어요. 그래서 지혜를 발휘해 헬레네의 남편이 되고자 몰려든 사람들에게 서약을 하도록 했습니다. 우선 헬레네의 남편이 되지 못하더라도 승복할 것. 다음으로 나중에 헬레네와 그의 남편이 위기에 처하면 도와줄 것을 말이죠. 헬레네를 차지하기 위해 몰려들었던 사람들은 모두 자기가 남편이 될 걸로 믿고 그런 서약을 했다고 합니다.

차클 전쟁이 발발한 것도, 전쟁의 판이 커진 것도 모두 헬레네의 미모 때문이었네요.

김 네. 그렇게 시작된 트로이아 전쟁은 10년 동안 지지부진하게 이어집니다. 그 같은 전쟁 상황을 끝내는 데도 오디세우스의 꾀가 큰 몫을 합니다. 바로 여러분들이 잘 알고 계신 트로이아의 목마 작전이죠. 오디세우스가 큰 목마를 만들어 병사들을 그 안에 숨긴 채 트로이아의 성으로 들여보낸 겁니다. 결국 트로이아는 스파르타를 필두로 한 그리스 연합군에 함락되고 말죠. 이것이 바로 트로이아 전쟁의 신화입니다. 알렉산드로스와 아우구스투스가 권력을 쟁취하기 위해 이용한 게 바로 이 신화예요.

그들은 왜 트로이아 전쟁에 주목했나

"지금의 그리스도 힘을 합치면 페르시아를 물리칠 수 있다고 사람들을 설득하기 시작한 거예요. 그러자 사람들이 마음에 동요를 일으키면서 이소크라테스의 이야기에 귀를 기울이기 시작합니다. '그리스를 통합하고 페르시아를 치는 게 불가능한 일만은 아니구나'라는 생각을 하게 된 거죠."

• • •

차클 이제 알렉산드로스 대왕이 어떻게 트로이아 신화를 권력 장악에 활용했는지 좀 더 자세히 얘기해주실 건가요?

김 그에 앞서 알렉산드로스 대왕이 활약했던 시대에 대한 설명부터 해야 할 것 같습니다. 그리스 역사에서 기원전 5세기에서 4세기를 고전기라고 부릅니다. 소크라테스·플라톤·아리스토텔레스 같은 철학자들, 그리고 의학의 아버지라 불리는 히포크라테스가 그 시대의 주인공들이죠. 또 대표적 역사가들인 헤로도토스·투키디데스·크세노폰 등 다양한 인물들이 활동했던 시기입니다.

차클 대단한 위인들이 활약했던 시기이니 그리스의 문화가 활짝 꽃피었겠네요?

김	보통 서구 문명의 뿌리를 그리스 문명이라고 하죠. 그중에서도 기원전 5세기에서 4세기에 가장 위대하고 찬란한 문화를 선보였다고 평가됩니다. 하지만 다른 한편에서는 가장 치열하게 전쟁을 치르던 시기이기도 했습니다.
차클	아이러니하네요. 대표적으로 어떤 전쟁들을 치렀나요?
김	세 개의 전쟁이 대표적입니다. 먼저 페르시아 전쟁은 기원전 492년부터 기원전 448년까지 아테네를 중심으로 그리스가 연합해 페르시아 제국을 물리친 전쟁인데요. 지금의 이란 지역에 나라를 세운 페르시아가 점점 서쪽으로 세력을 확대하기 시작해 터키 지역까지 정복한 뒤 그리스 본토를 치려는 야심을 드러내기 시작하죠. 그러자 그리스의 여러 도시 국가들은 페르시아의 침략을 굉장히 두려워했습니다. 심지어 일부 도시 국가들은 페르시아에게 순순히 길을 내어주고 스스로 복속하기도 했습니다.
차클	페르시아에 맞서 싸운 국가는 없었나요?
김	물론 있습니다. 페르시아에 가장 강력하게 저항했던 나라가 바로 아테네였습니다. 기원전 490년에 벌어진 마라톤 전투가 대표적인데 당시 페르시아의 침략을 아테네가 혼자 힘으로 막아냅니다. 이 전투에서 패배한 뒤 페르시아는 이후 10년 동안 절치부심하게 됩니다.
차클	훗날 기력을 회복한 페르시아가 다시 쳐들어왔겠군요.
김	네. 페르시아가 10년 후 다시 쳐들어오자, 이번에는 아테네와 스파르타가 힘을 합쳐서 같이 싸우게 되죠. 다시 한번 페르시아의 침략을 막아내면서 아테네는 급성장하게 됩니다. 당시 주변 국가들을 모아 동맹을 맺었는데 중심지가 델로스 섬이라서 이 동맹을 '델로스 동맹'이라

페르시아는 호시탐탐 그리스 지역을 넘봤고, 아테네와 스파르타는 동맹에서 적으로 돌
아선다.

고 부릅니다. 그런데 페르시아라는 공동의 적이 물러나고 나자 아테네
와 스파르타가 그리스의 주도권을 두고 싸우기 시작합니다. 그리스 내
전이 일어난 건데 이 전쟁이 바로 기원전 431년부터 기원전 404년까
지 27년 동안 벌어진 펠로폰네소스 전쟁입니다. 결국 전쟁은 스파르
타의 승리로 끝나게 됩니다. 그런데 이 전쟁을 지켜보며 속으로 미소
를 짓고 있는 나라가 있었습니다.

차클   혹시 페르시아가 아닌가요? 그리스가 내전으로 시끄러우면 다시 침략
의 기회가 생길 테니까요.

김   맞습니다. 페르시아는 펠로폰네소스 전쟁에서 스파르타가 승리를 거
두자 아테네에 사절을 보내거나 물자를 지원하며 다시 스파르타와 싸
우도록 부추겼어요. 전쟁이 끝난 뒤에도 페르시아의 농간은 계속되었
습니다. 패배의 아픔을 딛고 아테네가 일어서려고 하자 아테네를 돕기
도 하고, 아테네가 힘을 조금씩 키워나가자 반대로 스파르타를 도와주

는 모습을 보이기도 해요. 그 밖에 다른 도시 국가들에도 지원을 하면서 그리스 내부의 갈등을 조장하고 계속되도록 개입했습니다.

차클 아테네와 스파르타는 페르시아에 이용당하는 것을 몰랐던 건가요?

김 아테네와 스파르타의 갈등으로 그리스에 또다시 전운이 감돌기 시작하자, 위기를 극복해야 한다고 주장하는 지식인들이 등장하기 시작합니다. 그중 대표적인 인물이 바로 이소크라테스입니다. 그는 당대 최고의 철학자이자 수사학자로서 그리스의 통일과 페르시아 원정을 주장했어요.

차클 이소크라테스가 내놓은 위기 대응책은 뭐였나요?

김 외세의 이간질에 말려들어서 그리스 민족끼리 싸우면 안 된다는 것을 강조했습니다. 서로 단합해 반목과 갈등을 멈추고 페르시아의 위협에 대처하자고 했어요. 이 같은 이소크라테스의 주장을 한마디로 범그리스주의라고 부릅니다.

차클 그리스 사람들이 그의 제안에 호응을 했나요?

김 대체로 그리스인들끼리 싸우지 말고 한마음, 한뜻으로 지내자는 데는 동의했어요. 그런데 그리스의 힘을 모아서 페르시아를 치자는 주장엔 쉽게 동의를 하지 못했습니다. 페르시아라는 어마어마한 강국을 칠 엄두를 내지 못한 거예요.

차클 그럼 이소크라테스는 끝내 그리스인들을 설득하지 못하고 페르시아 정복을 포기했나요?

김 아닙니다. 이소크라테스는 그리스인들이 용기를 가질 수 있는 방법을 궁리했습니다. 그러다 신화를 끌어와 재해석하는 방법을 택하죠. 그 신화가 바로 트로이아 전쟁입니다. 아킬레우스와 오디세우스가 활약하던 트로이아 전쟁 당시를 생각해보세요. 그리스를 통합하고 연합군을 구성해 트로이아로 쳐들어가 전쟁에서 이기지 않았습니까. 지금의 그리스도 힘을 합치면 페르시아를 물리칠 수 있다고 사람들을 설득하기 시작한 거예요. 그러자 사람들이 마음에 동요를 일으키면서 이소크라테스의 이야기에 귀를 기울이기 시작합니다. "그리스를 통합하고 페르시아를 치는 게 불가능한 일만은 아니구나"라는 생각을 하게 된 거죠.

차클 신화를 선전 도구로 활용한 셈이군요?

김 그렇죠. 신화를 이용해 현실의 정치적 문제나 위기를 해결하려고 한 거예요. 그런데 문제는 누가 그리스를 통합해 페르시아를 칠 것인지였습니다. 그때 등장한 것이 바로 마케도니아의 왕 필리포스였습니다.

차클 당시 마케도니아는 어떤 국가였나요?

김 원래는 그리스 북부의 조그마한 도시 국가였습니다. 하지만 세력을 점점 키우더니 그리스를 정복하기에 이르죠. 당시에도 무력으로 그리스를 통합할 만큼 실질적 지배권을 획득한 상태였어요. 당시 마케도니아의 왕이었던 필리포스가 바로 알렉산드로스의 아버지였습니다.

차클 그럼 필리포스가 이소크라테스의 의도대로 페르시아를 정복하러 떠났나요?

김 필리포스는 기원전 338년 카이로네이아 전투를 통해 그리스를 통합한 뒤 페르시아를 치기 위한 만반의 준비를 마칩니다. 그런데 같은 해에 이소크라테스가 죽고, 2년 뒤인 기원전 336년 안타깝게도 필리포스가 암살을 당합니다. 이로써 이소크라테스의 꿈이 무산되나 싶던 즈음, 필리포스의 후계자인 알렉산드로스가 아버지의 유지와 이소크라테스의 범그리스주의를 받들어 페르시아 정복에 나섭니다.

차클 알렉산드로스는 처음부터 승승장구한 건가요?

김 알렉산드로스는 스무 살에 왕위에 올랐습니다. 아무래도 초기에는 너무 어리다는 이유로 신임을 얻지 못했습니다. 게다가 아버지 필리포스가 살아 있을 때는 꼼짝 못 했던 주변 국가들이 나이 어린 새 왕이 등장하자 반란을 하려는 기미도 엿보였습니다. 바로 이런 시기에 알렉산드로스가 자신의 입지를 강화하기 위해 신화를 활용하기로 한 것입니다.

차클 알렉산드로스가 신화를 활용하게 된 계기가 있나요?

김 알렉산드로스는 열두 살 때부터 아리스토텔레스에게 가르침을 받았어요. 호메로스가 트로이아 전쟁 신화를 소재로 쓴 《일리아스》도 읽었고요. 그때부터 알렉산드로스는 트로이아 최고의 적장을 물리친 아킬레우스처럼 위대한 영웅이 돼야겠다는 생각을 품게 되죠.

차클 아버지 필리포스처럼 이소크라테스의 영향을 받기도 했나요?

김 알렉산드로스는 아버지 필리포스에게 지속적으로 정치적 조언을 했던 이소크라테스의 말에도 귀를 기울였습니다. 이소크라테스는 평소 "트로이아 전쟁 때처럼 그리스를 하나로 단합시켜 페르시아를 칠 수 있는 위대한 영웅이 나왔으면 좋겠다"는 말을 했는데, 알렉산드로스에게도 직접 편지를 썼습니다. 영향을 안 받을 수 없었겠죠? 실제로 알렉산드로스는 이소크라테스의 말대로 아킬레우스를 롤모델 삼아 자신이 제2의 트로이아 전쟁을 승리로 이끌겠다고 화답한 것이죠.

알렉산드로스는 어떻게 신의 아들이 됐나

"알렉산드로스가 어려운 전투에서 살아남고 승리를 거둔 과정을
보면 운이 좋았다는 말이 절로 나올 수밖에 없죠. 그런데 당시
사람들은 단순히 운이 좋은 정도가 아니라 신의 가호를 받고 있
다. 그러니 그의 승리는 필연이라고 생각했던 겁니다."

• • •

차클　제2의 아킬레우스가 되겠다는 꿈을 품었다지만 실제로 전쟁을 준비
하면서 난관을 겪기도 했겠죠?

김　알렉산드로스가 그리스 군대를 인솔해 페르시아로 쳐들어갈 당시, 페
르시아의 병력은 100만 명에 이르렀습니다. 반면 그리스의 병력은 지
원병까지 최대로 잡아도 10만 명에 불과했죠. 알렉산드로스도 두려웠
을 겁니다. 페르시아를 치러 간다고 해도 정말 트로이아 전쟁 신화처
럼 승리를 가져올 수 있을지 확신이 서진 않았을 거예요. 알렉산드로
스가 두려움을 품을 정도였으니 그 뒤를 따르는 병사들은 말할 것도
없었겠죠.

차클　알렉산드로스는 두려움을 어떻게 극복했나요?

김   때마침 알렉산드로스의 어머니 올림피아스가 아들을 불러들였습니다. 그러곤 그동안 말하지 않았던 출생의 비밀이 있다고 일러주죠. 필리포스와 결혼한 뒤 어느 날 잠을 자다 꿈을 꿨는데 꿈속에서 벼락이 자신의 배를 때렸다, 벼락 때문에 난 불이 주변으로 번지더니 이내 전 세계를 다 태웠다는 내용이었어요. 그 꿈을 꾼 뒤에 임신해서 알렉산드로스를 낳았다는 얘길 들려준 겁니다. 그리스 신화에서 벼락은 제우스를 상징해요. 알렉산드로스에게 "너는 필리포스의 아들로 태어났지만 사실은 제우스의 아들"이라고 알려준 거죠.

차클   올림피아스의 얘기를 곧이곧대로 믿을 수 있을까요?

김   알렉산드로스의 어머니 올림피아스는 굉장히 매력적인 여인인 동시에 마법에도 능했다는 전설이 있습니다. 특히 뱀을 신성시해서 항상 곁에 두고 지냈다고 해요. 그런데 필리포스가 침실에 들어갔다가 올림피아스가 뱀을 데리고 있는 걸 목격하곤 그녀를 멀리하게 됐습니다. 결국 다른 여자와 결혼까지 했죠. 올림피아스 입장에서는 자신을 그렇게 버린 필리포스를 남편으로 존중하기 싫었을 겁니다. 물론 아들이 페르시아로 원정을 떠나는 데 힘을 실어주고 싶었던 마음이 더 컸겠죠. "너는 한낱 인간의 자식이 아니라 신의 자식이다. 네가 어디서 무엇을 하든 제우스가 너를 도와줄 것이다"라고 얘기한 배경입니다.

차클   아무런 맥락 없이 지어낸 이야기는 아니란 말씀이죠? 그런데 알렉산드로스나 병사들도 이 말을 믿었을까요?

김   네. 알렉산드로스뿐 아니라 부하 병사들에게도 올림피아스의 태몽 이야기가 큰 힘이 됐습니다. "너희들은 죽지 않는다. 나도 안 죽는다. 왜냐하면 내가 제우스의 아들이니까. 나만 믿고 따라온다면 너희들은 이길 수 있다"라는 메시지를 담고 있으니까요.

차클 알렉산드로스가 신의 아들이라는 메시지가 병사들의 사기를 높이는 정도가 아니라 전쟁의 결과에도 영향을 미쳤나요?

김 그 효과는 생각보다 매우 컸습니다. 페르시아를 치기 위해 처음 벌였던 전투가 기원전 334년에 있었던 그라니코스 전투입니다. 이 전투에서 알렉산드로스의 원정군과 페르시아군이 최초로 맞붙었죠. 당시에 참모들은 페르시아까지 오느라 힘이 빠졌으니 잠시 휴식을 갖고 회복한 뒤에 전쟁을 시작하자고 제안했어요. 그러나 알렉산드로스는 바로 공격에 나서야 한다고 주장했고 솔선수범해 강물로 뛰어들죠. 부하들도 그의 뒤를 따라 강을 건너 전투를 벌였고 결국 승리를 거뒀습니다. 당시 투입된 그리스 군사가 5만 명 정도였는데 페르시아 군사는 15만 명이나 됐다고 해요.

차클 그 첫 번째 전투에서 위기의 순간은 없었나요?

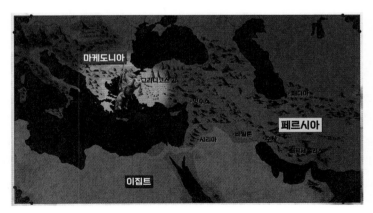

기원전 334년 알렉산드로스 대왕은 페르시아를 치기 위해 원정길에 나선다.

김   알렉산드로스에게도 절체절명의 위기가 몇 차례 있었습니다. 기록에 의하면 알렉산드로스가 도끼로 머리를 맞았다고 해요. 그런데 투구만 깨졌을 뿐 목숨을 건졌다고 합니다. 또 허벅지에 창이 꽂히고 허리와 어깨에 부상을 입기도 했는데 이런 역경을 모두 견뎌내고 적진의 심장부로 뛰어들어가 적군들을 완전히 격파해버렸습니다. 그러자 병사들 사이에서 알렉산드로스가 진짜 신의 아들일지 모른다는 말들이 돌기 시작했어요.

차클   올림피아스가 전해준 출생의 비밀 이야기가 실로 놀라운 결과를 맺은 거네요.

김   그렇습니다. 알렉산드로스 스스로 도끼에 머리를 맞아 부상을 입고도 죽지 않자 정말 자신이 신의 아들일 수 있다는 생각을 하게 됐을 겁니다. 그리고 병사들도 그를 믿고 따를 수 있는 사람이라고 확신하게 된 것이죠.

차클   신의 아들인지는 몰라도 운이 따랐던 건 확실해 보이네요. 물론 기본적으로 뛰어난 전투 능력도 갖췄을 것이고요.

김   맞습니다. 알렉산드로스가 어려운 전투에서 살아남고 승리를 거둔 과정을 보면 운이 좋았다는 말이 절로 나올 수밖에 없죠. 그런데 당시 사람들은 단순히 운이 좋은 정도가 아니라 신의 가호를 받고 있다, 그러니 그의 승리는 필연이라고 생각했던 겁니다. 그라니코스 전투 이후 알렉산드로스는 페르시아 원정을 떠난 지 1년 만인 기원전 333년 잇수스 전투를 치르게 됩니다. 그곳에서 페르시아의 다레이오스(다리우스) 대왕을 만나 일대일 대결을 펼칩니다.

차클   다레이오스와의 대결 결과는 어땠나요?

김 적의 숫자와 관계없이 핵심 전력을 정면 돌파하는 게 알렉산드로스의 전략이었습니다. 이 전투에선 그 대상이 다레이오스 왕이었죠. 그래서 전투가 시작되자 알렉산드로스는 무모하다 싶을 정도로 빠르게 다레이오스를 향해 돌진합니다. 그런 모습을 보며 다레이오스 왕은 두려움과 공포에 휩싸여 도망을 치죠. 그렇게 싸움은 끝나버립니다.

차클 페르시아 군사들의 사기는 완전히 땅에 떨어졌겠네요?

김 네. 그리스 군대의 전사자 수는 100명 단위에 불과한 반면, 페르시아 군대의 전사자 수는 거의 10만 명에 이르렀다고 기록돼 있습니다. 우두머리를 잃어버린 군대의 운명이 어떻게 되는지를 명확히 보여주는 결과죠. 그렇게 잇수스 전투에서 승리를 거두자 알렉산드로스의 이야기는 정말 영웅담으로, 신화로 거듭나서 사방팔방으로 퍼져나갔습니다. 이후 그리스의 군대는 남하를 해서 이집트에까지 이르게 됩니다.

차클 그럼 이집트와도 전쟁을 치렀나요?

기원전 333년 잇수스 전투를 치르는 알렉산드로스 대왕과 다레이오스 왕

김 아뇨. 이집트로 들어갔을 때는 전투가 전혀 없었습니다. 이집트 사람들은 오히려 그동안 페르시아 치하에 있던 자신들을 알렉산드로스가 구해주러 왔다고 생각했어요. 신이 보내준 해방자로 여겼던 겁니다.

차클 뜻밖이네요.

김 이집트 입장에선 알렉산드로스가 진군해 온 걸 침략이 아닌 지배자의 교체로 받아들였어요. 알렉산드로스가 페르시아의 지배자보다 훨씬 점잖고 품격이 있었기 때문에 해방자로 여기고 따랐던 겁니다.

차클 알렉산드로스는 이집트에서 어떤 일들을 벌였나요?

김 이집트의 나일강 서쪽에 시와라는 오아시스 지역이 있어요. 그곳에는 이집트 사람들이 굉장히 높은 신으로 추앙하는 암몬의 신전이 자리 잡고 있습니다. 그런데 그리스 사람들은 "암몬 신은 곧 제우스 신"이라고 믿었고, 이 신전을 암몬 제우스 신전으로 부르기도 했어요. 알렉산드로스는 이집트에 발을 딛자마자 곧장 그 신전으로 향합니다. 부하들은 사막을 지나야 하는 데다 도중에 모래 폭풍을 만나면 5만 명의 군사가 모두 위험에 처할 수 있다며 말렸다고 해요. 죽음을 불사하고 가야 하는 길이었다는 거죠. 그럼에도 불구하고 알렉산드로스는 뜻을 꺾지 않았습니다.

차클 왜 그토록 암몬 신전에 가려고 했던 것이죠?

김 암몬 신전은 아폴론이 신탁을 내려주는 그리스의 델피 신전만큼 상징성이 있는 곳이었어요. 알렉산드로스는 그 신전에서 꼭 듣고 싶은 신탁이 있었습니다. 아버지 필리포스를 암살한 자들 중에서 자신의 복수를 피한 사람이 있는지를 암몬 신에게 묻고 싶었던 겁니다.

차클 결국 답을 얻었나요?

그리스 사람들은 암몬 신이 곧 제우스 신이라고 믿었다.

김   신의 뜻을 듣는다고 하지만 사실 그걸 전달해주는 건 사제잖아요. 알
렉산드로스의 질문을 접한 암몬 신전의 사제가 많은 고민을 했던 것
같습니다. 마침내 알렉산드로스의 의중을 꿰뚫어 보고는 "왜 불멸하
는 신의 아들이 한낱 인간을 아버지라고 여기느냐"라는 신탁을 전해
줬다고 합니다.

차클   이집트에서 다시 한번 알렉산드로스가 신의 아들이라는 걸 확인해준
셈이네요.

김   네. 거기다 사제가 한마디를 덧붙였습니다. "너는 온 인류를 다스릴 운
명을 타고났다"고요. 이때부터 알렉산드로스의 행보가 대폭 수정됩니
다. 최초의 계획은 지중해와 에게해를 감싸고 있는 반달 형태의 소아
시아 지역을 점령하는 것이었어요. 하지만 신탁을 들은 뒤 진로를 틀
어서 페르시아의 심장부로 향합니다. 암몬 신전의 신탁이 그의 전쟁에
정당성을 부여해준 것이죠.

차클 신탁이 이후의 행보에 어떤 영향을 미쳤는지 좀 더 알려주시죠.

김 이집트를 떠나 시리아·바빌론·페르시아로 가는 길목마다 여러 도시들을 거쳤습니다. 각 도시의 성주들은 알렉산드로스로부터 도시를 지키기 위해 맞서 싸워야 했겠죠. 그런데 성주들은 알렉산드로스와 싸우길 두려워했어요. 싸우면 질 게 뻔하니까요. 그렇다고 그냥 항복하자니 지도자로서의 권위가 떨어질 수밖에 없고 말이죠. 이러지도 저러지도 못 하는 상황에서 신탁이 절묘한 효과를 발휘합니다.

차클 그런 효과를 얻기 위해 알렉산드로스가 암몬 신전에서 계획적으로 신의 아들이라는 신탁을 받으려고 한 건가요?

김 네. 그렇습니다. 암몬 신전의 신탁을 접한 각 도시의 성주들은 알렉산드로스와 싸운다는 건 신의 아들에게 맞서는 것이라고 생각하게 됩니다. 신의 아들을 상대로 칼을 든다는 건 신에 대한 불경죄를 저지르는 것과 같다고요.

차클 항복해도 인간이 아니라 신에게 머리를 숙인 것이라는 명분을 제공한 거네요.

김 맞습니다. 알렉산드로스는 신화적 이야기들을 통해 자신에게 굴복한 상대방에게 나름대로 명분을 준 거예요.

차클 이후의 원정길은 아주 순탄했겠는데요?

김 네. 원정길에 있던 도시들이 신의 아들을 영접하는 의식을 거행할 정도였어요. 물론 알렉산드로스에 끝까지 대항한 도시들도 있었습니다. 그런 곳들은 무자비하게 짓밟았다고 해요. 반대로 자신에게 순순히 성문을 열어준 성주에겐 기득권을 모두 인정해주고 그 지역을 계속 지배하도록 해줬답니다. 자신의 군대를 남겨두긴 했지만 서로 화합하도록 했고요.

"알렉산드로스는 자신의 신성에 대한 믿음에 현혹되거나 우쭐대지는 않았다. 하지만 남들을 복속시키는 데는 그것을 적극적으로 이용했다."

_《플루타르코스 영웅전》 중에서

차클   그들을 자기 편으로 만들어 페르시아 원정길에 보급을 받으려는 목적도 있지 않았을까요?

김   그렇습니다. 그토록 먼 거리를 원정하는데 물자나 병사를 어디서 보급받을 수 있었겠어요. 본토에서 조달해 오는 데는 한계가 있잖아요. 거기다 알렉산드로스를 돕는 건 신의 아들을 돕는 것이라는 명분을 이미 제공한 상태죠. 세계를 지배하고 다스리라는 신의 명령을 함께 수행하는 셈이 되는 거예요. 이런 점에서 알렉산드로스는 상당히 영리하게 신화를 이용했음을 알 수 있습니다. 신화를 활용해 자신의 권력을 창출하고 확장시키고 공고히 한 거죠.

아우구스투스는 어떻게 신화를 이용했나

"당시 로마는 군사적으로는 팽창해 그리스를 정복했지만 문화
적 열등감을 갖고 있었어요. 그래서 작은 도시 국가로 출발한
로마가 사실 그리스와 맞먹던 트로이아라는 걸 신화를 통해 천
명한 겁니다. 게다가 트로이아 자체가 이탈리아 반도 출신 사람
들이 건너가 세운 나라라는 이야기까지 덧붙입니다."

• • •

차클   아우구스투스가 신화를 어떻게 이용했는지도 궁금합니다.

김   그에 앞서 로마에 대한 설명부터 간략히 해보죠. 로마는 기원전 753년
에 건국됐는데 당시엔 인구 10만 명이 안 되는 조그마한 도시 국가였
습니다. 아마 알렉산드로스는 로마라는 나라가 있는지도 몰랐을 거예
요. 알렉산드로스 대왕이 죽고 나서 기원전 3세기부터 기원전 2세기
까지 로마의 영토가 북아프리카까지 확장됐고 마침내 로마가 이탈리
아 전체를 통일하게 되거든요. 그 과정에서 역사적으로도 중요한 전쟁
들을 치릅니다.

차클   어떤 전쟁들인가요?

김   우선 포에니 전쟁이 있습니다. 기원전 264년부터 기원전 146년까지

작은 도시 국가였던 로마는 북아프리카를 비롯해 지중해 패권을 차지한다.

100년간 지중해 서부의 패권을 두고 로마와 카르타고가 벌인 전쟁이 죠. 로마가 이 전쟁에서 이기면서 지중해 서부 연안의 어마어마한 영 토를 차지하게 됩니다. 그리고 동쪽에선 그리스의 마케도니아와 전쟁 을 치렀는데 여기에서 승리를 거두며 드디어 그리스에도 발을 들여놓 게 됩니다.

차클 그리스로 진출하며 그리스의 신화를 접하게 됐겠군요?

김 그렇습니다. 로마가 전쟁에서 승리하고 그리스 땅에 진입한 뒤 깜짝 놀라게 됩니다. 그리스의 문화가 너무나 뛰어났기 때문입니다. 자신들 보다 훨씬 더 높은 수준의 철학과 예술을 즐기는 걸 보고 문화적 충격 에 빠집니다. 그래서 그리스의 문화를 받아들여야겠다고 생각하고 모 방하기 시작합니다. 특히 신화를 적극적으로 모방하죠.

차클 그리스 로마 신화가 그렇게 탄생한 건가요?

김 네. 맞습니다. 사실 로마도 자체적인 신화를 갖고 있었어요. 그런데 그리스의 신화가 더 멋있다고 생각해서 자신들의 신과 그리스의 신을 일대일로 연결시킵니다. 또 그리스 신화의 풍부한 이야기와 상상력을 자신들의 신화에 녹여내기도 합니다.

차클 그럼 로마 신화는 사라져버린 건가요?

김 모든 것을 바꾸진 않았어요. 예를 들어 제우스는 유피테르, 아프로디테는 베누스, 헤라는 유노, 아테나는 미네르바, 포세이돈은 넵투누스 식으로 로마 신화 속 신의 이름은 그대로 지킵니다. 로마의 입장을 잘 나타낸 말이 있는데요. "로마 문명은 그리스 문명을 모방하고 경쟁했다"는 겁니다.

차클 그리스 로마 신화는 로마 사회에 어떤 영향을 미쳤나요?

김 먼저 시대 상황에 대한 얘기부터 해보도록 하죠. 로마는 기원전 509년에서 기원전 27년까지는 공화정 체제였어요. 공화정은 로마가 광대한 영토를 확보하고 사회를 발전시키는 데 굉장히 효율적으로 작동했습니다. 그 공화정 체제의 권력의 정점에 있었던 게 바로 율리우스 카이사르입니다.

차클 우리가 흔히 시저로 알고 있는 바로 그 사람인가요?

김 맞습니다. 카이사르는 공화정 체제로 거대한 나라를 운영하는 게 어렵다고 느끼기 시작했습니다. 수백 명이 넘는 원로원에서 정책을 결정하고 실행하는 게 비효율적이라고 본 거예요. 강력한 리더십을 가진 사람이 나라 전체를 일사불란하게 이끌어나가야 한다고 생각하고 스스로 황제가 되길 꿈꿨습니다.

차클 그런데 정치 체제를 바꾸는 데는 심한 저항이 따르기 마련이잖아요.

김 그렇죠. 공화정을 지지하는 사람들은 로마가 또다시 왕정 체제로 복귀

로마는 수백 명이 넘는 원로원을 통해 국가가 운영되는 공화정 체제였지만, 카이사르는 왕정 체제로 돌아가야 한다고 생각했다.

하는 것을 용납할 수 없었습니다. 그 결과 황제를 꿈꾸던 카이사르는 브루투스와 공화정파에 의해 암살을 당합니다. 기원전 44년에 벌어진 일입니다.

차클 로마 내부가 엄청난 혼란에 휩싸였겠군요.

김 로마는 내전에 빠지고 세 명의 지도자들이 권력을 놓고 다투게 돼요. 그 권력 다툼에서 카이사르의 양자였던 아우구스투스가 승리를 거둡니다. 그런데 아우구스투스는 공화정이 그 역할을 다하고 로마가 제국으로 넘어갈 시점이 됐다고 했던 카이사르가 옳다고 봤어요. 그래서 어떻게 하면 제국 창건의 정당성을 알리고 공화정파를 약화시켜 반란을 막을 수 있을지 고민에 고민을 거듭합니다.

차클 그럼 로마 국민들을 설득하는 데 신화를 이용한 건가요?

김 그렇습니다. 심지어 아우구스투스는 자신만의 신화를 새로 만들었어요. 알렉산드로스가 자신에게 맞는 신화를 찾아낸 반면 아우구스투스는 아예 신화를 만들었어요.

차클 아우구스투스를 위한 신화를 써준 사람이 누군지 알려져 있나요?

김 네. 당대 최고 시인으로 알려져 있었던 베르길리우스입니다. 12권의 로마 건국 신화《아이네이스》를 집필한 작가예요. 아우구스투스는 "내가 권력을 잡은 것, 로마가 제국이 되는 것이 신의 뜻에 부합한다는 것을 보여줄 수 있는 신화를 지어달라"고 부탁합니다. 요컨대 로마식 용비어천가를 주문한 거라고 볼 수 있죠.

차클 베르길리우스에 대해 좀 더 알고 싶습니다.

김 베르길리우스는 사실 카이사르가 권력을 잡았던 기원전 37년에서 기원전 29년까지 갖은 고초를 겪은 사람이에요. 집안이 풍비박산됐습니다. 그런데 아우구스투스가 로마의 내전을 수습하고 자신을 도와주자 그가 정말 로마를 구할 메시아일지 모른다는 생각을 하게 됐어요.

차클 카이사르와는 다른 아우구스투스의 진면모를 보고 도와주기로 한 것이군요?

김 네. 쉽게 말해 진정한 팬이었던 셈이죠. 아무튼 아우구스투스가 신화를 써달라는 주문을 하자 완전히 새로 만들어내기보다 기존의 신화를 활용해보자는 생각을 합니다. 그래서 베르길리우스가 모델로 삼은 것이 바로 호메로스가 쓴 유럽 문학사상 최초이자 최고의 서사시인《일리아스》와《오디세이아》입니다.《일리아스》와《오디세이아》를 모방하며 트로이아 전쟁 신화를 끄집어낸 겁니다.

차클 알렉산드로스는 트로이아 전쟁 신화 속 아킬레우스를 롤모델로 삼았잖아요. 아우구스투스를 위한 신화에선 누가 주인공이 됐나요?

김 그리스 신화에서 아프로디테의 아들로 등장한 아이네이아스를 선택했

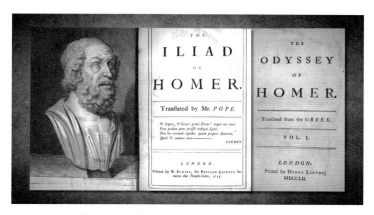

베르길리우스는 《일리아스》와 《오디세이아》를 모방해 《아이네이스》를 집필한다.

습니다. 트로이아 전쟁에서 그리스 연합군에게 패했던 트로이아의 장군이었죠.

차클 전쟁에서 패한 사람을 주인공으로 삼았다고요?

김 여기에서 베르길리우스의 천재성이 드러난다고 할 수 있습니다. 호메로스가 쓴 《일리아스》를 보면 아이네아스가 그리스 연합군 최고의 전사인 아킬레우스와 싸우는 장면이 나와요. 아이네아스가 일방적으로 몰려서 거의 죽기 직전까지 이르죠. 그걸 본 포세이돈이 다른 신들에게 아이네아스를 구해주자고 합니다. 아이네아스와 앞으로 태어날 그의 자손들이 대대로 트로이아를 다스릴 운명이라면서요. 그러니까 《일리아스》 속에 이미 아이네아스가 트로이아의 유민을 이끌고 새로운 트로이아를 건설한다는 이야기가 들어 있었던 겁니다. 베르길리우스가 그 이야기를 끌어다가 로마의 건국 신화와 연결시킨 거예요.

차클 호메로스가 짧게 언급한 인물을 데려와서 주인공으로 만든다…, 요즘 유행하는 히어로물의 스핀오프 같은 느낌이네요.

김 당시 로마는 군사적으로는 팽창해 그리스를 정복했지만 문화적 열등감을 갖고 있었어요. 그래서 작은 도시 국가로 출발한 로마가 사실 그리스와 맞먹던 트로이아라는 걸 신화를 통해 천명한 겁니다. 게다가 트로이아 자체가 이탈리아 반도 출신 사람들이 건너가 세운 나라라는 이야기까지 덧붙입니다.

왜 고대 사람들은 신화를 믿었나

"어쩌면 당대 사람들의 소망을 반영한 것 아닐까요. 지금 그들
위에 군림하려는 아우구스투스가 그저 권력욕을 채우려는 게
아니라고 믿고 싶었을 거예요. 새로운 트로이아인 로마 제국을
건설하는 게 신의 뜻이었고 그는 그 뜻을 이루려는 거라고 말
이죠."

• • •

차클 아이네아스의 영웅 서사시인 《아이네이스》는 어떻게 시작되나요?

김 포세이돈의 예언, 즉 아이네아스가 트로이아를 탈출하는 데서부터 시
작됩니다.

"그날이 우리에게는 마지막 날이었음에도 가련한 우리는 온 시내의 신전들을 축제의
나뭇가지들로 장식했습니다."

_《아이네이스》, 2. 248~249

김 앞서 트로이아가 멸망하게 된 건 오디세우스가 만든 목마 때문이라고
했죠. 그리스의 군대가 물러나며 남겨둔 목마를 트로이아인들이 성 안

으로 들여왔습니다. 밤이 되자 목마에서 군사들이 나와 성문을 열어 주었고 밖에 숨어 있던 그리스 군사들이 성으로 들어와 트로이아인들을 살육하기 시작하죠. 이때 아이네아스는 꿈을 꿉니다. 그의 꿈에 그리스 신화 속 영웅, 트로이아의 왕자이자 총사령관인 헥토르가 등장해요. 그가 "나는 아킬레우스에게 죽임을 당했지만 너는 여기서 죽으면 안 된다. … 여기서 생을 마치지 말고 빨리 일어나 유민들을 챙겨서 새로운 트로이아를 건설하라"라고 말합니다.

"아아! 여신의 아들이여, 도망치시오! … 트로이아는 그대에게 자신의 성물과 페나테스 신들을 맡겼고 … 이들을 위해 강력한 도시를 구하시오."

_《아이네이스》, 2. 288~294

차클   꿈에서 깨어난 아이네아스는 그 말대로 했나요?

아이네아스의 앞에 나타난 베누스

김 꿈에서 깨어 보니 헥토르가 말한 상황이 그대로 펼쳐져 있었죠. 그런데 아이네아스는 트로이아를 저버린 채 도망가면 안 된다고 생각해요. 헥토르의 말을 잊은 채 목숨을 걸고 싸웁니다. 그 순간 갑자기 엄마가 나타나요.

차클 아이네아스의 엄마라면 아프로디테인가요?

김 네. 《아이네이스》에서는 로마식 표기인 베누스로 등장하죠. 베누스 여신이 나타나 아들에게 또다시 달아나라고 합니다.

"내 아들아, 네가 여기서 왜 싸우고 있느냐. 너는 먼저 노쇠한 네 아버지 앙키세스를 어디에 남겨두고 왔는지, 네 아내 크레우사와 어린 아스카니우스가 아직도 살아 있는지 알아봐야 하지 않겠느냐? … 내 아들아, 어서 달아나거라."

_《아이네이스》, 2. 596~619

김 베누스 여신의 목소리를 들은 아이네아스는 그제야 정신을 차리고 트로이아를 뒤로한 채 자신의 가족과 유민들을 데리고 떠나게 됩니다. 이 장면에서 주목할 장면이 있어요. 아이네아스는 아버지를 어깨에 메고 어린 아들의 손을 잡고 도망치는데 아버지의 손에는 가정과 나라의 수호신인 페나테스 신상이 들려 있습니다. 미처 아내까지 챙기지는 못해 아내는 그 뒤에서 따라오는 걸로 묘사됩니다. 상당히 가부장적인 구도예요.

차클 전쟁에서 패한 패장이긴 하지만 가족과 나라를 지키는 영웅이라는 걸 묘사한 장면인가요?

김 네. 그렇습니다. 미켈란젤로와 쌍벽을 이루던 바로크 시대 조각가 베르니니가 바로 그 장면을 작품으로 남겼습니다. '로마의 가부장적인 전통을 상징적으로 보여주는 조각상'이라고 평가되고 있죠.

차클 아버지와 아들을 어깨에 메고 손에 든 것이 조국의 운명과 미래를 짊어진 사람이라는 정당성을 부여하는 느낌이에요.

김 네. 베르길리우스는 아이네아스를 경건한 남자라고 표현했습니다. 누군가 경건하다고 표현하려면 세 가지 조건이 충족돼야 합니다. 가족에 충실하고, 국가에 충성하며, 신에게 신실해야 한다는 것입니다. 이 조건은 로마인들의 전통적 가치관으로 자리 잡는데요. 경건한 아이네아스의 모습에서 아우구스투스가 겹쳐 보이도록 하는 게 베르길리우스의 전략이었습니다.

차클 그런데 다른 가족은 챙기면서 아내는 뒤처지게 놔뒀다는 게 조금 걸리네요. 아내는 어떻게 되나요?

지안 로렌조 베르니니의 작품인 아이네아스, 앙키세스, 아스카니우스. 이 작품에도 아이네아스의 아내 크레우사는 없다.

김 아이네아스가 새로운 트로이아를 향해 출항을 앞두고 있을 무렵, 뒤를 돌아보니 아내가 보이지 않는 거예요. 트로이아에 아내를 남겨뒀다는 생각에 아이네아스는 다시 트로이아로 돌아갑니다. 그때 아내의 혼령이 나타나요. 그러더니 왜 트로이아에서 헤매고 있느냐며 어서 떠나라고 종용하죠.

"오오! 사랑하는 낭군이여 … 긴 망명이 당신의 운명이며 당신은 망망대해를 쟁기질 해야 해요 … 자, 이제 잘 가세요."

_《아이네이스》, 2. 777~789

김 아내의 혼령을 마주한 아이네아스는 눈물을 머금고 트로이아를 다시 빠져나와 새로운 트로이아를 향해 떠나게 됩니다.

차클 그리스 신화에서는 트로이아 전쟁 이후를 어떻게 묘사하고 있나요?

김 베르길리우스가 호메로스를 모방했다고 했었죠. 호메로스의 《오디세이아》는 오디세우스가 트로이아 전쟁을 마치고 집으로 돌아가는 이야기입니다. 그것도 그대로 모방해요. 오디세우스가 지나간 곳들을 아이네아스도 비슷하게 지나갑니다. 하지만 큰 차이가 있어요. 그리스인들은 오디세우스를 영웅으로 떠받들었지만 그를 믿고 따르던 사람들은 모두 죽었습니다. 결국 그리스로 돌아온 사람은 오디세우스 혼자였어요.

차클 그럼 베르길리우스가 그린 아이네아스는 어떻게 됐나요?

김 아이네아스를 따라나선 사람들은 대부분 살아남습니다. 7년 동안 바다에서 헤매는 동안 아이네아스는 사람들에게 새로운 트로이아를 건설한다는 비전을 제시하죠. 그리고 불안과 공포를 이겨내면서 카르타고에 도착합니다. 그런데 로마가 카르타고와 싸운 적이 있다고 했었죠? 아이네아스와 유민들이 카르타고에 도착하고 보니 사람들이 새로운 나라를 건설하고 있었어요. 그곳의 지도자는 디도라는 여왕이었습니다.

차클 디도라는 여왕과 아이네아스 사이에 뭔가 일이 벌어질 것 같은 느낌이네요.

김 네. 디도도 남편을 잃은 상태였어요. 디도의 오빠가 굉장히 욕망이 강한 자여서 디도의 남편을 죽인 뒤 디도까지 죽이고 모든 재산을 빼앗으려고 했죠. 다행히 꿈에 남편이 나타나 "당신의 오빠가 날 죽였으니 빨리 도망가시오"라는 말을 전해 디도는 목숨을 건질 수 있었습니다. 이렇듯 남편을 잃은 디도와 아내를 잃은 아이네아스가 운명적으로 만난 겁니다. 아이네아스가 트로이아의 멸망을 이야기해주면서 두 사람은 사랑에 빠지게 됩니다.

"손님이여 … 그대 자신의 방랑에 관해 처음부터 이야기해주세요."

_《아이네이스》, 1. 753~754

차클 아이네아스와 디도의 만남을 좀 더 자연스럽게 보이게 만드는 신화적 설정은 없었나요?

김 있습니다. 베르길리우스의 작품 속에서 디도는 굉장히 정숙한 여인으로 그려져요. 쉽게 다른 남자와 사랑에 빠지기 힘들겠죠. 그래서 아이네아스의 엄마인 베누스가 자신의 또 다른 아들인 사랑의 신 쿠피도에게 "네 동생이 7년 동안 고생하다 카르타고에 갔는데 쫓겨나면 안

되니 가서 디도의 가슴에 사랑의 화살을 쏘라"고 말해요. 그 덕에 디도
와 아이네아스는 사랑에 빠지고 1년 동안 같이 지냅니다.

"쿠피도는 … 디도의 마음에서 조금씩 쉬카이우스(남편)의 기억을 지우기 시작했고
이미 오래전부터 쉬고 있던 그녀의 정염과 사랑을 잊어버린 그녀의 마음을 살아 있는
사람으로 기습하려 했다."

_《아이네이스》, 1. 719~722

김 그 무렵 유피테르가 하늘에서 내려다보더니 "저 녀석이 저기서 뭐하
는 거냐" 하고 깜짝 놀라요. 그러고는 전령의 신 메르쿠리우스, 즉 헤
르메스를 내려보내 아이네아스에게 새로운 트로이아를 건설해야 하
는 사명을 상기시킵니다. 빨리 그곳을 떠나야 한다고 말해주죠.

"만약 그토록 위대한 운명의 영광도 그대를 움직이지 못한다면 … 장성해가고 있는
아스카니우스, 그대의 후계자 이울루스의 희망을 생각하구려, 이탈리아의 왕국과 로
마의 땅은 그의 몫이니까."

_《아이네이스》, 4. 272~275

차클 아이네아스가 유피테르의 경고를 받아들이나요?

김 아이네아스는 고민에 빠집니다. 카르타고에 남아 디도와 사랑을 나눌
것이냐, 아니면 디도의 사랑을 저버리고 새로운 트로이아를 향해서 나
아갈 것이냐 하고요.

차클 트로이아의 파리스는 사랑을 선택하는 바람에 트로이아 전쟁의 원흉

이 됐잖아요. 아이네아스는 다른 선택을 했을 것 같아요.

김 좋은 지적입니다. 아이네아스를 보고 있으면 파리스를 떠올리게 되죠. 《아이네이스》에서도 "아이네아스가 제2의 파리스가 되는구나"라는 대목이 나와요. 파리스는 사랑을 선택하는 바람에 조국을 잃었어요. 만약 제2의 파리스, 아이네아스가 사랑을 택한다면 새롭게 만들어질 조국이 사라지겠죠. 하지만 아이네아스는 사랑을 택하지 않고 조국을 택합니다. 트로이아를 멸망시킨 원죄를 지은 파리스의 선택을 극복한 겁니다. 베르길리우스가 달리 위대한 작가가 아닌 거예요.

차클 그럼 카르타고에 남겨진 디도는 어떻게 됐나요?

김 아이네아스가 떠나가는 모습을 보면서 디도는 자살을 합니다. 그런데 자살하면서 저주를 퍼부어요. 그렇게 잘해준 자신을 버리고 가는 남자에게 복수를 하지는 못해도 그의 자손에게 복수를 부탁한 겁니다. 향후 포에니 전쟁이 왜 일어나게 되는지를 베르길리우스가 이렇게 신화적으로 풀어낸 겁니다.

"나의 유골에서는 어떤 복수자가 일어서 다르다누스(아이네아스 선조) 백성들이 정착할 때마다 불과 칼로 그들을 괴롭힐지어다."

_《아이네이스》 4. 625~626

차클 로마가 일으킨 포에니 전쟁의 명분까지 신화를 빌려 제공하다니 정말 놀랍네요.

김 그렇죠. 이 대목을 읽으면 로마 사람들이 왜 전쟁을 해야 하는지에 대해서 납득하게 되잖아요. 아무튼 카르타고를 떠난 아이네아스는 드디어 이탈리아 쪽으로 진출하게 됩니다. 그런데 이탈리아로 진출하면서 아이네아스는 자신의 운명이 어떻게 될지 궁금했어요. 때마침 예언의 능력을 가진 시벨레의 제안에 따라서 저승 세계로 내려갑니다. 저승 세계로 내려가는 이 장면도《오디세이아》에서 차용한 겁니다.

차클　저승 세계에서 아이네아스는 어떤 일을 겪게 되나요?

김　아버지의 혼백을 만나게 돼요. 아이네아스는 자신의 운명이 어떻게 되는지를 묻죠. 그러자 아버지는 "얘야, 지금 힘들더라도 참고 기다리면 네 앞에는 찬란한 역사가 열릴 것이다"라고 이야기해줘요.

"이탈리아 부족에게서 네가 어떤 후손들을 기대할 수 있는지 설명하겠다."

_《아이네이스》, 6. 756~758

김　《오디세이아》에서는 저승 세계에 죽어 있는 혼백들만 가득 차 있는 것으로 그려져요. 하지만 베르길리우스가 그린 저승 세계는 태어날 영혼들도 함께 있는 것으로 나옵니다. 그중에 한 아이를 아이네아스의 아버지가 가리키면서 그 아이가 만들어갈 미래에 대해 알려주죠.

"로물루스 그의 복점에 따라 저 유명한 로마는 그 통치권이 온 땅에 미치고 그 기백이 하늘을 찌를 것이다."

_《아이네이스》, 6. 781~782

차클　로물루스라면 로마를 세운 영웅 아닌가요?

김　맞습니다. 아이네아스가 저승 세계에 내려온 게 기원전 1300년에서

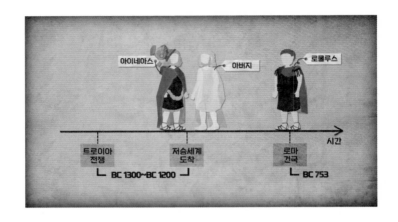

1200년쯤이에요. 로물루스가 태어나 로마를 세운 건 기원전 753년이
거든요. 그런데 아이네아스의 아버지가 "앞으로 500년 후에 저 아이
가 태어날 거야. 저 아이가 커서 로마를 세울 거야"라고 말하고 있는
거예요. 또 "저기 보이는 게 카이사르라는 아이인데 저 아이도 나중에
태어날 거야"라는 말도 하죠.

"여기 이것이 카이사르와 언젠가는 넓은 하늘 밑으로 나가게 되어 있는 이울루스의
모든 자손들이다."

_《아이네이스》, 6. 789~790

차클　　로마의 건국 신화에다가 카이사르에 대한 예언까지 다루다니 정말 스
　　　　케일이 어마어마하네요.

김　　　특히 마지막이 압권이에요. 베르길리우스는 사람들을 모두 모아놓고
　　　　로마를 세운 로물루스와 카이사르, 거기다 아우구스투스까지 신의 아

들이라고 말합니다.

"여기 있는 이가 오리라고 너도 가끔 들은 적이 있는 바로 그 사람으로 그 사람은 바로 신의 아들 아우구스투스 카이사르다."

_《아이네이스》, 6. 791~792

차클 아우구스투스까지 실명으로 등장시킨 건 너무 노골적인 것 아닐까요?

김 어쩌면 당대 사람들의 소망을 반영한 것 아닐까요. 지금 그들 위에 군림하려는 아우구스투스가 그저 권력욕을 채우려는 게 아니라고 믿고 싶었을 거예요. 새로운 트로이아인 로마 제국을 건설하는 게 신의 뜻이었고 그는 그 뜻을 이루려는 거라고 말이죠.

우리는 왜 신화를 읽어야 하는가

"기성세대는 끊임없이 새로운 세대를 가두려고 하지만 새로운
세대가 기존의 틀을 벗어나야만 자신의 시대를 만들 수 있습니
다. 우리는 틀에서 벗어나면 큰일이 날 것처럼 말하죠. 그러나
그리스인들은 그 틀에서 벗어날 때 자기 시대를, 세계를 만들
수 있다는 것을 신화를 통해 보여주고 있는 것입니다."

•••

차클 당시 사람들도 신화가 허구적으로 꾸며진 걸 알 텐데 어떻게 먹혀들
었을까요?

김 베르길리우스가 《아이네이스》를 쓴 건 아우구스투스 집권기인 기원전
1세기 사람들을 겨냥한 거예요. 그들은 기원전 1세기 이전의 역사를
다 알고 있죠. 그런데 베르길리우스가 지어낸 이야기에 몰입하면서 그
속에 등장하는 인물들과 같은 시간을 사는 것처럼 느끼게 됩니다. 아
이네아스가 등장하는 시기, 즉 트로이아 전쟁이 한창이던 시점으로 들
어가는 거예요. 그런데 신화 속 이야기가 이미 역사 속에서 벌어진 걸
알고 있기에 '아, 모든 게 신의 뜻대로 실현된 것이구나'라고 착각하게
되죠. 이런 것이 문학의 마법적 속성인 겁니다. 이런 식으로 앞으로 일

어날 일에 대한 예언까지도 이뤄질 거라는 환상을 갖게 만들죠.

차클 미래에 대한 예언까지도 《아이네이스》에서 다뤘나요?

김 실제로 아우구스투스를 중심으로 로마가 평화와 번영을 이룰 것이며, 세계를 지배할 것이라고 적었습니다. 그리고 사람들은 《아이네이스》에서 아우구스투스와 그의 비전을 보게 된 겁니다.

차클 어쩌면 베르길리우스가 아우구스투스에게 로마에 대한 비전을 제시한 건 아닐까요?

김 그럴 수 있죠. 다른 각도로 보면 베르길리우스가 희망하던 황제상, 이상적인 군주의 표상을 그렸다고 할 수 있어요. 베르길리우스가 그리고 싶은 로마 제국의 비전도 담아내고요. 그러니까 아우구스투스가 신화적 전략을 권력 강화에 사용했다면 베르길리우스는 신화적 전략을 통해 아우구스투스를 조종했다고 볼 수 있습니다.

차클 오히려 베르길리우스가 '보이지 않는 손' 역할을 했다는 얘기네요.

김 영리하게 신화를 활용하고 있는 것이죠. "당신이 그 자리에 있는 이유를 잘 생각하십시오. 그것은 당신이 잘나서가 아닙니다. 당신의 권력욕을 채우기 위해 그 자리에 있는 게 아닙니다. 당신은 지엄한 신의 명령을 받은 자입니다. 신의 아들이기도 하고요. 허튼짓 마세요"라는 말을 하고 싶던 것이라 볼 수 있죠.

차클 베르길리우스는 계획이 다 있었네요.

김 아우구스투스 입장에서는 베르길리우스가 쓴 《아이네이스》를 받았을 때 '내가 진짜 아이네아스 같은 사람이 돼야겠어'라고 생각했을 겁니다. 실제로 아우구스투스는 젊었을 때 굉장히 격정적인 사람이었다고 해요. 그래서 양아버지 카이사르가 죽었을 때 복수를 하기 위해 무차

별적으로 사람을 죽이기도 했어요. 그리고 굉장히 잘생긴 데다 매력적이어서 바람을 아주 많이 피웠대요. 그런데 못된 습성을 다 버리고 그야말로 바람직한 황제상에 가깝게 살아갔다고 하죠. 그런 점에서 베르길리우스의 문학, 그리고 베르길리우스가 만든 신화를 가장 믿고 싶었던 사람은 사실 아우구스투스 본인 아니었을까요?

차를　실제로도 로마를 잘 이끈 황제로 역사에 기록돼 있지 않나요?

김　아우구스투스 이후 200년 이상 로마는 전 세계에서 유례를 찾아보기 어려운 평화로운 시기를 향유했습니다. 이른바 팍스 로마나 시대를 연 황제가 바로 아우구스투스였던 것이죠.

차를　신화가 단순히 옛날이야기라고만 생각했는데 정말 영향력이 컸네요.

김　신화는 오늘날에도 우리에게 영향을 주고 있습니다. 예를 들어 총선이나 대선에서 국민들의 선택을 받아야 하는 위치에 있는 정치인들이 공약이나 이야기들을 끊임없이 만들어내죠. 그런데 그들이 만들어낸 정치적 시나리오를 우리가 믿고 따르게 되면 그것도 일종의 신화로 작동할 수 있습니다. 아우구스투스나 알렉산드로스가 자신의 정당성을 부여하기 위해 신화를 활용했던 것과 유사한 방식을 현대 정치인들도 따라 하고 있다고 볼 수 있어요.

차를　오늘날을 살아가는 젊은이들이 신화를 통해 배울 수 있는 메시지가 있을까요?

김　그리스어에 '파트로크토니아(patroktonia)'란 말이 있어요. 친부 살해의 전통을 가리킵니다. 신화에서 신들의 권력 계승 방법을 보면 자식들이 아버지를 몰아내는 역사가 반복됩니다. 그리스 신화에서는 역사의 본질을 기성세대와 새로운 세대 사이의 갈등이라고 규정한 거예요. 신화

신화는 새로운 세대가 기성세대의 틀에서 벗어날 때 새로운 시대와 세계를 만들 수 있
다는 것을 말해준다.

속에서 아버지들은 자식들을 아내의 자궁 속이나 자신의 배 속에 가
두면서 자신의 권력을 빼앗기지 않으려고 하죠. 기성세대가 새로운 세
대를 자신의 틀 속에 가두려고 하는 상징입니다. 기성세대는 끊임없이
새로운 세대를 가두려고 하지만 새로운 세대가 기존의 틀을 벗어나야
만 자신의 시대를 만들 수 있습니다. 우리는 틀에서 벗어나면 큰일이
날 것처럼 말하죠. 그러나 그리스인들은 그 틀에서 벗어날 때 자기 시
대를, 세계를 만들 수 있다는 것을 신화를 통해 보여주고 있는 것입니
다. 그런 점에서 신화는 역사의 역동성을 보여주고 있다고 생각합니
다. 그리스 신화를 통해 그걸 배울 수 있죠. 새로운 세대에게 용기와 희
망을 심어주고 그들이 틀을 벗어날 수 있게끔 응원해주는 것, 그게 바
로 그리스 로마 신화가 전하는 메시지라고 생각합니다.

차이나는
클라스

별을 따라서
단테와 떠나는 여행, 신곡

•

박상진

이탈리아 고전을 통해 한국의 오늘을 읽다. 이탈리아 플라이아노상 학술 부문 수상
(2020년, 47회). 옥스퍼드대학교 문학 박사, 부산외국어대학교 만오교양대학 교수.

단테는 어떤 사람인가

"신학에 정통한 지식인일 뿐만 아니라 대중에 대한 관심도 간직
한 학자였던 거죠. 독일의 철학자 엥겔스는 이런 단테에 대해
'최후의 중세 시인인 동시에 최초의 근대 시인'이라고 평가하기
도 했어요. 저물어가는 중세의 바탕 위에 새롭게 다가오는 근대
의 초석을 놓은 인물이었다고 볼 수 있습니다."

• • •

차클 이탈리아 문학 중 어떤 주제로 얘기를 해주실 건가요?

박 단테와 그의 작품《신곡》에 대해 알려드릴까 합니다. 단테의《신곡》은
수많은 예술가들에게 영감을 준 작품으로 유명한데요. 대표적인 인물
로 로댕, 그리고 그의 작품〈생각하는 사람〉입니다.

차클 〈생각하는 사람〉이 단테의《신곡》덕분에 탄생한 줄은 몰랐네요.

박 단테가〈생각하는 사람〉의 모델이기도 해요. 그래서 작품의 원제가
〈시인〉이었어요. 로댕은 단테를 흠모해서《신곡》을 탐독했고 작품을
창작할 때도 많은 영향을 받았습니다.

차클 단테가 또 어떤 예술가들에게 영향력을 발휘했나요?

박 단테의《신곡》에 심취해 '지옥의 지도'를 비롯해 수많은 삽화를 그리

단테에게 영향을 받아 〈지옥의 문〉과 〈생각하는 사람〉을 만든 로댕

고 단테의 초상화를 남긴 보티첼리, 평생 단테를 연구하고 강의해 일명 '단테 학자'라 불린 보카치오도 있죠. 심지어 괴테는 "《신곡》은 인간의 손으로 만든 최고의 걸작"이라고 찬미했을 정도예요. 그뿐만 아니라 윌리엄 블레이크, 외젠 들라크루아, 귀스타브 도레 등 수많은 화가들이 단테에게 영감을 받아 그림을 그렸습니다. 리스트는 〈단테 교향곡〉을 작곡하기도 했고요.

차를   대단하네요. 그래서 오늘날까지도 뛰어난 고전으로 추앙받나 봅니다.

박   단테는 1321년 56세의 나이로 세상을 떠났습니다. 2021년은 단테가 서거한 지 700주기를 맞는 해예요. 지금 우리가 코로나19로 인해 혼란스러운 격변기를 겪고 있듯이 단테가 살았던 시대도 그랬어요. 중세의 끝자락인 13~14세기로 과도기적 시기였죠. 《신곡》엔 단테가 살았던 시대의 변화상과 삶의 경험이 잘 녹아 있습니다. 700년이 지난 지금도 여전히 유효한 얘기들이죠.

차클   《신곡》엔 어떤 내용이 담겨 있나요?

박   단테가 주인공으로 등장해 죽음 이후의 세계인 지옥·연옥·천국을 여행하는 이야기입니다. 앞서 로댕이 《신곡》에서 영감을 받아 〈생각하는 사람〉을 만들었다고 했었죠. 이 작품은 1880년부터 1917년까지 제작한 〈지옥의 문〉이라는 거대한 작품의 일부인데 나중에 이와 별도로 제작되며 더 유명해졌죠.

차클   그런데 작품 속 주인공이 오른손을 턱에 괸 채 고민하는 자세를 취한 이유는 뭔가요?

박   〈생각하는 사람〉은 원래 〈지옥의 문〉에서 맨 꼭대기에 위치해 있어요. 지옥에서 다양한 인간 군상들이 고통당하는 모습을 보며 깊은 생각에 빠진 모습을 그린 겁니다. 지옥에 떨어진 사람들이 왜 그렇게 고통스러워할까, 고통을 겪지 않으려면 어떻게 해야 할까, 인간은 어떻게 하면 행복해질 수 있을까 하고요.

단테가 그린 지옥을 로댕은 〈지옥의 문〉이라는 작품으로 묘사했다.

차클 〈지옥의 문〉에 다양한 인간 군상이 나온다고요. 총 몇 명이나 되나요?

박 무려 200여 명에 달합니다. 단테의《신곡》중 지옥편에 등장하는 인물들을 일일이 담아냈죠. 단테가 글로 생생하게 묘사한 것을 로댕이 청동 조각으로 형상화시킨 겁니다.

차클 단테의 지옥 묘사가 그만큼 세밀했다는 얘기인가요?

박 네. 그래서 실제로 단테가 지옥에 다녀왔을 거라고 착각한 사람들이 있었을 정도라고 합니다. 그만큼 사실적 묘사가 뛰어났다는 것이죠.

차클 혹시 단테가 살면서 겪은 일들과도 관계가 있을까요?

박 맞습니다. 단테는 파란만장한 삶을 살았지요. 그리고 살면서 경험한 것들을《신곡》에 그대로 투영시켰습니다. 그럼《신곡》을 제대로 이해하기 위해 단테가 어떤 사람이었는지, 어떤 시대와 장소에서 살았는지부터 살펴보도록 하죠. 가장 먼저 살펴볼 곳은 르네상스를 탄생시킨 단테의 고향 피렌체입니다.

차클 르네상스 시기를 살았던 인물인가요?

박 단테는 1265년에 태어나서 1321년에 세상을 떠났습니다. 13세기 말에서 14세기 초반은 중세에서 르네상스로 넘어가는 과도기에 해당해요. 거대한 변화가 일어나던 시점이죠.

차클 그 시기에 어떤 종류의 변화가 일어난 건가요?

박 중세에는 사람들의 삶이 수동적이었고 오로지 내세만 바라보았죠. 그러다 어느 순간 현세에 대한 관심이 많아지기 시작했어요. 돈에 대한 욕망, 명예에 대한 욕망, 권력에 대한 욕망이 생겨난 거죠. 중세를 지배하던 종교적 사고방식에선 철저히 배제됐던 욕망을 이제 현실 속에서 마음껏 추구하는 시대로 변한 겁니다. 그 같은 변화상이 고스란히

피렌체는 그들의 금화 피오리노가 유럽의 공식 통화로 사용될 만큼 번성했다.

응집돼 있던 곳이 바로 피렌체였습니다.

차클 피렌체가 변화의 중심에 놓인 이유는 뭔가요?

박 상인 세력들이 많았기 때문입니다. 특히 금융업자들이 피렌체에 집중적으로 몰려 있었죠. 섬유 산업을 바탕으로 피렌체에선 상업과 금융업이 빠르게 성장했고, 그 결과 피렌체의 금화가 유럽의 공식 통화로 통용되기에 이릅니다. 상인들이 주축이 된 새로운 문화와 사회가 형성되기 시작한 거예요. 유럽에서 가장 먼저 근대가 태동한 도시라고 할 수 있습니다.

차클 그럼 단테의 집안도 상업이나 금융업과 관련이 있었나요?

박 네. 단테는 금융업을 기반으로 하는 신흥 귀족 가문에서 장남으로 태어났습니다. 피렌체에서 태어나 30대 중반까지 이 도시에서 교육도 많이 받고 창작 활동도 하며 다양한 경험을 쌓았습니다.

차클 피렌체에서 단테에게 특히 영향을 미친 장소가 있을까요?

박　피렌체로 여행을 가면 꼭 가봐야 할 상징적인 성당이 두 곳 있습니다. 산타크로체 성당과 산타마리아노벨라 성당입니다. 먼저 산타크로체 성당은 아시시의 프란치스코 성인이 세운 프란치스코 수도회와 관련 있습니다. 교회 밖으로 나가서 대중을 직접 만나 하느님의 말씀을 쉬운 용어로 전파하고 청빈을 강조하죠. 그런가 하면 산타마리아노벨라 성당은 엄격한 교리와 성경 연구를 중심으로 하는 산도메니코 수도회와 관련이 있습니다. 단테는 두 성당을 모두 중시했고, 양쪽을 오가면서 가톨릭의 두 흐름을 어느 한쪽에 치우치지 않은 채 받아들였지요. 신학에 정통한 지식인일 뿐만 아니라 대중에 대한 관심도 간직한 학자였던 거죠. 독일의 철학자 엥겔스는 이런 단테에 대해 "최후의 중세 시인인 동시에 최초의 근대 시인"이라고 평가하기도 했어요. 저물어 가는 중세의 바탕 위에 새롭게 다가오는 근대의 초석을 놓은 인물이었다고 볼 수 있습니다.

《신곡》은 어떤 작품인가

"원제는 이탈리아어로 '라 코메디아 디 단테 알리기에리', 즉 단테 알리기에리의 코메디아라는 의미예요. 후대에 와서 '신성한'이라는 수식어가 붙었죠. 이와 관련해 보카치오가 《신곡》이 단순한 '코메디아'가 아니라 성스러운 '코메디아'라고 칭했다는 이야기가 전해집니다."

• • •

차클 《신곡》의 주인공이 바로 단테 자신이잖아요. 그렇다면 이 작품에 나오는 그 유명한 베아트리체 역시 실존 인물인가요?

박 맞습니다. 베아트리체의 집안에서 주최한 5월제 기념행사에 단테 아버지가 초대를 받았는데 거기서 단테와 베아트리체가 우연히 만나게 됩니다. 당시 아홉 살이던 단테는 첫눈에 동갑인 그녀에게 반했죠.

차클 단테 스스로 그렇게 말했나요?

박 단테가 과거를 회고하며 쓴 글들을 보면 알 수 있습니다. 아무튼 첫눈에 반했던 베아트리체를 단테는 9년 뒤 열여덟 살이 됐을 무렵에 재회하게 됩니다.

차클 그동안 베아트리체에 대한 단테의 마음이 바뀌지 않았던 것인가요?

아르노강의 산타트리니타 다리에서 만난 단테와 베아트리체

박 내내 마음에 품고 있었던 것 같습니다. 9년 뒤 재회의 장소는 피렌체
를 관통하면서 흐르는 아르노강의 산타트리니타라는 다리예요. 지금
도 많은 사람들이 단테가 베아트리체를 만나는 장면을 상상하며 찾는
곳입니다.

"길을 가다 그녀는 내게 눈길을 돌렸고 깍듯한 예의를 갖추어 내게 고결하게 인사를
했다. 거기서 나는 최고의 행복과 구원을 예감했다."

_단테, 《새로운 삶》 3장

차클 단테가 작품 속에 베아트리체를 등장시킬 정도로 흠모했는데 현실에
서 두 사람의 관계는 어떻게 됐나요?

박 두 사람은 이어지지 않았어요. 베아트리체는 다른 사람에게 시집가고,
단테도 1291년 젬마 도나티라는 여인과 결혼합니다. 두 사람 다 집안

끼리 정략 결혼을 하게 된 것이죠. 하지만 다른 사람과 결혼했어도 단테의 글 속에는 오직 베아트리체뿐이었어요. 이룰 수 없는 사랑을 문학으로 달랬다고 할 수 있습니다. 베아트리체는 단테에게 뮤즈와도 같은 존재였죠.

차클 아내가 있으면서도 마음은 다른 사람에게 가 있었다니 상황이 복잡하네요.

박 그렇죠. 단테는 결혼 생활을 하면서 자식을 네 명이나 뒀어요. 하지만 단테의 글 어디에도 아내에 대한 언급은 없었습니다. 오로지 베아트리체에 대한 사랑만을 글로 풀어냈죠.

차클 《신곡》에서 베아트리체는 어떤 모습으로 등장하나요?

박 단테는 당시 새로운 문학의 흐름을 이끌었습니다. 새로운 흐름이란 사랑이라는 주제를 남녀 사이의 사랑이 아니라 인간이 하느님에게로 나아가는 데 필요한 절대적 사랑으로 다뤘다는 것을 뜻합니다. 인간과 하느님 사이의 매개자인 천사로 베아트리체가 등장합니다. 베아트리체는 평범한 인간 여자가 아니라 인간을 구원의 길로 이끄는 천사의 역할을 하는 겁니다.

차클 베아트리체는 단테의 작품 속 여인이 자신인 걸 알았나요?

박 안타깝게도 그런 사실을 모르고 죽었죠. 베아트리체는 스물네 살의 나이로 세상을 떠났습니다. 베아트리체가 죽고 난 뒤 단테가 추억을 회고하면서 쓴 책이 《새로운 삶》이에요.

차클 베아트리체가 요절한 것이 단테에게 큰 충격을 주었겠는데요?

박 네. 너무 상심한 단테는 문학 활동을 한동안 접습니다. 그 대신 철학 연구에 뛰어들었어요. 인간의 삶과 운명에 대해 더 심도 있게 탐구하고 싶어졌던 모양입니다.

차클 그녀의 죽음이 오히려 다양한 분야에서 활약하는 계기가 된 건가요?

박 그렇죠. 베아트리체 사후에 철학뿐 아니라 다양한 분야에서 활동하게 됩니다. 정치에도 뛰어들었어요. 자신의 이상을 현실 세계에서 펼쳐보자는 의도였겠죠. 그렇게 단테는 정치가·행정가·외교관으로 일하기 시작합니다. 그런데 당시는 피렌체뿐만 아니라 유럽 전체가 매우 혼란스러웠던 시기였습니다.

차클 당시 사회가 혼란스러웠던 이유는 뭔가요?

박 정치적으로 급격한 변환기를 겪고 있었기 때문입니다. 당시 권력 구도가 아주 복잡했어요. 상인과 금융업자들이 주축인 궬피당, 그리고 전통적 봉건지주 귀족들이 형성한 기벨리니당, 이렇게 두 파가 늘 대립하는 형세였습니다. 거기다 가장 대표적 권력이라 할 교황과 황제까지 얽히고설키다 보니 정치적 상황이 아주 복잡할 수밖에 없었죠.

차클 그중 단테는 어느 쪽에 속했었나요?

박 단테는 집안의 영향으로 처음엔 상인과 금융업자가 주축인 궬피당에 속해 있었습니다. 그런데 나중에는 궬피당도 백당과 흑당으로 갈라져 싸우게 돼요.

차클 조선의 붕당 정치가 떠오르네요.

박 유럽 전체가 엮여 있다 보니 붕당 정치보다 더 복잡했다고 볼 수 있습니다. 어쨌든 단테는 아주 혼란스러운 상황에서도 뛰어난 기량을 발휘한 듯합니다. 정치가로서나 행정가로서나 수완을 발휘한 결과 정치 무대에 뛰어든 지 10년이 채 되지 않은 기간 만에 피렌체 최고정무위원으로 발탁됩니다.

차클	권력이 강해진다는 것은 그만큼 견제하는 세력도 많아지고, 리스크도 커진다는 것 아닌가요?
박	그렇습니다. 실제로 단테는 수많은 견제를 받았습니다. 당파 싸움이 한창이던 1301년에 단테는 피렌체를 대표하는 외교 사절로 로마의 교황청을 방문했어요. 그사이에 당에서 내분이 일어나 단테가 속해 있던 백당이 패배하며 관련자들이 쫓겨납니다. 단테 역시 자리를 비운 상태에서 궐석 재판을 받고는 추방령을 선고받습니다.
차클	추방령이라니 가혹한 형벌인 것 같습니다.
박	당시에 추방령은 사형이나 다름없었습니다. 집안이 모두 쫓겨나고, 재산도 몰수당했죠. 결국 단테는 피렌체 최고 권력자의 자리까지 올라갔다가 갑자기 길거리로 내쫓게 된 것입니다. 그 이후 세상을 떠나는 1321년까지 19년 동안 망명 생활을 합니다.
차클	그럼 망명 생활을 하면서 《신곡》을 쓴 것인가요?
박	네. 만약 추방을 당하지 않았다면 《신곡》을 못 썼을지도 모릅니다.
차클	다산 정약용이 유배지에서 《목민심서》를 쓴 것과 비슷한 상황이군요?
박	맞습니다. 세계 어디나 비슷한 것 같아요. 유배를 당하거나 감옥에 갇히면 세상을 관찰할 수 있는 시선과 시간이 생기는 거죠. 단테도 오랜 망명길에 오른 뒤 다시 문학으로 돌아와 1304년쯤부터 1320년까지 《신곡》을 쓰게 됩니다.
차클	단테의 개인적인 고난 속에서 탄생한 《신곡》은 어떤 내용을 담고 있나요?
박	서른다섯 살의 단테가 어두운 숲에서 길을 잃고 헤매다가 지옥과 천국을 돌아보는 일주일간의 이야기를 담고 있습니다. 제목은 '귀신 신

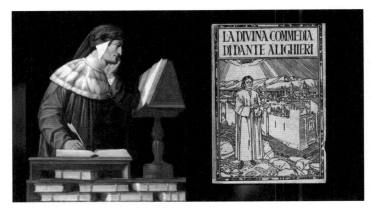

'희극'이라는 원제를 가진 《신곡》

(神)' 자에 '노래 곡(曲)' 자를 써서 거룩한 노래라는 뜻이죠. 그런데 이
제목은 19세기 중반에 일본의 모리 오가이라는 작가가 붙인 제목이에
요. 원제목은 이와 다릅니다.

차클   그럼 원래 제목은 무엇인가요?

박   원제는 이탈리아어로 '라 코메디아 디 단테 알리기에리', 즉 단테 알리
기에리의 코메디아라는 의미예요. 후대에 와서 '신성한'이라는 수식
어가 붙었죠. 이와 관련해 보카치오가 《신곡》이 단순한 '코메디아'가
아니라 성스러운 '코메디아'라고 칭했다는 이야기가 전해집니다.

차클   《신곡》이 희극이었다고요? 우리가 생각하는 코미디를 생각하면 되는
건가요?

박   그런 건 아닙니다. 단테는 '코메디아'라는 단어에 우리가 전통적으로
생각하는 희극이라는 장르가 아니라 특별한 의미를 넣었어요. 단테가
쓴 편지글을 보면 "코메디아는 비참함에서 시작하지만, 행복으로 열

매를 맺는 글" "나는 슬픈 시작에서 행복한 결말로 이루어진 그런 작품을 쓰겠다. 그래서 코메디아라고 부르겠다"라는 대목이 등장합니다. 즉 지옥에서 천국을 향하는 사후의 순례를 '코메디아'라고 표현한 거예요. 지옥이 불행한 서두라면 천국은 행복한 결말이죠. 코메디아라는 용어에 그런 뜻을 담은 겁니다.

차클　그렇군요. 단테가 위대한 작품의 서두를 어떻게 풀었을지 궁금합니다.

박　단테는 자신의 경험과 생각, 관찰한 것들을 사람들에게 보여주겠다는 의도를 《신곡》 첫 장면에서 표현했습니다.

"우리 인생길 반 고비에 올바른 길을 잃고서 난 어두운 숲에 처했었네."

_《신곡》 지옥편 1, 1~3

"그러나 내 마음을 무서움으로 적셨던 골짜기가 끝나는 어느 언덕 기슭에 이르렀을 때 나는 위를 바라보았고 벌써 별의 빛줄기에 휘감긴 산꼭대기를 보았다. 사람들이 자기 길을 올바로 걷도록 이끄는 별이었다."

_《신곡》 지옥편 1, 12~18

차클　이번 주제에 등장하는 별이 이 대목에서 나오네요. 별은 무엇을 상징하나요?

박　단테는 어두운 숲속에서 언덕 위의 빛을 발견하곤 그 빛을 향해 나아가야겠다고 생각하죠. 어두운 숲은 단테가 추방된 뒤 피렌체 근교에 있는 카센티노라 불리는 산악지대에 머물던 경험을 반영하고 있어요. 그때는 단테가 정치가가 아닌 시인으로 새로운 출발을 다짐하는 순간이기도 하죠. 별빛은 그 다짐, 그 새로운 희망을 가리키기도 합니다.

차클 《신곡》을 본격적으로 읽기 전에 알아두면 좋을 게 또 있을까요?

박 《신곡》의 원문을 보면 단테가 《신곡》을 운율과 강세를 통해 노래처럼 읽히는 글로 썼다는 것을 알 수 있어요. 실제로 이 작품은 사람들이 귀로 듣고 입으로 전하는 식으로 전파되기도 했어요. 실제로 단테가 쓴 글을 보면 소리 내어 읽는 방식으로 퍼져나갈 것을 염두에 둔 걸로 추정됩니다.

차클 노래처럼 읽힌다니 구체적 형식이 궁금합니다.

박 각 행의 음절이 서로 절묘하게 맞춰지도록 썼습니다. ABA, BCB, CDC 식으로 특정 음절이 세 번씩 등장해요. 단테가 3이라는 숫자를 굉장히 중요하게 여겼기 때문이죠. 기독교의 삼위일체 교리의 영향이기도 합니다.

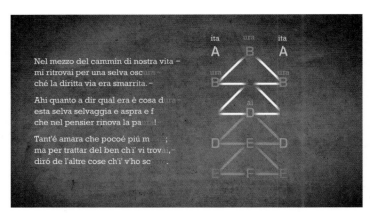

《신곡》은 절묘한 운율과 음절의 반복으로 읽는 사람도, 듣는 사람도 빠져들게 하는 매력을 가진 작품이다.

차클	특정한 형식을 철저히 지키면서 자신이 쓰려는 내용을 담아내는 게 쉽지 않을 텐데 정말 놀랍네요.
박	네. 방금 말한 운율 운용의 규칙이 《신곡》의 1만 4233행 전체에서 같은 형식으로 반복됩니다. 그뿐 아니라 1만 4233행 전체의 각 행을 11음절로 맞추기도 했어요.
차클	그렇게 반복되는 글의 형식 덕분에 읽고 듣고 외우는 방식으로 전파될 수 있었던 거군요.
박	맞습니다. 1만 4233행이나 되는 《신곡》 전체를 암송하는 사람들이 꽤 있었어요. 또 한 가지 주목할 만한 건 단테가 대중들이 친숙해 하는 피렌체 사투리로 《신곡》을 썼다는 겁니다. 대부분 지식인들이 라틴어로 책을 집필하던 관행을 거스른 거죠. 이후 피렌체 사투리는 이탈리아의 표준어로 자리 잡게 됩니다.
차클	설명을 듣고 나니 《신곡》이 정말 특별한 작품이라는 생각이 듭니다. 첫 장면 이후 《신곡》의 내용이 어떻게 전개되는지도 알려주시죠.
박	단테가 어두운 숲속에서 별을 찾아 헤매며 언덕을 오르고 있었습니다. 여기서 언덕 위의 별은 구원의 상징이에요. 그런데 갑자기 짐승 세 마리가 나타나 길을 막아섭니다. 표범·사자·늑대 순으로 단테 앞에 등장했는데 표범은 육욕, 사자는 교만, 늑대는 탐욕을 상징합니다.
차클	구원을 향해 가는 길에 장애물이 나타난 거군요.
박	네. 그래서 단테가 길을 계속 갈 수 있도록 도와주는 길잡이가 등장합니다. 바로 베르길리우스입니다.
차클	베르길리우스 역시 단테나 베아트리체처럼 실존 인물인가요?
박	맞습니다. 푸블리우스 베르길리우스 마로는 고대 로마의 시인이에요.

별을 찾아 헤매던 단테를 가로막고 나타난 표범(육욕), 사자(교만), 늑대(탐욕)

《신곡》에서 베르길리우스는 성모 마리아의 명을 받아 단테의 지옥 여행을 인도하는 안내자로 등장합니다.

차클 단테가 길잡이로 베르길리우스를 등장시킨 건 존경의 표시인가요?

박 그렇게 볼 수 있죠. 선배 작가로 존경했을 겁니다. 게다가 베르길리우스의 대표작인 《아이네이스》라는 서사시도 사후 세계를 여행하는 내용입니다. 사후 세계를 먼저 다녀온 선배 작가라면 안내자로 제격이라 할 수 있겠죠.

차클 그런데 베르길리우스가 성모 마리아의 명을 받아 단테 앞에 등장했다고 하셨잖아요. 고대 로마 신화를 다룬 시인과 가톨릭 신앙의 상징적 존재를 서로 엮어놓은 건 어떻게 봐야 하나요?

박 단테가 기독교적인 토대 위에서 《신곡》을 쓴 것은 맞습니다. 그런데 절반만 그렇고 나머지 절반은 고대 그리스 로마의 인문주의 또는 인본주의 전통을 반영했어요. 인간에 대한 탐구와 신에 대한 경외를 적절하게 섞은 것이죠.

차클 르네상스에 영향을 줬다고 볼 수도 있나요?

박 길게 보면 그렇게도 볼 수 있겠죠. 베르길리우스는 이성의 상징입니다. 그런 베르길리우스를 길잡이로 삼았다는 것은 단테 자신을 이끌어줄 중요한 힘이 이성이기도 하다는 걸 보여줍니다. 또 다른 한 축인 신성을 대표하는 길잡이는 후반부에 등장합니다. 일단 베르길리우스의 안내를 받아 지옥부터 살펴보도록 하죠.

인간은 어떤 죄를 저지르고 사는가

"단테는 지옥을 지구의 땅속에 있다고 상상했습니다. 보티첼리는 〈지옥도〉에서 이런 상상을 우리 눈앞에 잘 보여줍니다. 제일 아래가 지구의 중심이에요. 아래로 내려갈수록 죄가 무겁다고 표현한 것입니다. 중력이 더 작용한다는 얘기죠. 그리고 죄의 경중에 따라 아홉 개 구역으로 순서를 두어 구별했습니다. 아홉 구역은 각각 림보, 애욕, 탐식, 인색과 낭비, 분노, 이단, 폭력, 사기와 위선과 불화, 그리고 배반으로 나뉩니다."

• • •

차클　그런데 구원을 추구하는 여행에서 왜 지옥부터 가는 건가요?

박　천국에 다다르기 위해서는 지옥을 알아야 하기 때문이죠. 선을 알기 위해서는 악을 알아야 하잖아요. 지옥에 들어가려면 먼저 입구를 통과해야 하는데 단테는 《신곡》에서 지옥의 문에 이런 글귀가 새겨진 것을 보게 됩니다. "여기 들어오는 너희는 모든 희망을 버려라."

차클　모든 희망을 버리라는 말만으로도 지옥이 얼마나 끔찍한 곳일지 상상이 됩니다. 단테가 마주한 지옥의 모습은 어땠나요?

박　앞서 로댕이 《신곡》 속 지옥 묘사에 영향을 받아 〈지옥의 문〉을 만들었다고 했잖아요. 르네상스 시기 화가 보티첼리도 《신곡》에 등장하는 지옥을 〈지옥도〉라는 그림으로 표현했어요. 단테에게 푹 빠진 보티첼리가《신곡》과 관련된 그림을 100장도 넘게 그렸는데 그중 하나입니다. 이 그림을 자세히 들여다보면 지옥에 떨어진 죄인들이 어떤 벌을 받고 있는지가 세세하게 묘사돼 있는 것을 알 수 있습니다.

차클 피라미드가 거꾸로 서 있는 듯한 특이한 모습이네요.

박 단테는 지옥을 지구의 땅속에 있다고 상상했습니다. 보티첼리는〈지옥도〉에서 이런 상상을 우리 눈앞에 잘 보여줍니다. 제일 아래가 지구의 중심이에요. 아래로 내려갈수록 죄가 무겁다고 표현한 것입니다. 중력이 더 작용한다는 얘기죠. 그리고 죄의 경중에 따라 아홉 개 구역으로 순서를 두어 구별했습니다.

차클 각 구역에는 어떤 죄를 저지른 사람들을 배치했나요?

박 총 아홉 개의 구역은 각각 다른 성격의 죄를 지은 사람들을 가두고 있어요. 지옥의 각 구역을 하나씩 살펴보도록 하죠. 먼저 첫 번째 구역은 림보라 불립니다. 림보는 죄가 없거나 공덕을 세웠어도 세례를 못 받은 사람들이 속해 있는 구역이에요. 소크라테스·플라톤·호메로스 등

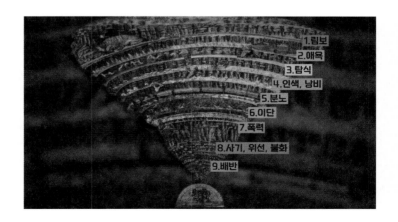

예수가 태어나기 이전인 고대의 철학자들도 여기에 있고 태어나자마자 죽은 아이들도 이곳에 머물고 있습니다.

차클   죄가 없는데도 지옥에 간 이유는 뭐죠?

박   기독교에서 말하는 원죄 때문에 그렇습니다. 인간은 누구나 원죄를 갖고 태어난다고 하잖아요. 다만 림보의 구역에서는 벌을 받진 않습니다. 조용히 시간을 보내며 그리스도의 구원을 기다리는 곳이죠.

차클   그럼 두 번째 구역은 어떤 죄를 저지른 사람들이 머무는 곳인가요?

박   본격적인 지옥이 시작되는 두 번째 구역에선 애욕의 죄를 다룹니다. 단테가 애욕을 지옥에서 가장 가벼운 죄라고 여긴 건데요. 여기에 머물고 있는 인물로는 클레오파트라, 헬레네와 파리스 등이 있습니다.

차클   사랑하면 안 되는 사람을 사랑한 죄 같은 것인가요?

박   그렇죠. 사회의 관습이나 윤리, 법·질서·제도를 어기며 사랑한 죄를 말합니다. 바람둥이나 불륜을 저지른 사람들이 이 구역에서 바람에 휩쓸려 떠돌아다니는 벌을 받고 있는 것으로 그려져요.

차클   단순히 바람에 휩쓸려 다니는 게 벌이에요?

박   보통 바람이 아니에요. 불륜이나 잘못된 사랑을 했던 사람들이 쌍을 이루어 굉장히 세찬 바람에 휘몰려 다닙니다. 그래서 지옥에 가서도 함께 있으니 얼마나 좋을까 하는 생각도 할 수 있겠지요. 하지만 단테는 "가장 고통스러운 시절에 가장 행복했던 때를 떠올리는 것보다 더 고통스러운 것은 없다"는 말로 그들의 형벌이 얼마나 가혹한지 설명하죠.

차클   애욕의 죄를 범한 사람들 중 실존 인물도 나오나요?

박   네. 흥미로운 인물이 여럿인데 그중 한 사례를 소개하죠. 폴렌타 가문의 프란체스카와 말라테스타 가문의 파올로입니다. 두 사람은 정략 결혼을 원하는 집안 어른들의 요구로 맞선을 보게 됩니다. 프란체스카는 잘생기고 훤칠한 영주의 아들을 보고 첫눈에 반해 결혼을 승낙해요. 그런데 결혼식 다음 날 아침 프란체스카는 자기 곁에 낯선 남자가 누워 있는 걸 발견합니다.

차클 어떻게 그런 일이 벌어지죠? 신랑을 누가 바꿔치기한 건가요?

박 원래 프란체스카의 정략 결혼 상대는 파올로의 형인 잔초토였어요. 그런데 그는 추남인 데다 성격도 굉장히 포악했다고 해요. 그래서 맞선 자리에 자기보다 잘생기고 마음도 좋아 보이는 동생 파올로를 내보냈던 거죠. 프란체스카는 파올로와 결혼하는 줄 알고 결혼을 승낙했는데 막상 진짜 남편이 잔초토라는 걸 알게 된 겁니다.

차클 그건 사기 결혼 아닌가요?

박 잔초토뿐만 아니라 가문 전체가 사기를 친 것이나 마찬가지죠. 문제는 파올로도 프란체스카에게 반해버렸다는 거예요. 둘이 몰래 사랑을 나누게 됩니다. 시동생과 형수가 사랑에 빠졌으니 애욕의 죄를 지은 것으로 그려져요.

차클 애당초 프란체스카를 속여 결혼을 시킨 사람들이 더 큰 잘못을 저지른 것 아닌가요?

박 그런 마음이 들 수도 있겠네요. 그래서 단테도 이들을 불쌍히 여겨서 위로하는 듯한 이야기를 썼습니다.

"어느 날 우리는 한가롭게 랜슬롯의 사랑 얘기를 읽었어요. 읽어가는 동안 우리는 서로 여러 번 눈을 마주쳤어요. 얼굴도 여러 번 붉혔죠. 그러다 단 한순간이 우리를 엄습했어요. 사랑에 빠진 연인이 오랫동안 기다린 입술에 입 맞추는 대목을 읽었을 때 그이는 온몸을 부들부들 떨면서 내게 입을 맞추었죠. 우리는 그날 더 이상 읽지 못했어요."

_《신곡》지옥편 5, 127~138

차클　　현실에서 프란체스카와 파올로는 어떻게 됐나요?

박　　두 연인의 사랑은 발각되고 잔초토의 칼에 의해 죽음을 맞이합니다.

"나는 그들이 불쌍해 죽어가는 사람처럼 정신을 잃고 시체가 쓰러지듯 지옥의 바닥에 무너져버렸다."

_《신곡》지옥편 5, 141~142

"프란체스카여. 당신의 기구한 운명이 나를 울리는구려. 슬프고 가여울 뿐입니다."

_《신곡》지옥편 5, 115~117

차클　　단테가 그들의 죽음을 안타까워하는 것이 느껴지네요.

박　　네. 그렇습니다. 지옥에 떨어진 사람들은 씻을 수 없는 죄를 지은 대가로 영원한 고통을 받고 있죠. 그런데 그런 이들을 보면서 단테가 정신을 못 차리겠다. 이성의 힘을 잃어버렸다고 토로한 겁니다. 그들의 잘못을 단죄하기보다 연민을 품고 공감하는 입장인 거예요. 사랑이란 윤리나 관습, 법이나 제도를 뛰어넘는 것이 아닐까 하는 질문을 던지는 것 같아요.

차클　　다음으로 지옥의 세 번째 구역은 어떤 죄에 해당하나요?

박	여기는 대식의 죄를 지은 사람들이 머무는 공간입니다. 음식을 많이 먹고 탐식했던 이들이 머리가 셋 달린 개 케르베로스에게 먹히고 뜯기는 곳이에요.
차클	많이 먹는 것도 죄라고요?
박	네. 심지어 애욕의 죄보다 더 무거운 죄로 취급하고 있죠. 이해를 돕기 위해 단테가 죄를 분류한 기준에 대해 설명할 필요가 있을 것 같습니다. 크게 부절제·폭력·사기로 나눕니다.
차클	부절제·폭력·사기는 어떤 기준으로 나눈 것인가요?
박	단테 자신의 생각과 당시의 시대적 상황을 고려해 나름대로 정한 것인데요. 큰 틀에서는 기독교 교리와 아리스토텔레스 윤리학에 근거합니다. 즉 신학과 철학을 아우르며 인간의 죄를 분류한 거예요. 앞서 말한 애욕과 대식은 부절제에 속하는 죄입니다. "인간이라면 절제할 줄 알아야 돼. 절제할 줄 모르고 눈앞에 있는 것을 막 먹어치우는 건 짐승이나 하는 짓이야"라고 본 거죠.
차클	당시에 식량이 부족하고 배고픈 사람이 많았던 게 영향을 미쳤나요?
박	그렇게 해석할 수도 있을 것 같군요. 세상의 재화라는 것은 한정돼 있잖아요. 누군가가 많이 가지면 누군가는 적게 가질 수밖에 없겠죠. 그런 점이 영향을 미쳤을 겁니다.
차클	그럼 지옥의 네 번째 구역은 어떤 죄를 지은 사람들이 있는 곳인가요?
박	여기는 인색과 낭비의 죄를 저지른 사람들이 머무는 곳이에요. 한마디로 돈에 대한 사랑이 지나친 사람들이죠. 주로 교황·대주교 같은 이들이 커다란 돈주머니를 영원히 굴리는 형벌을 받았습니다.
차클	지옥의 다섯 번째 구역은 어땠나요?

박 분노의 죄를 저지른 사람들의 공간입니다. 여기도 앞선 죄들처럼 부절제에 해당합니다. 진흙탕에 빠져 서로 물어뜯고 난투를 벌이는 형벌을 받습니다. 이 구역과 관련해 《신곡》에 재미난 일화가 나옵니다. 단테를 피렌체에서 추방할 때 앞장섰던 정적을 여기서 만나게 돼요.

차클 누구인지 너무 궁금하네요.

박 피렌체의 권력자였던 필리포 아르젠티입니다. 베르길리우스와 단테가 배를 타고 가는데 필리포가 그 배로 기어오르려고 하죠. 영국의 낭만주의 화가 윌리엄 블레이크가 이 장면을 그림으로 묘사하기도 했는데요. 단테가 필리포의 머리를 계속 흙탕물 속으로 집어넣는 걸로 그렸습니다. 그런데 사실 《신곡》에는 단테가 필리포의 머리를 집어넣는 대목은 없어요. 블레이크가 좀 더 적극적으로 해석한 거죠.

차클 단테가 실존 인물을 등장시킬 때 자신에게 너무 유리한 쪽으로 묘사한 것 아닌가요?

박 그래서 단테가 제목에 자신의 이름을 넣은 것이겠죠. 객관적인 사실만 쓴 게 아니라 내가 겪은 일을 내 생각과 감정에 따라 썼다는 점에서요. 그렇다고 해서 개인적인 차원에 머물지 않고 보편적 공감을 자아냈다는 데 《신곡》의 의미가 있습니다. 오히려 개인적 이야기가 많은 사람들의 공감을 자아내는 경우가 문학에선 종종 발생하죠.

차클 그럴 수 있겠네요. 그건 그렇고 지금까지 묘사된 지옥의 구역에선 지은 죄와 그 대가로 받는 벌이 매우 직관적으로 연결돼 있는 것 같아요. 그래서 독자들이 쉽게 몰입할 수 있고요.

박 네. 말씀하신 대로 죄와 벌이 딱딱 들어맞죠. 인과응보의 구조로 배치한 건데 이탈리아어로 콘트라파소(contrapasso)라고 합니다. 지옥의 형벌이 세상에서 저지른 악행의 성격에 상응한다고 본 겁니다.

차클 콘트라파소, 즉 인과응보에 해당하는 죄와 벌의 사례를 또 들어주시죠.

박 단테는 남들에게 "당신은 앞으로 이렇게 될 것이다"라고 말하는 점쟁이들은 지옥에 가서 앞을 보지 못하는 형벌을 받게 된다고 묘사했어요. 몸이 앞으로 향해도 머리는 뒤로 돌아가 뒤밖에 볼 수 없는 채로 걷게 되는 벌을 받는 거죠.

차클 단테의 상상력이 기발하네요. 다음으로 지옥의 여섯 번째 구역은 어떤 죄에 해당하는 곳인가요?

박 여섯 번째 구역은 이단 죄를 지은 사람들이 머무는 곳이에요. 시뻘겋게 불타는 관에 갇히는 형벌의 공간입니다. 그런데 여기서 이단이라고 칭한 죄는 기독교에 대한 이단이라기보다 공동체의 분열을 일으킨 죄를 뜻해요. 자기 쾌락을 추구하느라 남들을 돌아보지 않는 사람들 또는 교만한 사람들 같은 경우도 거기에 속하죠.

차클 그럼 일곱 번째 구역은요?

박 여섯 번째 구역까지가 부절제에 해당했고 일곱 번째 구역부터는 폭력으로 분류되는 죄가 등장합니다. 크게 세 가지 폭력으로 나뉘는데요. 우선 남에 대한 폭력입니다. 이 죄에 대해서는 끓는 피의 강 속에서 온몸이 삶아지는 형벌을 받게 됩니다. 다음은 자신에 대한 폭력이에요. 스스로를 해한 자들이 마른 나무가 돼 가지가 꺾이는 형벌을 받습니다. 그리고 마지막은 신에 대한 폭력입니다.

차클 신에게 인간이 폭력을 가한다니 무슨 뜻이죠?

박 신성 모독을 가리키는 것이죠. 신을 인정하지 않고 비웃거나 무시하는 것, 교만한 것도 죄가 되는 거예요. 이처럼 신에 대한 폭력을 저지른 사람들은 하늘에서 떨어지는 불비를 맞는 형벌을 받게 돼요.

차클 다음으로 여덟 번째 구역은 어떤 죄에 속하나요?

박 그 얘길 하기 전에 《신곡》 지옥편의 구성을 먼저 알려드리죠. 총 34곡인 지옥편은 부절제와 폭력을 다룬 2~7구역이 17곡이고, 사기에 해당하는 8, 9구역이 17곡으로 돼 있습니다. 사기가 절반을 차지하는 거예요. 그만큼 중대한 죄로 본 거죠.

차클 왜 그런 건가요?

박 사기를 공동체에 관련된 죄라고 본 겁니다. 앞서 언급한 죄들보다 더 많은 사람에게 피해를 주는 죄라고 여겼어요. 그로 인해 사회의 근간을 어지럽힐 수 있다는 거죠. 게다가 사기는 알고 짓는 죄예요. 부절제나 폭력은 엉겁결에 우발적으로 저지를 수도 있는 죄인 데 반해 사기는 이성을 놓치지 않은 상태에서 저지르죠. 이성 모독이자 인간 모독이라고 본 것입니다.

차클 사기가 중죄라는 인식은 단테만 갖고 있었나요, 아니면 당시 사회가 공유했나요?

박 많은 사람들이 그렇게 생각했다고 볼 수 있습니다. 더욱이 당시는 적극적인 경제 활동이 펼쳐지기 시작하던 때라서 더욱 그랬겠지요. 사기 범죄가 사회에 큰 해악을 끼친다고 여겼을 겁니다.

차클 그럼 사기 죄를 지은 사람들이 가는 여덟 번째 구역에 대해 자세히 알려주시죠.

박 단테는 여덟 번째 구역을 10개의 구렁으로 더 세분화해서 사기에 해당하는 죄를 자세히 보여줍니다. 각 구렁에선 아첨꾼들이 똥물에 잠겨있거나, 도둑들이 뱀에 물리는 형벌을 받고 있죠. 또 탐관오리·교사

범·연금술사 등도 각각의 벌을 받습니다. 위선자들은 금빛의 휘황찬란한 망토를 입고 다니는데 자세히 보면 납으로 만든 무거운 망토를 걸치는 벌을 받고 있는 중이죠. 죄인들의 면면을 보면 단테가 중시한 공동체의 평화와 안정, 정의에 해악을 끼쳤다는 공통점이 있습니다.

단테는 왜 인간을 연민했나

> "애욕의 죄를 지은 죄인들에게 그랬듯 단테는 지옥을 여행하는
> 내내 기본적으로 연민과 공감을 느낍니다. 공동체의 기반은 신
> 의 단죄보다 인간의 공감에 있다고 믿은 거예요."

• • •

차클 마지막 아홉 번째 지옥엔 가장 무거운 죄를 지은 사람들이 모여 있는
거죠?

박 그렇죠. 아홉 번째는 사기 중에서도 특별히 더 센 사기를 친 사람들이
머무는 공간입니다. 사기가 누군가를 속이는 거잖아요. 이 구역의 죄
인들은 믿는 사람의 등을 치는 배반의 행위를 저질렀습니다. 가족·조
국·친구·은인을 배신한 이들이죠. 이런 죄인들이 머무는 아홉 번째
구역은 악마 루키페르가 관장합니다. 루키페르는 라틴어 발음이고, 영
어로 하면 루시퍼, 이탈리아어로는 루치페로라고 하죠.

차클 루키페르는 어떤 존재인지 좀 더 설명해주시죠.

박 루키페르는 원래 하느님을 보좌하던 천사장이었습니다. 그것도 가장

단테와 베르길리우스는 지옥의 아홉 번째 구역에서 루키페르를 만난다.

신뢰받는 천사장이었는데 하느님의 자리를 넘보는 교만에 빠져 반란을 일으켰죠. 결국 지구 중심으로 거꾸로 추락해버리고 말았어요. 지옥의 밑바닥으로 떨어진 것이죠. 천사장이었을 때는 하늘을 날 수 있는 깃털이 있었지만 지옥에 떨어지면서 다 빠져버렸어요. 날개를 퍼덕여도 날아오르지는 못하고 지옥의 물을 꽝꽝 얼리기만 합니다. 배반의 죄를 지은 자들을 그 얼음 속에 가둬버리는 것이지요.

차클　지옥의 맨 밑바닥에 있다는 것은 그만큼 무거운 죄라는 것을 상징적으로 보여주는 것이죠?

박　맞습니다. 그리고 가장 무거운 죄에 상응하는 가장 무거운 형벌이 얼음 속에 갇히는 겁니다. 아무것도 하지 못하는 상태가 그만큼 고통스러운 형벌이라는 뜻이죠. 그런데 사실 단테가 보여주려 했던 것은 얼음 속에 갇힌 상태가 곧 부동과 침묵을 가리킨다는 점이 아닐까 해요. 부동과 침묵은 지성의 실천과 반대되는 것입니다. 지옥의 본질은 곧

반지성주의라는 것입니다.

차클 어떤 사람들이 아홉 번째 구역에 갇혀 있는 걸로 나오나요?

박 루키페르가 세 명의 배신자들을 입에 물고 있다고 묘사됩니다. 한 명은 예수를 배반한 유다, 다른 두 명은 카이사르를 배신한 브루투스와 카시우스입니다.

차클 인류 역사에 많은 배신자들이 있었는데 그 세 명이 대표로 뽑혔군요.

박 단테는 로마 제국을 이상적인 국가로 봤어요. 그래서 로마 제국을 일으키려고 한 카이사르를 죽인 브루투스와 카시우스 두 사람을 제국의 배반자로 여긴 것이죠. 그리고 유다는 은화 30냥에 예수를 넘긴 교회의 배신자였고요. 그렇게 세 사람이 지옥의 가장 깊은 곳에서 영원히 루키페르에게 물어뜯기는 신세가 된 겁니다. 그런데 단테와 베르길리우스는 이곳에서 만난 죄인들에 대해서는 이야기를 나누지 않아요. 관심을 기울일 만한 가치도 없다고 본 것 같습니다.

차클 또 어떤 인물들이 아홉 번째 구역에서 등장하나요?

박 우골리노 백작이라는 인물이 등장합니다. 굉장히 참혹한 장면으로 그려집니다. 한 망령이 다른 망령의 머리를 물어뜯고 있는 것을 단테가 목격하고 말을 걸죠.

"어느 구멍에선가 얼어붙어 있는 두 망령을 보았다. 한 망령의 머리가 다른 망령의 모자가 되어 있었다."

_《신곡》 지옥편 32, 124~126

"이자를 그토록 짐승처럼 씹어 먹으며 증오하고 저주를 늘어놓는 이유가 무엇이냐?

그렇게 서러워 우는 이유가 있을 터인즉 너희들은 누구며 저자의 죄가 무엇인지 알아야 내 혀가 마르지 않는 한 저 위 세상에서 보상을 해줄 것 아니냐."

_《신곡》 지옥편 32, 133~139

차클　유다와 브루투스, 카시우스는 언급할 가치가 없다고 취급한 단테가 왜 우골리노에게는 벌 받는 이유를 물은 건가요?

박　애욕의 죄를 지은 죄인들에게 그랬듯 단테는 지옥을 여행하는 내내 기본적으로 연민과 공감을 느낍니다. 공동체의 기반은 신의 단죄보다 인간의 공감에 있다고 믿은 거예요. 우골리노도 단테의 공감을 구하며 자기 이야기를 자세하게 들려주죠.

차클　우골리노의 이야기는 실화인가요?

박　네. 1288년 피사에서 실제로 일어난 일이에요. 우골리노 백작이 권력을 잡기 위해 루지에리 주교와 손을 잡았다고 합니다. 그런데 주교에

로댕이 묘사한 우골리노 백작

게 배신당한 뒤 아들들과 손자들과 함께 탑에 갇히게 됩니다. 굶주림의 탑이라 불리는 곳에 이들을 가둔 루지에리 주교는 먹을 것도, 심지어 물도 주지 않았어요. 문에 못질을 한 뒤 열쇠를 버리죠.

차클   주교가 이들을 굶어 죽이려 했던 것이군요?

박   네, 그렇습니다. 아들과 손자들이 배가 고프다고 막 울부짖기 시작하자 우골리노는 너무 고통스러웠어요. 해줄 수 있는 것이 없었던 그는 자신의 손을 물어뜯기 시작했다고 해요. 그러자 아들과 손자들이 그가 너무 배가 고파서 그런다고 생각해 자신들을 먹으라고 했습니다.

"아버지, 저희를 먹으면 저희들의 고통이 훨씬 덜할 거예요. 아버지가 이 불쌍한 육신을 입혀주셨으니 이제는 벗겨가세요."

_《신곡》 지옥편 33, 58~63

"벌써 눈이 먼 나는 그들의 몸을 더듬었소. … 고통보다도 배고픔을 참을 수가 없었소."

_《신곡》 지옥편 33, 73~75

차클   정말 끔찍한 일이네요.

박   당시에는 더 잔인한 일들도 많았죠. 이처럼 단테의 《신곡》은 상상의 세계 속 곳곳에 현실의 비극을 배치해놓았습니다. 내세의 무대를 빌려 당대의 참혹한 현실을 담아낸 것입니다.

차클   그런데 지옥이란 원래 신이 창조한 공간이잖아요. 그런데 단테가 신성모독보다 인간을 배반한 죄를 더 무겁게 묘사한 건 왜 그런 걸까요?

박 좋은 질문입니다. 신에게 이르는 것이 가장 커다란 행복이자 구원이라면 신성 모독이 가장 큰 죄악이겠죠. 지옥의 가장 밑바닥에도 신성 모독을 저지른 죄인들을 배치해야 하고요. 하지만 단테는 그러질 않았어요. 그 이유는 단테가 인간을 중심에 두었기 때문입니다. 단테는 무엇보다도 인간 공동체를, 그리고 현세를 중시했어요. 현세에서 인간 공동체를 위해 제대로 된 삶을 산 사람들이 천국에 올라간다고 생각한 것입니다. 신에 대한 믿음 못지않게 하느님의 섭리에 부응하는 인간의 의지를 중요하게 생각했습니다. "충만한 신의 섭리를 완성하는 건 인간의 실천적 의지다." 그것이 최후의 중세 시인이자 최초의 근대 시인인 단테의 생각이었습니다.

단테가 생각한 천국은 어떤 곳인가

"단테는 비록 분열과 분쟁 때문에 추방당하고 어려운 시절을 보냈지만 그가 생각한 인간 공동체는 배타적이지 않다는 걸 보여주는 대목입니다. 이질적이고 소외되고 버림받은 사람들도 같이 껴안는 포용의 공동체를 단테는 누구보다 바랐습니다. 그리고 피렌체를 누구보다 사랑했던 행정가이자 문인으로서 그런 소망을 《신곡》에 담았다고 할 수 있습니다."

• • •

차클　이제 지옥이 아닌 천국에 대한 이야기를 알려주실 건가요?

박　천국을 이야기하기에 앞서 살펴볼 곳이 있습니다. 성경에는 직접 묘사되지 않지만 12세기 후반에 인간들의 소망에 따라 만들어진 사후 세계, 바로 연옥입니다.

차클　연옥을 사람들이 원해서 만든 건가요?

박　네. 자크 르 고프라고 하는 역사학자가 《연옥의 탄생》이라는 책에서 밝혔죠. 중세 시대 내내 연옥이 존재할 가능성에 대해 사람들이 얘기하다가 단테의 시대가 되어 본격적이고 체계적인 설명이 시작됐습니다.

차클　구체적으로 연옥은 어떤 곳인가요?

박　연옥은 죄를 씻는 곳이에요. 씻을 수 없는 죄를 지은 자들은 지옥으로 가죠. 그리고 죄와 관계 없는 사람, 선하게 산 사람들은 천국으로 가요. 그런데 '어느 정도 씻을 수 있는 죄가 있다'는 생각을 하는 사람들이 생겨났습니다. 사후 세계가 천국 아니면 지옥으로 양분돼 있었는데 구원의 기회를 바라던 사람들이 연옥을 새로 만든 거예요. 그 사람들은 바로 단테가 살던 당시에 사회의 주도권을 잡아가던 상인 출신의 시민계급이었습니다.

차클 인간의 현실적인 희망사항이 반영된 세계라는 뜻이군요?

박 그렇습니다. 죄에 대한 벌을 받을지 말지를 판단하는 것은 인간이 아니라 절대자의 영역이죠. 그런데 연옥에 가면 죄를 씻을 기회를 얻을 수 있다고 생각하게 된 겁니다.

차클 그럼 연옥은 지옥과 천국의 중간 지대 정도가 되는 건가요?

박 네. 연옥은 지상에 산처럼 자리하고 있는 것으로 그려지고 있습니다. 지옥이 하강의 이미지라면 연옥은 상승의 이미지죠. 지옥은 내려갈수록 죄가 무거워지는 반면 연옥은 올라갈수록 죄가 가벼워져요.

차클 연옥에 대해 단테는 어떻게 표현했나요?

박 지옥은 어둠의 세계이지만, 연옥에 도착하면 햇빛이 보이기 시작합니다. 연옥에 대해 "빛이 존재하기 시작하는 곳"이라고 표현했어요. 단테는 또 연옥에 도착하는 영혼들이 부르는 기쁨의 노래도 묘사합니다. 빛과 음악은 천국의 행복을 상징합니다. 연옥은 천국으로 오르는 준비 단계죠.

차클 그럼 연옥에서는 어떻게 죄를 씻을 수 있나요?

박 단테가 연옥의 입구에 다다르자 문지기 천사가 등장해 이마에 알파벳 'P' 자를 새겨줬다고 합니다. 'P'는 이탈리아어로 페카토, 즉 죄라는 뜻

이죠. 연옥은 일곱 개의 구역으로 이루어져 있는데 씻어야 할 죄를 일곱 개로 분류한 거예요. 각 구역을 거치면서 죄를 씻을 때마다 이마에 새겨진 글자를 하나씩 지워줍니다. 그 일곱 가지 죄란 교만·질투·분노·나태·탐욕·탐식·색욕을 말합니다.

차클 혹시 영화 〈세븐〉에 등장한 일곱 가지 죄와 같은 건가요?

박 맞습니다. 영화 〈세븐〉도 단테의 《신곡》을 소재로 했죠. 연옥의 일곱 대죄에 해당하는 사람들을 죽이는 연쇄살인범과 이를 뒤쫓는 형사가 등장합니다. 형사가 도서관에 가서 《신곡》을 읽는 장면이 참 인상적이지요.

차클 연옥이 지옥이나 천국과 다른 점은 무엇인가요?

박 지옥과 천국의 특징은 영원하다는 것입니다. 하지만 연옥은 처음과 끝이 있어요. 시간이 유한하다는 점에서 현세와 닮아 있습니다. 연옥은 시간이 흐르는 곳입니다. 그래서 연옥에서는 시간을 줄이는 게 커다란 관심사입니다. 어떻게 빨리 죄를 씻어 연옥에서 벗어날 수 있을까, 천국으로 올라갈 수 있을까. 그 방법을 찾는 게 가장 큰 관건인 곳이죠.

차클	그럼 연옥에서 머무는 시간을 줄이려면 어떻게 해야 하나요?
박	연옥에서 빨리 벗어나려면 살아 있는 사람들의 기도가 필요합니다. 영혼들의 정죄를 돕는 기도를 대도(代禱)라고 하는데요. 대도가 연옥에 있는 사람들의 죄를 씻는 시간을 단축시켜줘요. 그래서 연옥이라는 개념이 탄생한 이후에 부자들이 개인 예배당을 세우거나 제대화에 자기 얼굴을 그려넣는 게 유행했습니다. 자신이 죽은 뒤 남은 사람들이 자기 영혼을 위해 기도해주길 바란 거예요.
차클	죄를 씻는 연옥과 현세의 부가 연결이 되네요.
박	연옥을 탄생시킨 것은 욕망에 솔직해진 시대가 열린 것과도 관련이 있습니다. 앞서 상업과 금융업에 종사하는 새로운 시민계급이 출현했다고 설명했었죠. 그와 맞물려 연옥이라는 내세가 있으면 좋겠다는 사람들의 바람이 생겨난 거예요. 연옥편에는 "죄를 씻는다"를 "빚을 갚는다"고 표현한 대목이 있어요. 빚은 죄의 비유입니다. 빚은 뭔가를 잘못 쓴 데서 발생하죠. 잘 쓰면 재산이 되고, 잘못 쓰면 부채로 남죠. 빚을 진 이상 갚아야 하는 것이 도리이고 의무겠죠.
차클	연옥의 탄생이 그런 시대적 변화를 반영한 거네요.
박	연옥은 당시 획기적으로 변화한 사람들의 인식을 반영하는 내세 공간이었고, 단테가 연옥을 그런 모습으로 상상한 것 자체가 시대의 요구에 부응한 거라고 할 수 있죠.
차클	그런데 단테가 연옥에서 베아트리체를 다시 만난다고 하셨지요?
박	처음에 이야기했던 베아트리체가 드디어 등장합니다. 베아트리체는 천국에 있다가 림보에도 내려가고, 또 연옥의 꼭대기에도 내려옵니다. 그리고 베아트리체는 단테의 사랑에 무척 적극적으로 화답합니다.

차클 자신이 그토록 사랑하는 사람을 등장시켰으니 행복한 장면으로 묘사됐나요?

박 연옥의 꼭대기에 위치한 지상 천국에서 만나게 되는데 그 장면이 제법 길게 이어집니다. 그런데 마냥 행복하게 그려지는 것은 아닙니다. 왜냐하면 두 사람이 만났을 때 베아트리체가 단테를 야단치거든요.

차클 왜 야단을 쳐요?

박 단테가 그렇게 올바른 삶을 사는 것 같지 않다고 꾸짖습니다. 초반에 단테가 "나는 올바른 길을 잃고 어두운 숲에서 헤매고 있었다"라고 했었죠. 베아트리체는 그런 모습에 대해 지적을 하는 거예요. "왜 내가 죽고 나서 그렇게 헤매고 잘 못 살았나요?"라면서요. 그러자 단테가 부끄러워 얼굴을 들지 못하죠. 그런 단테를 베아트리체가 포용하며 이야기를 들려줘요. "당신의 잘못을 알았으면 됐어요. 이제 고개를 들고 어린애처럼 굴지 말고 나와 함께 올라가요." 그렇게 베아트리체의 인도로 단테는 마침내 천국에 올라가게 됩니다. 천국은 빛과 영광의 공간, 지구를 에워싼 아홉 개의 고리로 이뤄진 곳이었어요.

차클 천국이 지구를 둘러싸고 있다면 지옥이나 연옥과는 달리 지구로부터 벗어난 공간으로 그려지고 있나요?

박 네. 천국은 지구를 에워싸고 도는 아홉 개의 하늘로 이루어져 있습니다. 아홉 개의 고리, 혹은 아홉 개의 하늘이라고 표현할 수 있어요. 지구와는 분리된 공간이에요. 지구와 분리돼 있다는 것은 중력으로부터 완전히 벗어난 것을 상징합니다. 중력의 작용이 완전히 없는 곳이죠. 철저하게 빛으로만 이뤄져 있어요.

차클 단테가 천국을 지구와 분리되고, 중력의 영향을 받지 않는 곳으로 그

단테는 천국을 아홉 개의 하늘로 이뤄진 축복의 세계로 묘사했다.

린 이유는 무엇인가요?

박 단테는 천국편의 1곡부터 천국은 "말로 할 수 없는 세계다. 형언할 수 없는 세계다"라고 표현합니다. 단테는 인간의 차원을 초월한 천국의 본질을 어떻게 하면 잘 전달할 수 있을지를 생각하다가 당시 가장 발전한 음악의 형태를 떠올렸어요. 여러 이질적인 요소들이 함께 모여 조화를 이루는 형태의 음악, 즉 다성악에 비유한 겁니다. 천국의 소리가 있다면 바로 그럴 거라고 상상한 성스러운 음악입니다.

차클 단테는 《신곡》의 천국을 통해 어떤 메시지를 전달하려 했나요?

박 단테는 천국이 닫힌 세계가 아니라는 것을 말하고 싶어 했습니다. 배타적 세계가 아니라는 거예요. 예를 들면 예수를 세 번 부정한 베드로, 원죄의 상징인 아담과 하와, 회개한 매춘부 라합 등이 모두 천국에 올라가 있는 것으로 그렸어요. 단테는 비록 분열과 분쟁 때문에 추방당하고 어려운 시절을 보냈지만 그가 생각한 인간 공동체는 배타적이지 않다는 걸 보여주는 대목입니다. 이질적이고 소외되고 버림받은 사람들도 같이 껴안는 포용의 공동체를 단테는 누구보다 바랐습니다. 그리고 피렌체를 누구보다 사랑했던 행정가이자 문인으로서 그런 소망을 《신곡》에 담았다고 할 수 있습니다.

차를　그럼 《신곡》의 결말은 어떻게 되나요?

"나는 변한 목소리와 또 다른 양털을 지닌 시인으로 그들에게 돌아갈 것이다. 그래서 내가 세례를 받은 샘에서 월계관을 받을 것이다."

_《신곡》 천국편 25, 1~9

박　단테는 천국으로 올라갔다가 현세로 다시 돌아오는 자신을 상상해요. 그리고 자기가 둘러본 내세를 글로 써서 사람들에게 들려주는 시인이 되겠다고 다짐하지요. 단테에게 실천은 행정가로서나 정치가로서가 아니라 작가로서의 실천을 의미합니다. 그게 자신에게 주어진 임무라고 본 것이에요.

그럼 우리는 《신곡》을 통해 어떤 교훈을 얻어야 할까요? 지옥은 우리 곁에 늘 있을지 모릅니다. 지옥의 문엔 "너희들은 모든 희망을 버려라. 영원히 버려라"라고 쓰여 있었죠. 하지만 그럼에도 불구하고 희망을 놓지 않고 견뎌나가는 자세가 필요합니다. 결코 희망을 버리지 말고 계속 부딪쳐나가는 것이야말로 지옥을 벗어나는 길이 되지 않을까요. 단테가 지옥에서 만난 옛 스승 라티니는 이렇게 말합니다.

"너의 별을 따라가거라. 그러면 너의 천국에 닿을 것이다."

_《신곡》지옥편15, 54~55

박   여러분도 단테의 스승이 건넨 말처럼 여러분의 별을 따라, 그리고 단테를 길동무 삼아 계속 나아가길 바랍니다. 그래서 천국에 무사히 도착하기를 바랍니다. 하지만 천국은 여러분이 사는 이곳 현실에서 이루어야 할 곳이라는 점도 생각하기를 바랍니다. 현세의 정의로운 공동체가 단테가 생각한 천국이었다는 점 말입니다.

차이나는 클라스

열심히 살까, 말까, 괴테에게 묻다

오순희

시대를 뛰어넘는 괴테 문학을 통해 삶의 의미를 모색하는 독일 대문호 괴테 전문가, 전 한국괴테학회 회장, 서울대 독어독문학과 교수.

괴테의 작품은 왜 사랑받는가

"자신이 체험한 것을 써서 작품에 특수성을 부여하되 체험한 그
대로가 아니라 누구에게나 적용 가능한 이야기를 써서 보편성
도 함께 부여한 거죠. 괴테가 이런 원칙을 밝힌 간결한 표현이
있습니다. '내가 체험하지 않은 것은 한 줄도 쓰지 않았다. 그러
나 단 한 줄도 체험 그대로 쓰지 않았다.'"

• • •

차클 독일에서 괴테의 위상은 어느 정도인가요?

오 우리나라에서 세종 대왕이라고 하면 훌륭한 군주를 넘어 민족의 정신
적 리더로 생각하죠. 독일에서 괴테도 그런 역할을 한 것 같아요. 괴테
의 작품들을 국민 문학, 괴테를 국민 작가로 칭송합니다.

차클 괴테의 작품이 오랜 세월이 흐른 오늘날까지도 계속 사랑을 받는 이
유가 무엇일까요?

오 고전으로 불리는 작품에는 공통점이 있어요. 첫 번째, 특수성이 있어
야 해요. 특정한 시대와 특정한 나라의 이야기를 하고 있어야 합니다.
두 번째, 보편성이 있어야 해요. 다른 나라, 다른 시대의 사람이 읽어도
자신들의 얘기로 느껴져야 한다는 의미입니다. 특수성을 띤 이야기지

만 동시에 다양한 사람이 공감할 수 있는 보편성을 띠고 있을 때 작품이 생명력을 얻게 되고 고전의 반열에 오르는 거죠. 괴테의 작품이 그렇습니다.

차클 특수성과 보편성을 동시에 갖는 작품을 쓴다는 게 결코 쉽지 않을 것 같습니다.

오 괴테는 상상력으로 지어낸 이야기가 아니라 자기 자신의 이야기를 썼어요. 동시에 독자가 누구든 공감할 수 있도록 작품을 썼습니다. 자신이 체험한 것을 써서 작품에 특수성을 부여하되 체험한 그대로가 아니라 누구에게나 적용 가능한 이야기를 써서 보편성도 함께 부여한 거죠. 괴테가 이런 원칙을 밝힌 간결한 표현이 있습니다. "내가 체험하지 않은 것은 한 줄도 쓰지 않았다. 그러나 단 한 줄도 체험 그대로 쓰지 않았다."

차클 그런데 고전이라지만 괴테의 작품들이 쉽게 읽히지는 않더라고요. 특히 《파우스트》는 분량이 굉장히 방대해서 좀처럼 시도하기가 어렵다는 말을 많이 듣습니다.

오 그래서 여러분과 함께 괴테의 핵심 작품들을 살펴보면서 현재 우리의 삶과 연결지어 토론을 해볼까 합니다. 《파우스트》의 경우에도 읽다 보면 여러 질문이 떠오르거든요. 작품을 통해 '어떻게 사는 게 잘 사는 걸까', '삶이란 무엇인가', '열심히 살아야 되나' 같은 질문에 대한 답을 찾아볼 수 있을 겁니다.

차클 기대가 많이 됩니다. 일단 본격적인 작품 탐구에 앞서 독일의 국민 작가로 추앙받는 괴테가 어떤 사람인지에 대한 설명부터 해주시면 좋겠습니다.

오 괴테가 천재였다고 말하는 연구자들도 있습니다. 우선 괴테 혼자서 쓴 것이라고 보기에 믿을 수 없을 정도의 방대한 주제와 분량이 독자들을 압도하니까요. 천재가 아니라면 도저히 설명이 안 된다는 거죠. 하지만 모차르트 같은 타고난 천재는 아니었을 것이라고 보는 관점이 지배적입니다. 괴테는 83년 평생 정말 부지런히 연구한 노력형이라는 거예요.

차클 그럼 괴테의 집안 배경은 어땠나요?

오 1749년 프랑크푸르트에서 태어난 괴테는 유복한 집에서 풍족한 지원을 받으며 성장했습니다. 상류 시민, 소위 금수저였어요. 친가와 외가 가릴 것 없이 모두 잘나가는 집안이었죠. 친할아버지 프리드리히 게오르크 괴테는 일급 호텔 사업으로 성공했고요. 외할아버지 요한 볼프강 텍스토르는 프랑크푸르트 시장 출신으로 사회적으로나 학문적으로 모두 큰 성취를 이뤘죠. 당시 괴테 가문이 가지고 있던 호텔이 프랑크푸르트에서 네 번째 정도 되는 규모였다고 해요. 괴테 하우스를 가보신 분들은 아시겠지만 집이 굉장히 크죠. 2차 세계대전 당시 파괴됐다가 정교하게 복원했다고 합니다.

차클 좋은 교육을 받을 수 있는 환경이었네요.

오 그렇습니다. 문학·미술·외국어·종교 등 분야별로 뛰어난 가정교사를 두고 수준 높은 교육을 받았다고 해요.

차클 앞서 가정환경 얘기하실 때 괴테의 아버지는 언급하지 않으셨는데 어떤 인물이었나요?

오 독일 문학계에서 아버지의 영향을 많이 받은 작가로 두 명을 대표적으로 꼽습니다. 그중 한 명이 괴테이고, 나머지 한 명이 카프카예요. 괴

아버지의 영향을 받은 대표적인 두 인물. 괴테(왼쪽)와 카프카(오른쪽)

테의 아버지는 아들의 교육에 굉장히 많은 지원을 한 것으로 유명한 반면, 카프카의 아버지는 아들에게 무관심하고 강압적인 스타일로 양육을 했다고 합니다.

차클　괴테의 아버지가 그토록 자식에 대한 교육열이 높았던 특별한 이유가 있을까요?

오　네. 앞서 말했듯이 괴테의 아버지는 시민계급에 속했어요. 그런데 당시 시민들이 가질 수 있는 직업의 선택지가 그리 많지는 않았습니다. 가장 높이 올라갈 수 있는 직업은 추밀고문관이었어요. 꽤 높은 행정직이라서 법대 출신인 괴테의 아버지도 추밀고문관이 되고 싶어 했죠.

차클　그 자리에 오르지 못해서 대신 자녀 교육에 집중한 건가요?

오　그렇습니다. 당시 추밀고문관 선발엔 일종의 쿼터제가 적용됐어요. 어떤 집안에서 추밀고문관이 나오면 그다음에는 다른 집안에서 고르는 식이죠. 그 바람에 추밀고문관이 될 수 없다는 판단이 든 괴테 아버지는 40대에 돌연 꿈을 포기하고 아들과 딸(코로넬리아)을 키우는 데 집중하게 됩니다.

차클　그 얘긴 별다른 직업이 없었단 얘기네요.

오　그렇죠. 돈이 많고 지적이며 성실한 백수 정도라고 할 수 있겠죠.

차클　괴테의 아버지가 자녀 교육에 얼마나 공을 들였는지 전해지는 얘기가 있나요?

오　재미있는 일화가 있어요. 아들의 교육에 관심이 많았던 괴테의 아버지가 특별히 창문까지 만들었다고 해요.

차클　자식 교육과 창문이 무슨 관련이 있나요?

오　괴테가 살던 집 서재를 보면 창문이 들어갈 위치가 아닌 곳에 창문이 나 있어요. 괴테의 아버지가 자식들이 다니는 길을 보기 위해 만들었다고 합니다. 괴테의 자서전 《시와 진실》에도 이 창문에 대한 언급이 등장해요. "이웃의 항의가 있었지만, 아버지가 벽에 작은 창문을 냈다. 주위 사람들로부터 말이 좀 있었다"고요.

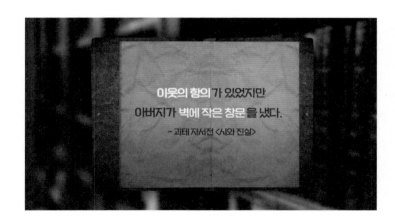

차클 창문으로 감시당한 아들딸은 많이 피곤했을 것 같은데요?

오 아무래도 그랬겠죠. 그 창문 너머로 오가는 사람들이 다 보였거든요. 그래서 괴테는 "아버지가 눈치채지 못하게 우리는 그쪽을 피했다"고 썼어요. 밖에 나갔다가 집에 돌아올 때면 아버지 눈에 띄지 않기 위해 창문이 없는 쪽으로 빙 돌아서 왔다는 겁니다. 괴테 아버지가 아들에게 얼마나 많은 관심을 갖고 있었는지를 알려주는 일화예요. 동시에 괴테에게 아버지가 마주치는 것조차 부담스러운 존재였다는 것도 알 수 있죠.

차클 괴테 부자와 관련된 또 다른 일화가 있나요?

오 네. 어린 괴테가 밤에 잠들지 못하고 무서워서 어머니가 있는 방으로 오기라도 하면, 아버지가 바로 내쫓았다고 해요. 괴테가 그래도 무서워 하녀들 방으로 가면 아버지가 숨어 있다가 깜짝 놀라게 해서 자기 방으로 돌아가게 했답니다.

차클 굳이 그렇게까지 엄하게 다룰 필요가 있었을까요?

오 요즘 시대의 부모들이라면 아이가 무서워하면 안아주는 게 보통이죠. 하지만 18세기 무렵에는 자식이 무서워할 때에도 안아주지 않아야 좋은 아버지라는 인식이 있었어요. 그래서 괴테의 아버지도 자식들에게 엄격하게 대했던 것이죠. 그와 함께 솔선수범하는 면모도 보여줬어요. 괴테가 해야 할 일을 하지 못하고 있으면 괴테의 아버지는 직접 나서서 그 일을 해결했다고 해요.

차클 괴테 입장에서는 이래저래 아버지를 대하기 어려웠을 것 같아요.

오 그렇습니다. 그래서인지 괴테가 나중에 대학을 가기 위해 집을 떠나면서 다시는 집 쪽으로 돌아보지 않을 거라는 말을 했다고 전해집니다.

차클 그럼 괴테의 어머니는 어떤 스타일이었나요?

오 아버지가 주지 못한 걸 괴테는 어머니한테 받았을 거예요. "나는 아버지에게 삶을 진지하게 살아가는 자세를 배웠고, 어머니에게 이야기를 만드는 즐거움을 물려받았다"고 말한 것만 봐도 알 수 있죠. 어머니로부터 낙천적이고 명랑한 기질, 이야기를 만들 때 즐거움을 느끼는 성정을 물려받은 거예요.

차클 독일의 국민 작가가 된 데에는 어머니 영향이 컸겠군요?

오 네. 굉장히 크죠. 아버지한테 얻지 못했던 따뜻한 감정을 어머니한테 느끼면서 억압감이 많이 해소됐을 거예요. 결론적으로 풍요로운 집안 환경과 교육열이 높은 부모의 영향 덕분에 괴테는 굉장히 다양한 분야의 재능을 발전시킬 수 있었습니다.

차클 재능이 다양했다니 처음부터 작가의 길을 걸은 게 아닌 모양이죠?

오 괴테의 첫 번째 직업은 변호사였어요. 귀족계급이 아닌 시민계급의 일원으로서 성공하려면 변호사 같은 전문직을 가져야 한다는 게 괴테 아버지의 생각이었어요. 자신이 이루지 못한 꿈을 아들을 통해 이루고 싶었던 거죠.

차클 그래서 변호사가 되어 성공적인 커리어를 쌓게 되나요?

오 네. 국방부 장관과 도서관장을 지냈고 대학 업무나 박물관 건립에도 관여했어요. 다방면에서 열심히 일하면서 인정을 받았습니다.

차클 정말 폭넓은 활약을 펼쳤네요.

오 괴테가 좋은 집안에서 자랐고 다양한 재능을 타고나기도 했지만 시대를 잘 만난 영향도 있습니다. 난세에 영웅이 난다는 말도 있잖아요. 세상이 뒤집어지고 혁명이 일어나면 고통을 겪는 사람도 많지만 괴테

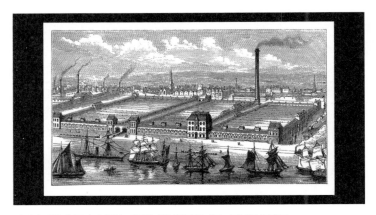

괴테가 대학에 들어갈 무렵, 유럽은 산업혁명의 태동기에 접어들었다.

같은 출중한 인물에겐 기회의 창이 활짝 열리기도 하죠.

차클 괴테가 살던 시기에 혁명이 일어났었나요?

오 괴테가 대학에 들어가던 1765년 무렵, 영국에서는 제니 방적기와 증기기관으로 상징되는 산업혁명이 시작됩니다. 산업혁명은 전 세계에 기술 혁신과 막대한 사회·경제적 변화를 가져왔어요. 그런가 하면 괴테가 40대에 접어든 뒤엔 프랑스혁명이 터지는 것을 목격하게 되죠. 이렇듯 괴테는 혁명의 시대를 살았다고 할 수 있어요.

차클 급격한 시대의 변화를 목격한 뒤 비로소 작가로서의 삶이 시작된 건가요?

오 그렇습니다. 이제부터 우리가 알고 있는 위대한 작가로서의 삶이 시작되는 거예요. 이러한 시대적 배경이 없었다면 아무리 부모의 교육열이 강하고 스스로 뛰어난 재능을 타고났다고 해도 걸출한 작가가 될 수 없었을 겁니다.

차클 당시 독일에서도 산업혁명이나 프랑스혁명 같은 혁명적 사건이 벌어졌나요?

오 독일, 그중에서도 괴테가 살았던 동네엔 당시엔 변변한 공장도 없었다고 해요. 다른 나라의 놀라운 변화상에 촉각을 곤두세웠던 괴테는 노년에 "앞으로 50년은 더 살아도 되겠다"고 말했답니다.

차클 왜 그런 말을 했을까요?

오 괴테는 다방면에 관심이 많은 사람이니까 시시각각 변화하는 시대상을 더 보고 싶었던 거겠죠.

괴테는 왜 인간의 감정에 주목했나

"당시 시민계급의 한계가 드러난 것이죠. 대부분의 시민계급 청년들은 제아무리 똑똑해도 자신이 사회에 미칠 수 있는 영향력이 너무 작다는 걸 확인하는 순간 우울증에 빠지는 경우가 많았어요. 오늘날도 사실 신분제에 버금가는 진입 장벽이 많은 청년들을 좌절하게 만들잖아요. 그런 면에서 《젊은 베르테르의 슬픔》은 현시점에도 토론해볼 만한 내용을 다루고 있는 작품이라고 생각합니다."

• • •

차클　시대가 영웅을 낳는다고 하셨는데 괴테와 동시대를 살았던 걸출한 인물로는 또 누가 있나요?

오　프랑스 같은 시민혁명도 영국 같은 산업혁명도 없었던 독일이지만 문화예술 분야에서 독보적인 인재들을 배출했습니다. 문학 분야의 괴테와 실러, 철학 분야의 칸트와 헤겔, 음악 분야의 모차르트·슈베르트·베토벤 등 이름만 들어도 쟁쟁한 인물들이 독일과 오스트리아에 포진해 있었습니다.

차클　정말 별들의 시대였네요.

오　그렇습니다. 조물주가 18세기는 특별한 인물들로 채우려고 작정한 게 아닌가 싶을 정도로 인재들이 몰려 있었던 시대입니다.

정신적으로 탁월했던 인재의 시대

괴테　실러　칸트　헤겔

모차르트　베토벤　슈베르트

차클　동시대의 뛰어난 예술가나 학자들이 서로 영향을 주고받으며 큰 시너지를 냈을 것 같아요.

오　신동으로 불린 일곱 살의 모차르트가 여러 지역으로 연주 여행을 다닐 때, 프랑크푸르트에 살던 괴테도 그의 연주를 봤다고 해요. 아마도 괴테는 평생 그 순간을 못 잊었을 겁니다. 반대로 괴테는 당대의 고전주의 음악가들에게 커다란 영향을 끼치기도 했습니다. 수많은 음악가들이 괴테의 작품을 읽고 감명 받아서 작품을 탄생시켰어요.

차클　괴테의 작품이 영향을 준 음악가로는 누가 있나요?

오　슈베르트가 대표적입니다. 어린 슈베르트는 괴테의 작품을 열심히 탐독하고 깊은 감명을 받은 나머지 괴테에게 편지까지 썼다고 해요. 그런데 괴테가 그 편지를 읽지는 못했다고 합니다.

차클　안타깝네요. 이유가 뭔가요?

오　두 사람 사이에는 48년의 나이 차이가 있었어요. 슈베르트가 편지를 썼던 당시에 열여덟 살 정도였거든요. 당시의 슈베르트는 지금처럼 유명 인사가 아니었으니 그가 쓴 편지는 괴테한테 전해지는 무수히 많은 팬레터 중 하나로 묻혀버린 거예요.

차클 그래도 슈베르트의 괴테 사랑은 변함이 없었나 봐요?

오 네. 슈베르트와 괴테의 관계가 진전되지는 못했지만, 슈베르트는 괴테의 문학으로부터 가장 많은 영향을 받은 작곡가라고 할 수 있습니다. 특히 슈베르트의 가곡들이 그렇죠.

차클 대표적인 작품이 무엇인가요?

오 괴테의 시 〈마왕〉에 곡을 붙인 슈베르트의 가곡 〈마왕〉이 대표적입니다. 한 농부가 아픈 아들을 데리고 병원으로 가면서 벌어진 일화를 다룬 작품이에요. 아버지와 아들, 마왕 그리고 해설자가 등장합니다. 병원으로 가는 마차에서 아들은 마왕이 자신을 부르고 있다며 두려워하지만 아버지는 아들이 잘못 들은 것이라고, 바람 소리일 거라고 안심을 시킵니다. 하지만 아들은 끊임없이 마왕이 자신을 부르고 있다고 말하죠. 아버지는 그런 아들을 계속 달래기만 하는데 결국 병원에 다다랐을 때 아들은 싸늘하게 죽어 있었다는 게 줄거리입니다.

차클 무섭기도 하고 슬프기도 한 내용이네요. 슈베르트는 괴테의 〈마왕〉 중 특히 어떤 부분에 감명을 받은 건가요?

오 〈마왕〉에서 아버지는 이성적인 세대를, 아들은 감성적인 세대를 상징합니다. 어떤 시대든 늘 이성적인 세대에 의해 감성적인 세대가 억압돼 왔다는 것을, 그리고 감성이 억압되면 결국 이성도 흔들린다는 것을 보여주고 있어요. 18세기부터 19세기까지 서양 문학에서 중요한 테마는 아버지와 아들의 관계였습니다. 가부장적 사회를 주도하는 아버지 세대와 그에 대해 반감을 품은 채 억압받는 아들 세대의 갈등이 늘 깔려 있었죠.

차클 어린 시절 아버지가 따뜻하게 안아주지 않았던 괴테 본인의 체험이 연상되기도 합니다.

오 그렇죠. 자신이 자라면서 봐왔던 아버지처럼 되고 싶지 않은 아들들의 고민이 깔려 있어요. 물론 아버지를 존경하고 사랑하긴 하지만, 아버지처럼 살고 싶지는 않은 거죠. 요즘 시대에도 그런 모습들은 많이 볼 수 있지 않나요?

차클 슈베르트의 〈마왕〉도 작품에서 괴테가 전하고자 했던 아버지와 아들의 관계를 잘 표현했나요?

오 작품 전체에 깔린 피아노 반주를 들어보시면 슈베르트가 누구 편을 들고 있는지 알 수 있습니다. 아버지가 애써 눌렀던 불안한 감정이 잘 드러나고 있어요. 슈베르트가 작곡한 피아노 선율이 두려움에 휩싸인 아이의 목소리를 증폭시키는 역할을 합니다. 아들이 표현하고 있는 불안감을 당시 기성세대는 이해하지 못했어요. 그 시대의 계몽주의 사조 자체가 감정을 억압했죠. 〈마왕〉에서 아들의 죽음은 그 같은 계몽주의의 위험성을 경고하는 상징과도 같습니다.

차클 그렇군요. 괴테의 다른 작품에 대한 얘기도 듣고 싶습니다.《젊은 베르테르의 슬픔》은 어떻게 쓰여지게 됐나요?

오 1774년 발간된《젊은 베르테르의 슬픔》은 괴테의 짝사랑 실화를 바탕으로 한 작품이에요. 주인공 베르테르가 독일의 한적한 시골 마을을 찾았다가 그곳에서 사랑스러운 여인 로테를 만나 함께 춤을 추고 사랑에 빠집니다. 하지만 로테에게는 약혼자 알베르트가 있었어요. 이루어질 수 없는 사랑에 크게 좌절한 베르테르는 결국 자살을 선택한다는 이야기입니다.

차클 그런데《젊은 베르테르의 슬픔》이 출간 당시 신드롬이라고 할 만한 인기를 누렸다면서요?

오 네. 엄청난 베스트셀러였어요. 독일 문학을 세계에 널리 알린 작품이면서 괴테를 문학계의 세계적 스타로 만든 작품이기도 합니다. 얼마나 인기가 많았는지 심지어 세계 각국에서 해적판이 나올 정도였다고 해요. 나폴레옹도 여러 차례 읽었고 바이마르 공국의 군주는 이 소설에 반해서 훗날 괴테에게 재상 자리까지 줬다고 합니다. 재미있는 건 요즘으로 치면 굿즈에 해당하는 상품도 등장한 거예요. 소설 속 주인공의 이미지를 담은 도자기류도 선보였습니다. 거기다 베르테르의 패션을 따라 하는 사람들이 나오기도 했어요.

차클 주인공을 따라 하는 패션에 굿즈까지 나왔다고 하니 인기가 어느 정도였는지 상상이 갑니다.

오 소설 속에서 베르테르가 입고 나온 걸로 묘사된 프록코트와 노란 조끼, 장화 같은 패션 아이템들이 대유행했습니다. 베르테르의 등장 이전과 이후의 패션이 분명하게 나뉠 정도였다고 합니다. 패션의 역사를 바꿔놓았다는 거죠.

차클 그 차림새가 베르테르의 상징이었나 보죠?

오 네. 베르테르는 딱 한 가지 스타일을 고집했어요. 로테를 처음 만났을 때의 느낌을 간직하기 위해 당시에 입고 신었던 연미복과 장화를 죽을 때까지 착용한 거죠.

차클 한편《젊은 베르테르의 슬픔》을 읽고 모방 자살을 하는 '베르테르 효과'가 나타나기도 했죠. 이 작품이 그토록 사회적 이슈를 불러일으킨

베르테르 이전의 패션(왼쪽)과 이후의 패션(오른쪽)이 대비된다.

이유는 무엇일까요?

오 요즘 기준으론 사랑 때문에 자살하는 주인공이 등장하는 작품이 그
다지 충격적으로 느껴지진 않을지 모릅니다. 그런데 이 작품이 나올
1774년 당시엔 이 같은 전례가 없었다는 점에 주목해야 합니다. 지금
은 흔하게 등장하는 베르테르나 로테 같은 주인공들은 괴테 문학의
영향 아래 있다고 보면 됩니다.

차클 괴테뿐만 아니라 셰익스피어의 작품에도 비극적인 사랑의 주인공들
이 등장하지 않나요?

오 맞습니다. 로미오와 줄리엣도 사랑 때문에 죽는 캐릭터들이죠. 그런데
로미오와 줄리엣은 둘 다 굉장히 잘나가는 집안의 아들과 딸이에요.
불행하게도 두 집안은 원수지간이고요. 만약 집안 간의 갈등이 없었다
면 비극이 성립하지 않았을 겁니다. 즉《로미오와 줄리엣》에선 두 주
인공 이외에 집안과 집안이 개입돼 있습니다. 청춘 남녀의 연애사에도

사회적인 관습이 중요한 역할을 하고 있는 거죠.

차클 괴테의 《젊은 베르테르의 슬픔》엔 외부적 요인의 개입 없이 두 주인공을 중심으로 얘기가 펼쳐진다는 거죠?

오 그렇습니다. 베르테르와 로테를 바로 붙여놓은 거예요. 어느 집안의 아들과 어느 집안의 딸이 만났다는 전제가 없습니다. 괴테 이전의 문학에서는 개인의 배경이 없으면 갈등도 불러일으키지 못합니다. 그래서 최소한 아버지가 왕이나 귀족계급의 신분이어야만 주인공이 될 수 있었죠. 그런 점에서 괴테의 작품은 평범한 사람들을 주인공으로 내세운 첫 작품이라고 할 수 있습니다.

차클 그래서 더 많은 사람이 감정이입을 하고 자신들의 이야기처럼 느꼈겠군요?

오 그렇죠. 이전에는 접하지 못했던 차원의 작품인 거죠. 이런 의미에서 괴테를 본격적인 근대 문학의 시초라고 할 수 있습니다.

차클 《젊은 베르테르의 슬픔》 이후 괴테의 삶도 많이 달라졌을 것 같아요.

오 《젊은 베르테르의 슬픔》이 성공한 뒤 괴테는 엄청난 부담감을 느꼈어요. 특히 자신의 작품에서 영향을 받은 사람들이 모방 자살을 하는 현상 탓에 많은 비판을 받았습니다.

차클 괴테가 자살을 유발하려고 작품을 쓴 것은 아닐 텐데 왜 그런 현상이 벌어진 걸까요?

오 당시 시민계급의 한계가 드러난 것이죠. 대부분의 시민계급 청년들은 제아무리 똑똑해도 자신이 사회에 미칠 수 있는 영향력이 너무 작다는 걸 확인하는 순간 우울증에 빠지는 경우가 많았어요. 오늘날도 사실 신분제에 버금가는 진입 장벽이 많은 청년들을 좌절하게 만들잖아요. 그런 면에서《젊은 베르테르의 슬픔》은 현시점에도 토론해볼 만한 내용을 다루고 있는 작품이라고 생각합니다.

차클 당시 그런 청년들의 세태에 사회는 어떻게 대응했나요?

오 독일 라이프치히 의회가《젊은 베르테르의 슬픔》을 유럽의 일부 국가에서 유통 금지시켰습니다. 베르테르의 패션을 차려입은 한 청년이 괴테의 책을 소지한 채 자살하는 일이 벌어지면서입니다. 이후 일련의 유사 사건들이 터지자 로마 교황청에서 괴테의 행적을 따라다니며 미리《젊은 베르테르의 슬픔》을 모조리 구입해버렸다는 일화도 있어요. 문제가 될 수 있는 소지를 아예 없애버리려고 한 것이죠.

차클 그런 일까지 있었군요. 괴테가 개인적으로 대처에 나서기도 했나요?

오 괴테도 나중에 작품의 흐름을 조금 바꿉니다. 수정판에서는 베르테르가 세상을 객관적으로 볼 수 없다는 점을 강조해요. 베르테르의 죽음이 너무 미화되지 않도록 균형을 잡아주는 식의 수정을 한 겁니다.

"선한 영혼을 가진 분들이시여, 베르테르와 똑같은 충동을 느낀다면 그의 슬픔에서 위안을 얻으십시오."

_《젊은 베르테르의 슬픔》 서문 중

차클 그럼 지금 시중에 나와 있는 건 수정판인가요?

오 네. 1787년에 나온 최종판을 우리가 보고 있는 거예요.

차클 《젊은 베르테르의 슬픔》이 단지 청춘 남녀의 사랑을 그린 게 아니라 신분제에 따른 한계 등 시대적 상황도 생생히 담아냈다는 걸 새롭게 알게 됐습니다.

오 그렇죠. 괴테의 작품이 시초는 아니지만 괴테의 시대에 와서 문학이 시대적 변화를 적극적으로 받아들이고 변하기 시작해요. 그리고 이전까지는 덜 다뤄졌던 감정의 문제, 개인적인 문제들이 본격적으로 등장하기 시작합니다. 이전까지는 이성, 집안, 국가의 중대사가 중심이었다면 괴테의 시대부터는 개인의 마음속에서 벌어지는 미묘한 감정의 변화까지 작품의 세계로 끌어들인 거예요. 이런 점에서 18세기 당시 '센티멘털(sentimental)하다'는 말이 유행어처럼 통했다고 해요. 괴테의 문학에도 들어맞는 표현이죠.

차클 센티멘털이라면 사전적으론 감상적이라는 뜻 아닌가요?

오 네. 원래 영국 문학에 처음 등장했다는데 좀 멋있거나 세련된 것을 센티멘털하다고 표현했다고 해요. 예를 들어 "오늘 산책이 센티멘털했죠"라거나 "저 집은 참 센티멘털하군요"라고요. 그런 식으로《젊은 베르테르의 슬픔》도 당대의 새로운 감정들을 많이 유포시킨 문학이라고 할 수 있습니다.

세 번째 질문 | 왜 《파우스트》를 읽어야 하는가

"《파우스트》를 읽은 사람이든 아니든 그 작품은 사람들의 마음 속에 살아 있다고들 합니다. 오늘날 우리의 이야기, 바로 인간 을 다루고 있기 때문이에요. 괴테 시대의 특수성도 보여주지만 현시대와 맞물릴 수 있는 보편성도 보여줍니다. 그게 바로 《파 우스트》의 매력이죠."

• • •

차클   이제 괴테의 대표작 《파우스트》 이야기를 들려주시죠.

오   《파우스트》는 괴테가 20대에 집필을 시작해 무려 60여 년에 걸쳐 쓴 대작입니다. 1808년에 1부를 쓰고, 1831년에 2부를 썼어요. 80대 노 인이 된 괴테가 사망하기 1년 전에 완성한 희곡이죠. 그리고 이 작품 은 인간의 본성에 대한 깊은 탐구이자 영혼 구원의 진리를 담은 대서 사시입니다. 평생 쉬지 않고 글을 써온 성실한 천재 괴테가 던진 화두 인 "어떻게 사는 게 잘 사는 걸까?"에 대한 대답과도 같은 작품이죠.

차클   그렇게 오랜 시간에 걸쳐 쓴 작품인지 몰랐습니다. 분량도 어마어마하 겠는데요?

오   맞습니다. 분량이 많은 데다 읽기도 쉽지 않아요. 독일에서 한 독문학자와 학생들이 《파우스트》의 처음부터 끝까지 끊지 않고 연결해 연극 공연을 해봤는데 무려 23시간이 걸렸다고 합니다.

차클   교수님은 몇 번이나 완독하셨나요?

오   여러 번 본 것 같아요. 그런데 제 상황이나 생각이 바뀌는 것에 따라 읽을 때마다 작품의 의미가 새롭게 다가옵니다. 예전에 논문을 쓰기 위해 봤을 때, 이후에 연구를 거듭해 많은 자료를 축적한 뒤에 다시 볼 때 매번 의미도 달라지고 재미도 더해지는 것 같아요. 또 다른 연구자들이 제가 전혀 생각지도 못했던 부분을 조명하면 저도 뒤처질까 봐 불안한 마음에 자꾸 또 보게 되죠.

차클   앞서 괴테가 자신이 체험한 이야기만 쓴다고 했잖아요. 그럼 《파우스트》도 마찬가지인가요?

오   괴테가 직접 체험한 얘긴 아니고요. 실존 인물을 모티브로 삼았습니다. 1480년에 태어나 1541년에 삶을 마감한 요한 게오르크 파우스트라는 인물이 주인공이에요.

차클   실존 인물인 파우스트는 어떤 사람이었나요?

오   근대 문학을 특징지었던 중요한 주인공들의 유형이 있습니다. 첫 번째는 햄릿이에요. 고민하는 인간의 대표적 유형이죠. 두 번째는 돈키호테예요. 저돌적으로 행동하는 인간을 대표하고요. 마지막으로 파우스트는 노력하는 인간을 상징해요. 이러한 주인공들의 유형이 모두 16, 17세기를 즈음해 형성됩니다.

차클   얼마나 열심히 살았기에 노력하는 인간의 상징이 된 건가요?

오   그의 직업은 대학교 강사 또는 교수인데요. "나는 모든 걸 다 알고 있다"면서 떠벌리고 다녔대요. 플라톤과 아리스토텔레스의 철학을 비롯해 세상의 모든 학문을 섭렵했다는 것이죠. 또 당시는 근대 과학이 막 태동하던 시기라 흙이나 비금속을 금으로 바꾸는 기술에 대해 많은 사람이 관심을 가졌는데 파우스트는 연금술로 금을 만들어낼 수 있다는 주장도 했대요. 거기다 악마를 소환하는 마술도 선보였는데 모두 사기였답니다.

차클   매우 흥미롭고 다채로운 이력의 소유자네요.

오   그의 최후에 대해 전설처럼 내려오는 이야기도 있어요. 평생 자기 멋대로 살다가 결국 지옥에 갔다고요. 악마와의 계약이 끝나서 처참하게 죽었다는 식의 이야기가 여기저기 퍼져 있었습니다.

차클   작가들이 관심을 가질 수밖에 없었겠네요.

오   그렇죠. 문학계에 몸담고 있는 많은 사람들이 그에게 흥미를 느껴 작품으로 만들었습니다. 1587년에 요한 슈피스라는 독일의 출판업자가 《요한 파우스트 박사 이야기》라는 책을 썼고요. 1588년 영국의 극작가 크리스토퍼 말로도 《파우스트 박사의 비극적 이야기》를 썼어요. 어린 괴테도 자라면서 할머니에게 선물 받은 인형극 상자를 통해 파우스트라는 인물을 접하고는 관심을 갖게 됐습니다. 이후 대학에 들어간 뒤 20대 중반부터 60년에 걸쳐서 파우스트 이야기를 쓰게 되죠. 문화사에 굉장히 중요한 족적을 남긴 작품으로 평가됩니다.

차클   《파우스트》가 오늘날까지도 사람들에게 읽힐 수 있는 원동력은 무엇일까요?

오   《파우스트》를 읽은 사람이든 아니든 그 작품은 사람들의 마음속에 살아 있다고들 합니다. 오늘날 우리의 이야기, 바로 인간을 다루고 있기 때문이에요. 괴테 시대의 특수성도 보여주지만 현시대와 맞물릴 수 있

파우스트의 이야기를 다룬 두 작품. 요한 슈피스의 《요한 파우스트 박사 이야기》(1587년)와 크리스토퍼 말로의 《파우스트 박사의 비극적 이야기》(1588년)

는 보편성도 보여줍니다. 그게 바로 《파우스트》의 매력이죠.

차클   그럼 본격적으로 《파우스트》의 내용을 살펴볼까요? 메피스토가 파우스트를 두고 신에게 내기를 하자며 제안하는 장면이 유명하잖아요.

오   《파우스트》에 등장하는 신과 악마의 관점은 구약 성경의 욥기에서 모티브를 따온 것입니다. 신이 말하길 "착한 인간은 어두운 욕망 속에서도 올바른 길을 잘 알고 있다"고 해요. 인간에게 문제가 좀 있어도 결국 나아질 거라고 여기기 때문에 신은 파우스트를 신뢰하죠. 하지만 메피스토는 달라요. 인간을 한계가 있는 동물로 보면서 악함을 강조합니다. 그래서 "그자를 나의 길로 끌어들이겠다"고 하죠. 인간이라는 생명체가 얼핏 보면 이성적이고 숭고한 것 같지만, 사실 기회만 있으면 얼마든지 동물이 될 수 있고 나락으로 떨어질 수 있다고 본 거예요. 그렇게 해서 악마와 신이 파우스트를 두고 내기를 하게 된 것입니다.

차클   그렇군요. 《파우스트》 속 파우스트는 구체적으로 어떤 인물이었나요?

오   파우스트는 일개 인간이 아니라 신적 존재와 유사한 인물로 그려져요. 세상의 본질을 다 알고 우주에 대해서도 알기 위해 쉬지 않고 노력해 온 대학자죠. 거창한 꿈을 품고 미친 듯이 공부하며 살아온 인간입니다. 하지만 자신의 꿈을 이루지 못하게 되자 결국 약을 먹고 자살을 시도해요.

파우스트: "나는 철학도 법학도 의학도 유감스럽게 신학마저도 속속들이 공부했다. 죽을 힘을 다해서. 그런데도 난 여전히 가련한 바보."

차클   《젊은 베르테르의 슬픔》처럼 자살이 등장하는군요?

오   그렇습니다. 자신의 지식으로는 우주의 질서를 이해할 수 없다는 것을 알게 된 거예요. 그래서 죽은 뒤 원소로 환원되면 대자연 속에 들어갈 수 있을 것이니, 그렇게라도 대자연의 본질을 알아내겠다고 결심한 거죠. 죽음을 결심한 파우스트가 "나는 철학도, 법학도, 의학도 유감스럽게 신학마저도"라고 얘기한 대목이 매우 의미심장하죠. 열심히 노력한 사람이다 보니 인간의 한계를 깨닫고 실망도 더 크게 느꼈던 겁니다.

차클   그렇게 자살하려는 순간 메피스토가 파우스트를 찾아온 건가요?

오   네. 그렇습니다. 파우스트와 메피스토가 나누는 대화를 잠시 살펴보죠.

메피스토: "만약 당신이 나와 하나가 되어 세상 속으로 발을 들여놓으려 하신다면 소생은 지금 당장이라도 기꺼이 당신의 것이오. 계약을 맺읍시다. 당신은 며칠 내로 희희낙락 소생의 재주를 보시게 될 거외다. 어떤 인간도 경험하지 못한 걸 보여드리지요."

파우스트: "자네가 향락으로 내 눈을 멀게 할 수 있다면 그것이 나의 최후의 날이네. 그래, 내기를 하지. 순간을 향하여 '멈추어라. 너는 정말 아름답구나' 하고 말한다면 그땐 나를 사슬에 묶어도 좋아. 기꺼이 파멸의 길을 갈 것이네."

차클   계약에 허점이 보이는 것 같아요. 저 계약대로라면 속으로 생각하고 입 밖으로 아름답다는 말만 하지 않으면 되는 것 아닌가요?

오   그렇죠? 저도 그런 궁금증을 품은 적이 있어요. 전통적으로는 악마와 맺은 계약은 형식이 분명하거든요. 대개 악마가 요구하는 형식이 정해져 있어요. 제자리에서 세 번 돌고 신앙을 부정한다거나, 성모 마리아를 부정하는 식이죠. 그런 요구를 받아들이겠다고 하면 악마가 계약자에게 원하는 게 무엇인지 물어봅니다.

차클   그런데《파우스트》에선 파우스트가 인간이 누릴 수 있는 일차원적 기쁨에 도취되면 메피스토와의 계약에서 지게 되는 거죠?

오   그렇죠. 그러니까 보통의 사람이라면 그런 도박을 하지 않으려고 할 거예요. 그런 기쁨에 도취되는 것이 평범한 삶의 일부이니까요.

차클   바꿔 말하면 파우스트는 평범한 인간들과 달랐다는 얘기네요?

오   네. 그러니까 신과 메피스토가 파우스트를 내기 대상으로 고른 거예요. 파우스트에게 관심 대상은 오로지 세상을 떠받치고 있는 본질과 숭고한 신앙 세계뿐이었어요. 형이상학적 세계, 신앙적 세계, 숭고한 세계, 대우주에 대해서만 관심이 있었죠. 평범한 사람들이 살아가는 세계에는 관심도 없고 오로지 학문에 전념했던 사람입니다. 그때까지 여자도 몰랐어요. 그래서 메피스토는 파우스트를 꾀어서 인간이 할 수 있는 여러 경험을 시켜주겠다고 한 겁니다.

차클 파우스트가 가장 관심을 갖지 않았던 인간 세계를 경험하게 하고, 그의 입에서 인간 세계가 아름답다는 말이 나오게 함으로써 그를 무너뜨리겠다는 거죠?

오 네. 그렇게 파우스트는 메피스토와 계약을 맺고 그가 구해준 묘약을 마신 뒤 젊은 육신으로 다시 태어나게 됩니다.

파우스트: "자네는 누구란 말인가."

메피스토: "언제나 악을 원하면서도 언제나 선을 이루는 힘의 일부지요."

파우스트: "이 수수께끼 같은 말은 또 무슨 의미인가."

메피스토: "나는 끊임없이 부정만 하는 정령이올시다. 어쨌든 당신들이 죄라느니 파괴라느니 간단하게 말해 악이라고 부르는 것, 그게 나의 원래 본성이올시다."

차클 그런데 《파우스트》에 등장하는 악마 메피스토는 악마의 전형적인 모습은 아닌 것 같아요.

오 그렇다고 할 수 있습니다. 괴테의 《파우스트》에 등장하는 메피스토를 두고 많은 추측이 나옵니다. 그중 하나가 파우스트의 내면에 있는 또 다른 자아일 것이라는 추측이에요.

차클 천사와 악마가 사람의 내면에서 싸우는 영화나 애니메이션 속 장면이 떠오르는데요?

오 그렇죠? 두 개의 자아가 충돌하는 것을 우리도 평소에 많이 느끼잖아요. 마음 한쪽에서는 해도 된다고 부추기고, 다른 쪽에서는 하지 말라고 말리곤 하죠. 이런 면을 문학으로 승화시키면 메피스토와 파우스트

파우스트와 메피스토는 어쩌면 우리 내면의 자아일지도 모른다.

의 얘기가 되는 겁니다.

차클 그럼 파우스트가 경험하게 된 인간 세계의 첫 번째 즐거움은 무엇이었나요?

오 젊은 육신을 얻고 세상으로 나간 파우스트를 유혹하기 위해 메피스토가 처음으로 이끈 경험은 바로 사랑입니다. 아름다운 여성을 만나게 해주고 연애를 하도록 이끌면 자연히 결혼을 하고 싶어질 것이라고 메피스토는 생각했어요. 그래서 소개한 상대가 그레첸입니다. 누가 봐도 호감을 느낄 여성이었죠.

파우스트: "아름다운 아가씨, 제가 감히 팔을 내밀어 댁까지 모셔다 드려도 될까요?"

그레첸: "저는 아가씨도 아니고 아름답지도 않아요. 데려다주지 않아도 집에 갈 수 있어요."

파우스트: "아, 이럴 수가, 저 처녀는 정말 예쁘다. 저런 여자애는 본 적이 없다. 예의

바르고 정숙하고 조금 새침하기까지 하구나."

차클   파우스트가 약간 흔들리는 것 같아 보이는데요.

오   그렇습니다. 파우스트가 마음이 막 흔들리면서 주저앉아 버립니다. 그레첸은 굉장히 착하고 순수하고 상대방을 위해 무조건 다해주는 스타일의 여성이었어요. 파우스트가 하는 말에 무조건 "예"라고 대답하는 여자였죠. 사랑에 빠진 파우스트는 그레첸과 결혼해 아이를 낳고 행복하게 살아가는 미래를 떠올리게 됩니다.

차클   메피스토의 계획대로 되는 건가요?

오   아닙니다. 파우스트가 잠깐 흔들리면서 그레첸이 파멸 속으로 빠져듭니다. 파우스트의 아이를 갖게 된 거예요. 그러자 그레첸의 오빠는 기겁합니다. 새침했던 동생이 임신해서 사람들의 입방정에 오르내리는 게 너무 수치스러워 참을 수가 없었던 것이죠. 그래서 그레첸의 오빠는 파우스트와 싸우다 칼에 찔려 사망하기에 이릅니다. 그레첸도 파우스트를 만나려고 수면제를 어머니에게 먹였다가 실수로 죽게 만들고 결국 아기까지 죽이는 비극적 상황에 놓입니다.

차클   너무 끔찍한 전개네요. 혹시 그레첸도 실존 인물이었나요?

오   그레첸과 같은 인물들이 실제로 꽤 있었을 거예요. 당시에 혼전 임신으로 낳은 영아를 살해한 죄로 사형을 받았던 여인이 있었습니다. 괴테가 변호사로도 활동을 했으니 그레첸과 비슷한 사례를 접해 알고 있었겠죠.

차클   당시에 혼전 임신을 한 여성들은 당연히 큰 어려움을 겪었겠죠?

오   보수적인 사회에서 도저히 용납하지 않았죠. 괴테도 그런 장면들을 모두 목격하고 있었던 것이고요.

차를　당시 사회 통념에 따라 그레첸을 묘사한 부분은 현시점에서는 보기에 불편할 수밖에 없네요.

오　이 대목에서 이 작품에 대한 평가가 극명하게 갈립니다. 파우스트를 악인으로 보는 시각도 있는 반면, 당시의 지나치게 보수적이고 엄격한 사회 분위기를 괴테가 비판하고 있다는 시각도 있습니다. 아무튼 괴테도 나중에 나이가 든 뒤 너무 가슴이 아팠는지 그레첸의 구원을 다룬 내용을 작품 속에 추가합니다. 2부의 끝에 그레첸을 구원받은 존재로 다시 등장시키고 죽은 파우스트의 구원을 돕는 역할을 부여하죠.

무엇이 인간답게 사는 것인가

"《파우스트》에서 우리는 열심히 사는 것의 장점과 단점을 모두
살펴봤습니다. 어느 정도에서 선을 그을지는 우리 스스로 정해
야 될 문제예요. 파우스트가 전하는 메시지는 수용자에 따라 열
려 있다는 얘기죠. 바로 이 점이 괴테와 《파우스트》의 위대성이
라고 생각합니다."

• • •

차클 지금까지 《파우스트》의 1부를 다뤘는데 2부에서는 어떤 내용이 그려
지나요?

오 이제 메피스토는 파우스트에게 더 큰 세상을 보여줍니다. 궁정으로 데
려가 정치와 향락의 세계를 맛보게 하죠. 거기서 파우스트가 재정 위
기에 처한 황제를 만나 경제 문제를 해결해주는데요. 지폐를 마구 찍
어내 황제를 위기에서 구출하는 대목에서 자본주의가 내포한 악마성
을 보여주기도 합니다.

차클 정치와 돈의 세계를 접하게 되는군요. 다음 유혹은 무엇이었나요?

오 인조인간 호문쿨루스의 안내를 받아 그리스 신화의 세계로 들어가 미
녀 헬레나를 만나게 됩니다. 심지어 헬레나와 사랑에 빠져 결혼까지

하게 돼요. 이 대목에선 화학 발전에 대한 괴테의 관심, 예술을 향한 사랑이 드러납니다. 그리고 마지막으로 더 넓은 세상에 뛰어들게 되는데 바로 간척사업이에요.

차클 간척사업이요? 거기서 파우스트가 어떤 욕망을 느끼게 되나요?

오 그때까지 인간 세계에서 이런저런 기쁨을 누리는 데 그쳤던 파우스트가 세상에 기여하고 싶은 욕망을 느낍니다. 자기가 우습게 여기던 사람들을 위해서 뭔가 해주고 싶은 새로운 욕망이 생긴 것이죠.

차클 정말 새로운 차원의 욕망이네요. 하지만 뜻대로 진전되지 않았을 것 같은 예감이 듭니다.

오 네. 파우스트는 살 날이 얼마 안 남았다는 것을 느끼고 마음이 조급해집니다. 간척사업을 위해 한 노부부를 땅에서 내몰아야 하는 상황에서 무리수를 두죠. 메피스토로 하여금 노부부의 집에 불을 질러 사망에 이르게 한 겁니다. 파우스트적 삶의 위험성을 극명하게 보여주는 이 대목은 원주민을 박해한 제국주의를 연상시킵니다. 인간의 욕심이 초래한 환경 파괴를 상징하기도 해요. 결국 파우스트는 간척사업을 하는 동안 눈도 멀고 기력이 쇠해져 죽음의 순간을 맞게 됩니다. 그리고 다음과 같은 말을 남기죠.

"자유로운 땅에서 자유로운 백성들과 살고 싶다. 그러면 나는 순간을 향해 이렇게 말해도 좋으리라. 멈추어라, 그대는 너무도 아름답구나!"

차클 그럼 메피스토가 내기의 승자가 된 건가요?

오 메피스토는 파우스트에게 그동안 정말 애썼다고 말하면서 지옥으로

파우스트의 영혼이 천국으로 가게 된다는 결론에 대해서는 많은 논란이 있었다.

데려가려고 합니다. 그런데 그 순간 하늘에서 천사들이 내려와 파우스트의 영혼을 데려가버립니다. "언제나 갈구하며 노력하는 자, 우리는 구원할 수 있노라"라는 말과 함께요.

차클 메피스토와의 계약에 따르면 파우스트가 내기에서 졌으니 지옥으로 가야 하는데 왜 천사들이 파우스트의 영혼을 천국으로 데려가나요?

오 이 같은 결말에 대해선 굉장히 논란이 많았습니다. 파우스트가 참회를 한 것도 아니고, 노부부나 그레첸에게 사과를 하지도 않았는데 천국에 입성한 건 기독교 사회에서 받아들이기 어려우니까요. 제가 유학하던 시절에도 독일인 신부님이 《파우스트》라는 작품에 정말 문제가 많다며 분개하는 걸 봤습니다.

차클 자칫 열심히 살기만 하면 어떤 잘못을 저질러도 구원 받아 천국에 갈 수 있다는 식으로 읽힐 수 있을 것 같아요. 또는 반대로 열심히 사는 게 반드시 인생의 정답이 아니라는 메시지를 얻는 사람도 있겠죠.

오　　　맞습니다. 문학 작품은 시대에 따라, 사회에 따라, 그리고 연구자에 따라 다양하게 해석될 수 있어요.

차클　　괴테는 파우스트처럼 우리도 그저 죽을 때까지 열심히 살아야 한다고, 죄가 있는지 없는지에 대한 심판은 신의 영역이라는 메시지를 전하려 한 건 아닐까요.

오　　　괴테가 기뻐할 만한 해석입니다. 괴테도 당시 독자들이 파우스트의 결말을 이해하지 못할 거라는 점을 알았어요. 너무 낯설 게 느낄 거라고 생각했죠.

"세상이 너무 혼란스러워 이 기묘한 물건에 바친 내 수고가 인정받지 못할 것."

_괴테, 1832년

차클　　그런 《파우스트》가 이토록 오랫동안 사람들에게 회자될 걸 괴테는 짐작이나 했을까요?

오　　　괴테는 이 책이 출판되길 원치 않는 상태로 죽었어요. 그런데 그의 뜻과 달리 계속 출판됐고 덕분에 이렇게 여러분과 다양한 해석을 해볼 수도 있었네요. 괴테가 1832년에 죽었으니 거의 200년 가까이 흘렀는데 《파우스트》는 여전히 많은 생각거리를 던져줍니다.

"하나의 완전한 인간이 너무도 아름다운 모습으로 누워 있었다. 나는 참았던 눈물을 쏟고 또 쏟았다."

_요한 페터 에커만, 〈괴테와의 대화〉

차클 마지막으로 괴테와 그의 작품에 대해 독자들에게 전하고 싶은 이야기가 있으신가요?

오 여러 해석이 나왔는데 제 생각을 덧붙이자면 파우스트적으로 살되 파우스트의 위험성을 충분히 인지하면서 겸허한 자세로 살아야 되지 않을까 합니다.《파우스트》의 결말이 구원이어서 해피엔딩 같아 보이기도 하지만 사실 비극이에요. 이 작품에서 우리는 열심히 사는 것의 장점과 단점을 모두 살펴봤습니다. 어느 정도에서 선을 그을지는 우리 스스로 정해야 될 문제예요. 파우스트가 전하는 메시지는 수용자에 따라 열려 있다는 얘기죠. 바로 이 점이 괴테와《파우스트》의 위대성이라고 생각합니다.

차이나는 클라스를 만들어가는 사람들 ─

제작
─

기획
신예리

책임 연출
송원섭

연출
이상현, 송광호, 김태민, 최영기, 황지현, 윤해양, 조치호, 장주성,
류한길, 이수아, 강소연, 지정원, 윤채현, 이영난, 구원

작가
서자영, 박혜성, 민경은, 최호연, 손선이, 이승민, 김예린, 김민석,
차혜지, 이다예

출연

차이나는 클라스: 인문학 편

초판 1쇄 2021년 11월 8일

지은이 JTBC 〈차이나는 클라스〉 제작팀

대표이사 겸 발행인 박장희
부문 대표 이상렬
제작 총괄 이정아
편집장 조한별
책임편집 최민경

진행 김승규
표지 디자인 [★]규
삽화 디자인 스튜디오마치

발행처 중앙일보에스(주)
주소 (04513) 서울시 중구 서소문로 100(서소문동)
등록 2008년 1월 25일 제2014-000178호
문의 jbooks@joongang.co.kr
홈페이지 jbooks.joins.com
네이버 포스트 post.naver.com/joongangbooks
인스타그램 @j__books

ⓒ JTBC, 2021

ISBN 978-89-278-1265-4   03110

중앙북스는 중앙일보에스(주)의 단행본 출판 브랜드입니다.